福州大学 21 世纪海上丝绸之路核心区建设研究院研究成果
海上丝绸之路与中国海洋强国战略丛书

2015 年主题出版重点出版物

海上丝绸之路与中国海洋强国战略丛书

总主编／苏文菁

朝贡贸易与仗剑经商

——全球经济视角下的明清外贸政策

骆昭东 著

社会科学文献出版社
SOCIAL SCIENCES ACADEMIC PRESS (CHINA)

"海上丝绸之路与中国海洋强国战略丛书"
编委会

编委会主任　高　明

编委会副主任　苏文菁

编委会成员　（按姓氏笔画排序）
　　　　　　丁国民　王　涛　甘满堂　叶先宝　庄　穆
　　　　　　刘　淼　〔新西兰〕约翰·特纳　　苏文菁
　　　　　　杨宏云　杨艳群　〔新西兰〕李海蓉　吴兴南
　　　　　　张良强　张相君　〔马〕陈耀宗　　林志强
　　　　　　周小亮　胡舒扬　〔新加坡〕柯木林　骆昭东
　　　　　　高　明　唐振鹏　陶　菁　黄清海　黄　辉
　　　　　　〔马〕黄裕端　　赖正维　潘　红

丛书主编　苏文菁

"海上丝绸之路与中国海洋强国战略丛书"总序

中国是欧亚大陆上的重要国家,也是向太平洋开放的海洋大国。长期以来,中国以灿烂的内陆农耕文化对世界文明产生了巨大的影响。近百年来,由于崛起于海洋的欧洲文明对世界秩序的强烈影响,来自黑格尔的"中国没有海洋文明""中国与海不发生关系"的论调在学术界应者甚众。这种来自西方权威的论断加上历史上农耕文化的强大,聚焦"中原"而忽略"沿海"已是中国学术界的常态。在教育体系与学科建设领域,更是形成了一个"中""外"壁垒森严、"中国"在世界之外的封闭体系。十八大提出了包括建设海洋强国在内的中华民族全面复兴的宏伟目标。2013年以来,习总书记提出以建设"一带一路"作为实现该宏伟目标的现阶段任务的重要战略构想。国家战略的转移需要新的理论、新的知识体系与新的话语体系,对于农业文明高度发达的中国而言,建设富有中国气质的、与海洋强国相适应的新知识体系、新话语体系、新理论更是刻不容缓。

从地球的角度看,海洋占据了其表面的约70.8%,而陆地面积占比不到30%,陆域成了被海洋分割、包围的岛屿。从人类发展的角度看,突破海洋对陆域的分割、探索海洋那一边的世界、把生产生活活动延伸至海洋,是人类亘古不变的追求。而人类对海洋的探索主要经历了四个不同的阶段。

第一阶段是远古至公元8世纪，滨海族群主要在近海区域活动。受生产力，特别是造船能力的影响，滨海人民只能进行小范围的梯度航行，进行近海的捕捞活动。除了无潮汐与季风的地中海之外，其他滨海区域的人民尚无法进行远程的跨文化交换与贸易。目前的知识体系还不足以让我们准确了解该阶段的发展状况，但我们仍然可以从各学科的发现与研究中大致确定海洋文化较为发达的区域，它们是环中国海区域、环印度洋区域、环北冰洋区域，当然也包括环地中海区域。在这一阶段，滨海区域开始出现与其地理环境相应的航海工具与技术，这是各地滨海族群为即将到来的大规模航海储备力量的阶段。

第二阶段是8世纪至15世纪，滨海族群逐渐拓展自己的海洋活动空间。随着技术的不断发展，他们由近海走向远洋，串联起数个"海"而进入"洋"。海上交通由断断续续的"点"链接成为区域性、规模化的"路"。环中国海的"点"逐渐向西扩展，与印度洋进行连接；印度洋西部阿拉伯海区域的"点"向地中海及其周边水域渗透。由此，海上丝绸之路"水陆兼程"地与地中海地区连接在一起，形成了跨越中国海、南洋、印度洋、红海、地中海的贸易与交通的海洋通道。从中国的历史看，该阶段的起点就是唐代中叶，其中，市舶司的设立是中国政府开始对海洋贸易实施管理的代表性事件。这一阶段，是中国人与阿拉伯人共同主导亚洲海洋的时代，中国的瓷器、丝绸以及南洋的各种物产是主要的贸易产品。

第三阶段是15世纪至19世纪中叶，东西方的海洋族群在太平洋上实现了汇合。这是海上丝绸之路由欧亚板块边缘海域向全球绝大部分海域拓展的时代。在这一阶段，欧洲的海洋族群积极开拓新航线，葡萄牙人沿非洲大陆南下，绕过好望角进入印度洋；西班牙人向西跨越大西洋，踏上美洲大陆。葡萄牙人过印度洋，据马六甲城，进入季风地带，融入亚洲海洋的核心区域；西班牙人以美洲的黄金白银为后发优势，从太平洋东岸跨海而来，占据东亚海域重要的交通与贸易"点"——吕宋。"大航海"初期，葡萄牙、西班牙的海商是第一波赶赴亚洲海洋最为繁忙的贸易圈的欧洲人，紧接着是荷兰人、英国人、法国人。环中国海以及东南亚海域成为海洋贸易与交通最重要的地区。但遗憾的是，中国海洋族群的海洋活动正受到内在制度的限制。

第四阶段是19世纪下半叶至当代，欧洲的工业革命使得人类不再只能依靠自然的力量航海；人类依靠木质帆船和自然力航海的海洋活动也即将走到尽头；中国的海洋族群逐渐走向没落。"鸦片战争"之后，中国海关系统被英国等控制，世界上以东方物产为主要贸易物品的历史终结了，包括中国在内的广大东方区域沦为欧洲工业品的消费市场。

由上述分析，我们能够充分感受到海上丝绸之路的全球属性。在逾千年的历史过程中，海上丝绸之路唯一不变的就是"变化"：航线与滨海区域港口城市在变化；交换的物产在变化；人民及政府对海洋贸易的态度在变化……但是，由海上丝绸之路带来的物产交换与文化交融的大趋势从未改变。因此，对于不同的区域、不同的时间、不同的族群而言，海上丝绸之路的故事是不同的。对于非西方国家而言，对海上丝绸之路进行研究，特别是梳理前工业时代东方文明的影响力，是一种回击欧洲文明优越论的文化策略。从中国的历史发展来看，传统海上丝绸之路是以农耕时代中国物产为中心的世界文化大交流，从其相关历史文化中可汲取支撑我们继续前行的力量。

福州大学"21世纪海上丝绸之路核心区建设研究院"在多年研究中国海洋文化的基础上，依托中国著名的出版机构——社会科学文献出版社，策划设计了本丛书。本丛书在全球化的视野下，通过挖掘本民族海洋文化基因，探索中国与海上丝绸之路沿线国家历史、经济、文化的关联，建设具有中国气质的海洋文化理论知识体系。丛书第一批于2015年获批为"2015年主题出版重点出版物"。

丛书第一批共十三本，研究从四个方面展开。

第一，以三本专著从人类新文化、新知识的角度，对海洋金融网、海底沉船进行研究，全景式地展现了人类的海洋文化发展。《海洋与人类文明的生产》从全球的角度理解人类从陆域进入海域之后的文明变化。《海洋移民、贸易与金融网络——以侨批业为中心》以2013年入选世界记忆遗产的侨批档案为中心，对中国海洋族群在海洋移民、贸易中形成的国际金融网络进行分析。如果说侨批是由跨海成功的海洋族群编织起来的"货币"与"情感"的网络的话，那么，人类在海洋上"未完成"的航行也同样留下了证物，《沉船、瓷器与海上丝绸之路》为我们整理出一条"水下"的海上丝绸之路。

第二，早在欧洲人还被大西洋阻隔的时代，亚洲的海洋族群就编织起亚洲的"海洋网络"。由中国滨海区域向东海、南海延伸的海洋通道逐步形成。从中国沿海出发，有到琉球、日本、菲律宾、印度尼西亚、中南半岛、新加坡、环苏门答腊岛区域、新西兰等的航线。中国南海由此有了"亚洲地中海"之称，成为海上丝绸之路的核心区域，而我国东南沿海的海洋族群一直是这些海洋交通网络中贸易的主体。本丛书有五本专著从不同的方面讨论了"亚洲地中海"这一世界海洋贸易核心区的不同专题。《东海海域移民与汉文化的传播——以琉球闽人三十六姓为中心》以明清近六百年的"琉球闽人三十六姓"为研究对象，"三十六姓"及其后裔在向琉球人传播中国文化与生产技术的同时，也在逐渐地琉球化，最终完全融入琉球社会，从而实现了与琉球社会的互动与融合。《从龙牙门到新加坡：东西海洋文化交汇点》、《环苏门答腊岛的海洋贸易与华商网络》和《19世纪槟城华商五大姓的崛起与没落》三本著作从不同的时间与空间来讨论印度洋、太平洋交汇海域的移民、文化与贸易。《历史影像中的新西兰华人》（中英文对照）则以图文并茂的方式呈现更加丰厚的内涵，100余幅来自新西兰的新老照片，让我们在不同历史的瞬间串连起新西兰华侨华人长达175年的历史。

第三，以三部专著从海洋的角度"审视"中国。《海上看中国》以12个专题展现以海洋为视角的"陌生"中国。在人类文明发展的进程中，传统文化、外来文化与民间亚文化一直是必不可少的资源。就中国的海洋文化知识体系建设来说，这三种资源有着不同的意义。中国的传统文化历来就有重中原、轻边疆的特点，只在唐代中叶之后，才对东南沿海区域有了关注。然而，在此期间形成了海洋个性的东南沿海人民，在明朝的海禁政策下陷入茫然、挣扎以至于反抗之中；同时，欧洲人将海洋贸易推进到中国沿海区域，无疑强化了东南沿海区域的海洋个性。明清交替之际，清廷的海禁政策更为严苛；清末，中国东南沿海的人民汇流于17世纪以来的全球移民浪潮之中。由此可见，对明清保守的海洋政策的反思以及批判是我们继承传统的现实需求。而《朝贡贸易与仗剑经商：全球经济视角下的明清外贸政策》与《明清海盗（海商）的兴衰：基于全球经济发展的视角》就从两个不同的层面来审视传统中华主流文化中保守的海洋政策与民间海商阶层对此的应对，从中可以看出，当时国家海洋政策的失误及其造成的严重后果；此外，在对中西海商（海盗）进行对比的同时，为中国海商翻案，指出对待海商（海盗）的态度或许是中国走向衰落而西方超越的原因。

第四，主要是战略与对策研究。我们知道，今天的国际法源于欧洲人对海洋的经略，那么，这种国际法就有了学理上的缺陷：其仅仅是解决欧洲人纷争的法规，只是欧洲区域的经验，并不具备国际化与全球化的资质。东方国家有权力在21世纪努力建设国际法新命题，而中国主权货币的区域化同理。《国际法新命题：基于21世纪海上丝绸之路建设的背景》与《人民币区域化法律问题研究——基于海上丝绸之路建设的背景》就对此展开了研究。

从全球的视野看，海上丝绸之路是人类在突破海洋的限制后，以海洋为通道进行物产的交流、思想的碰撞、文化的融合进而产生新的文明的重要平台。我们相信，围绕海上丝绸之路，世界不同文化背景的学者都有言说的兴趣。而对中国而言，传统海上丝绸之路是以农耕时代中国物产为中心的世界文化大交流，源于汉唐乃至先秦时期，繁荣于唐宋元时期，衰落于明清时期，并终结于1840年。今天，"21世纪海上丝绸之路"建设是重返世界舞台中心的中国寻找话语权的努力，在相同的文化语境之中，不同的学科与专业都有融入海洋话语时代的责任。欢迎不同领域与学科的专家继续关注我们的讨论、加入我们的航船：齐心协力、各抒其才。海洋足够辽阔，容得下多元的话语。

苏文菁
2016年12月

内容提要

本书从全球史的视角分析明清政府对外贸易政策及其经济影响。将明清对外贸易政策放在中西贸易大背景中进行研究，从欧洲贸易扩张与中国朝贡体系建立之间的比较中分析中西贸易政策的差异；从欧洲商人夺取亚洲国际市场与明清政府的应对中分析贸易政策的变迁；从海外市场需求与竞争同明清商业兴衰之间的关系来分析明清贸易政策的成败。

到明朝中期，明政府与欧洲国家各自形成了不同的贸易体系。欧洲国家建立的是一个依靠国家暴力维持商业垄断的贸易体系。在这个贸易体系中盛行的是弱肉强食、征服与被征服的原则。相反，传统中国建立的是一个依靠自身经济和文化吸引力维持的朝贡体系。朝贡体系的发展取决于政府的控制力与和平的商业贸易，这个体系所要确立的原则是"华—夷"关系。

中西初遇，欧洲与中国的贸易尚未大规模展开，西方国家也未在亚洲贸易中取得优势。虽然西方商人拥有国家武装力量的支持，但他们在经济上对中国商人具有很大的依赖性，所以一时形成了中外商人竞争与依赖并存的局面。但是由于明清政府对商业利益的忽视，在西方国家的武装侵略下，东南亚一些国家逐渐沦为西方的殖民地，亚洲贸易网络逐渐被西方商人控制，这为下一步西方国家打败中国商人奠定了基础。

康熙开海后，中西贸易进入了新的发展阶段。贸易量与贸易产品结构都发生了变化。在海外市场需求刺激下，大量中国商人出海贸易，茶叶、丝绸与瓷器成为主要出口商品。但另一方面，西方国家逐渐完成了在亚洲国际市场的贸易垄断布局，各国对东南亚海上势力范围已经划分完毕。大部分东南亚朝贡国沦为西方的殖民地，重要的贸易港口和商路受到西方商人的控制。然而清廷根本不承认国家之间的贸易，对国家间贸易的拒绝意味着朝廷不愿充当中西贸易交流的中间主体。这样一来，一旦中外贸易的发展对清政府视野中的秩序造成了挑战，那么清廷只能限制贸易发展，而不是主动开放、扩展贸易来解决问题。如果限制性措施无效，便会走向更加封闭的状况。这便是清朝对外贸易政策调整的内在逻辑。

前三章主要从中西贸易政策差异与互动来揭示明清贸易政策的缺陷。结论表明中国政府不保护商人，从而将中国商人置于西方仗剑经营的危局之下。第四章从经济自身的变化反观贸易政策成败。从贸易自身发展来说，虽然中国对外贸易规模在不断扩大，但是商业主导权在逐步丧失。亚洲国际市场受到西方商人的控制，中国海上贸易受阻，中国商人势力增长缓慢，茶叶和瓷器的市场份额不断下降，商帮受到西方商人的打压。贸易发展状况决定了中国的国际贸易客观上需要政府的保护，然而政府却没有履行这一职责，最终造成中国商人无法摆脱被排挤、被剥夺与被控制的商业命运。

综上所述，虽然开放有利于发展，但是具体的历史条件需要政府对商人进行保护，否则简单的开放只会将中国商业置于更大的风险之下。无论是从中西贸易政策的差异，还是从中国国际贸易自身发展的需要来看，都需要明清政府为商人提供保护，以抵御西方商人的仗剑经商。所以，没有为商人提供保护才是明清贸易政策最大的缺陷，而不是开关或者闭关。

前　言

　　从大航海时代开始的经济全球化是人类历史进程中最重要的现象之一，尤其是全球化中国际贸易的扩展，使得世界各民族各地区相互影响，并改变了整个世界的面貌。欧洲国家的国际贸易扩展到非洲、美洲和亚洲。欧洲、美洲和非洲之间形成了繁荣的大西洋三角贸易：欧洲将手工业品运到非洲，非洲将奴隶运到美洲，美洲为欧洲提供农矿产品和工业原材料。同时，欧亚之间大规模海上贸易发展起来，美洲大陆与中国之间形成了马尼拉大帆船贸易，美洲金银的开采解决了欧亚贸易支付问题，随着美洲金银的流动，亚洲的棉纺织品、丝绸和瓷器等流向欧洲。

　　在全球贸易发展中，中国没有置身事外。随着海外需求的增长，大量中国的茶叶、丝绸和瓷器等以美洲和日本白银为媒介流向海外，以至于中国成为世界白银的终极窖藏地。在这种海外市场需求剧增的背景下，中国商人纷纷出海贸易，形成了一批海上贸易集团。国内长途贸易也蓬勃发展，商帮进入兴盛阶段。但随着欧洲的崛起，中国国际贸易地位发生了大逆转。中国海商退居沿海，东南亚海上贸易商路被西方商人把持，重要贸易港口由西方商人占据。到 19 世纪中期左右，中国由曾经世界最大的净贸易出口国沦为净进口国，茶叶、丝绸与瓷器等被欧洲产品取代，兴盛一时的商帮纷纷衰败。

然而，贸易往来仅仅是历史的一个方面，另一方面是国家权力对国际贸易无所不在的干预。首先在亚洲，早在明初中国就建立起一个以明朝为核心的朝贡贸易圈。朝贡贸易圈中，"夷国"须向中国臣服，取得朝贡资格并接受中国册封，才能合法发展与中国的贸易关系。这种贸易关系建立和维持的方式是传统中国文化和经济的吸引力，贸易往来以和平方式为主。其次，在欧洲的贸易世界中，每一步的贸易扩张背后都有政府对商人的支持。葡萄牙通过军事力量将贸易范围推广到非洲、亚洲与南美洲；西班牙不甘落后，通过建立殖民政权帮助商人占领和垄断市场；荷兰、英国采取了更加完善的贸易政策，在国内通过关税等手段打击别国商品，在国际市场上创造性地将政权、军事和商人力量组合成三位一体的股份公司抢夺市场。

国际贸易是影响人类历史整体进程的重要因素，而国家权力对贸易的干预又无所不在。因此从全球史的角度分析国家对国际贸易的干预十分重要。本书将从全球史的视角分析明清政府对贸易的干预，即明清贸易政策的经济影响。文章将明清对外贸易政策放在中西贸易大背景中进行分析，从欧洲贸易扩张与中国朝贡贸易体系建立之间的比较中分析中西贸易政策的差异；从欧洲商人夺取亚洲国际市场与明清政府的应对中分析贸易政策的变迁；从海外市场需求与竞争同明清商业兴衰之间的关系来分析明清贸易政策的成败，并从中探讨国际贸易中中败西胜的原因。

与大部分研究明清对外贸易政策的文献不同，本书从全球史观和贸易政策比较的视角来进行研究，以期获得不同的看法和观点。

全球史观从以下三个方面影响本书的研究。

第一，将明清贸易政策放在全球经济联系中进行考察。明清中国构筑了亚洲朝贡贸易体系，西方通过军事与武力开创了一个弱肉强食的贸易世界。这两种不同的贸易体系之间从偶尔的经济联系发展到大规模的贸易往来。明清中国在这种全球经济联系中扮演了重要的角色。本书受全球史观的启发从这种相互影响和相互联系中着手分析。

第二，明清政府的对外贸易政策深受"华—夷"观念的影响，但将"华—夷"关系放在世界经济中进行考察，会发现明清与外界的关系是多重的。中国与朝鲜是传统的朝贡关系，但是中国与日本就存在着竞争关系。西方国家加入亚洲贸易圈之后，开始将国与国的贸易关系与仗剑经商的贸易方式引入中国的对外贸易关系中。这种不同关系影响到了中国对外贸易政策的调整与贸易地位的变化。

第三，将中西放在对等的位置考察。不是将中国看做被动，西方主动；也不是以欧洲的标准衡量中国，或者用中国的标准看待欧洲。对等的位置有助于发现中西方政府在国际贸易中各自的诉求与努力，以及客观地分析中西方的相互影响。

2. 在中西贸易政策比较与中西互动中进行研究

本书不仅比较中西贸易政策的差异，而且研究中外之间的互动对贸易政策的影响。所谓中外之间的互动，是指中西贸易政策与贸易方式相互作用，从而影响了中国贸易政策的调整与中国商业的发展。

本书的比较从15世纪中西各自构筑不同的贸易体系开始。虽然这个时期中西直接的大规模交流还没有开始，但是这个时期却是此后中西贸易政策差异产生的开始。由于这个时期中西政府与商人形成了不同的关系，所以双方构造的贸易体系与采取的贸易政策截然不同。此后随着中西经济交往的密切，中国政府在应对西方商人时需要调整原有的措施，而西方政府为了急切地打开中国市场，也需要针对中国的贸易政策进行调整。由于各国政府面临不同的发展环境，因此形成了不同的贸易思想与经济政策，并对国际贸易的发展产生了不同的影响。正是这种不同，最终造成中国商人在国际贸易竞争中失利，而西方商人取得了优势。

目 录

001 / 第一章　**大航海时代欧洲国家海洋贸易扩张和明代朝贡贸易体系建立的比较**

　　003 / 第一节　欧洲国家的海上贸易扩张
　　021 / 第二节　明政府构筑以中国为核心的朝贡贸易圈
　　044 / 第三节　中西贸易政策比较

059 / 第二章　**中西初遇：明末清初西方商人的到来与明清政府的应对**

　　061 / 第一节　明代后期西方商人的到来与明政府的应对
　　085 / 第二节　西方商人叩关与清初的对外贸易政策

109 / 第三章　**中西贸易新阶段：清朝开海后贸易政策的调整**

　　113 / 第一节　中西贸易进入发展新阶段
　　136 / 第二节　清朝贸易政策的调整
　　157 / 第三节　十三行制度

169 / 第四章　**从国际贸易竞争的角度看明清对外贸易政策的成败**

　　171 / 第一节　明中期之前：受压制的中国民间贸易

179 / 第二节　中西初遇：海外市场、民间贸易与中西商人关系

196 / 第三节　中西贸易新阶段：贸易发展与商业主导权丧失

211 / 第四节　中国商人遭到西方商人的竞争与打压

230 / 跋

239 / 参考文献

250 / 索　引

第 一 章

大航海时代欧洲国家海洋贸易扩张和明代朝贡贸易体系建立的比较

第一节　欧洲国家的海上贸易扩张
第二节　明政府构筑以中国为核心的朝贡贸易圈
第三节　中西贸易政策比较

大约从 15 世纪开始，传统中国政府与西方国家逐渐形成各自不同的贸易秩序。欧洲国家依靠国家暴力扩展贸易，维持商业垄断。其贸易的发展与否取决于国家对商业的保护和竞争对手的强大与否，政府在军事方面击败了竞争对手就意味着获得了商业地位。在欧洲贸易世界中盛行的是弱肉强食、征服与被征服的原则。相反，传统中国依靠自身经济和文化吸引力建立和维持着自己的朝贡体系。朝贡体系的发展取决于政府的控制力与和平的商业贸易，这个体系所要确立的是"华—夷"关系。虽然这两个巨大的贸易体之间尚未开展大规模贸易，但是贸易政策的不同已经预示着未来相遇之后可能发生的历史。

本章将具体比较两种贸易秩序与政策的异同。第一节论述欧洲政府对贸易扩张的作用；第二节论述明政府朝贡制度与朝贡贸易；第三节具体比较两种贸易政策的差异。

第一节　欧洲国家的海上贸易扩张

哥伦布发现新大陆后，欧洲各国纷纷倚剑经商，角逐大西洋。这种倚剑经商的贸易方式其实并不是1500年后的发明，而是对原来地中海地区贸易方式的继承。从15世纪开始，地中海贸易体系的运作方式逐渐扩展到非洲与美洲，中心由地中海区域转移到伊比利亚半岛。之后随着西北欧的兴起，荷、英等国挤占了伊比利亚半岛贸易中心的地位，荷英作为后来者不需要重新开拓贸易世界，而是直接从葡西手中夺取贸易垄断权，并以新的更加稳固的方式经营。

一　地中海贸易圈的建立

1. 意大利商人夺取地中海贸易垄断权

经历过长期战乱之后，11世纪欧洲经济开始复苏，各国政府积极支持商人开拓贸易。当时欧洲狭小的领土上国家林立，国家间竞争激烈，从跨国贸易中获取财富无疑是增加国力最为便捷的方法。[①]在这些国家中，表现最为突出的是意大利商人，尤其是威尼斯商人，成为欧洲跨国贸易的主要力量，威尼斯也成为欧洲贸易中心。

---

① 〔美〕肯尼迪：《大国的兴衰：1500—2000年的经济变迁与军事冲突》，蒋葆英等译，中国经济出版社，1989，第19—37页。

究其原因，是因为意大利商人成功地利用了军事与政权力量的支持，这也正是此后欧洲贸易政策成功的关键所在。

意大利商业崛起是从夺取信奉伊斯兰教萨拉森人的商业地位开始的。萨拉森人首先经由非洲、西班牙，控制了地中海的南部与西部；通过对巴利阿里群岛、科西嘉、撒丁、西西里诸岛的占领，全面控制了地中海贸易区。如何从萨拉森人手中夺取地中海贸易控制权成为意大利商业发展必须解决的问题。但是仅靠商人的力量根本无法实现这一目标，于是意大利商人将目光投向了十字军。

在常见观点中，十字军东征被看做宗教战争，但是这种以宗教为名义进行的战争却有着重大的商业目的。教皇乌尔班二世在1095年演说中就直接指出，欧洲"太狭窄不能容纳它的稠密人口；它的财富也不多；连它所产的粮食也几乎不能够供应它的种田的人们"①。十字军东征的经济目的与意大利商人的诉求一拍即合，所以威尼斯和热那亚商人几乎承担了十字军的一切费用，所谓宗教意义上的十字军东征演变成用武力为意大利商人开拓市场的军事行动。

在开始的军事行动中，意大利商人与十字军仅仅是相互"暗送秋波"，但在第四次十字军东征中实现了军队与商人正大光明的联合。第四次十字军东征本来的目的是埃及阿尤布王朝，由于十字军没有船只过海，于是请求威尼斯人给予帮助，威尼斯人遂以扩展商业范围为条件。"北部意大利的商业城市，尤其是威尼斯，对十字军东征充满热情，主要不是为了宗教，他们把它看作向地中海世界经济渗透的另一步骤。他们希望在东部地中海获得海港，从而同阿拉伯商人进行有效的竞争"②。于是十字军首领改变军队进攻方向，转而进攻君士坦丁堡。事后，威尼斯分得了拜占庭的许多领土。

---

① 〔美〕詹姆斯·W. 汤普逊：《中世纪经济社会史》上册，耿淡如译，商务印书馆，1984，第485页。
② Norman F. Cantor, *The Civilization of the Middle Ages*（New York：Haper Perennial, 1994），p. 249.

借助十字军东征，威尼斯在耶路撒冷建立了一个具有重大商业价值的殖民地。汤普逊对耶路撒冷殖民地有过这样的论述："真正移入境内而永久居住的人，是从地中海沿岸港口来的商人阶层。因此，商业兴旺起来。"① 这样，十字军在东方建立的王国成了商人前来经营的据点和商品贸易的中转地。

借助军事力量支持，意大利商人掌握了地中海贸易的垄断权。威尼斯人在泰尔、西顿、圣女贞德、卡法等地设立了商站，并于1204年成立了爱琴海殖民帝国，掌握了达达尼尔海峡和博斯鲁斯海峡两个重要的贸易通道；热那亚人也在科西嘉到卡法、俄罗斯大平原上，建立了许多国外代理商行。

2. 威尼斯商人独占地中海贸易圈

意大利商人包括热那亚、威尼斯和佛罗伦萨等地的商人，其中最为出色的却是威尼斯商人，其中原因不得不引人深思。通过对比，本书认为威尼斯商人与其他城市商人最大的不同是得到了城市政府的全力支持与保护。威尼斯出现这种状况并非偶然。从1172年开始，商业贵族开始在威尼斯议院和议会中取得政治势力，1297年的"关闭法"确立了世袭的商业贵族。相比较，热那亚与佛罗伦萨内部政治矛盾重重，政府对商人没有任何支持措施。正是有了城市政权的保护与支持，威尼斯商人得以排挤他国商人、垄断地中海市场。

威尼斯政府对商人的支持包括三个方面。首先是排挤意大利其他城邦的商人，因为这些商人是威尼斯商人的主要竞争对手。其次是帮助商人维持地中海贸易的安全与垄断。在采取了这些措施之后，威尼斯政府还将控制贸易的手段推行到欧洲其他地区。

在对待竞争对手方面，威尼斯政府采取了赤裸裸的军事侵略方法。1379年，威尼斯政府消灭了热那亚的舰队，夺取了基澳

---

① 〔美〕詹姆斯·W.汤普逊：《中世纪经济社会史》上册，第494页。

贾。基澳贾的商业地位十分重要，是威尼斯泄湖通往亚得里亚海的门户。这个门户被控制后，热那亚舰队便不能在亚得里亚海出现。有了战略性的地理优势，威尼斯商人可以方便地将商业扩展到东方、德意志和中欧。1383年，威尼斯又占领了扼守亚得里亚海咽喉的科孚岛。1405—1427年，又占领了帕多瓦、维罗纳、布雷西亚、贝加莫等内陆城市。通过军事侵略，威尼斯商人获得了地中海贸易圈中海上及陆上贸易的垄断权，其他城邦的商人则被排斥在外。

其次，政府积极帮助商人维护海上贸易安全。商人船只容易遭到他国商船和劫匪的抢劫，尤其是在经济危机期间，常常发生商船被劫事件，这大大影响了正常的贸易。为此，威尼斯政府建立起了佛兰德尔大舰队保护商船制度，舰队的船只由国家建造，每年由投标最高者带领远航。这个舰队不仅提供军事保护，在和平时期还从事贸易，所以是一个亦军亦商的组织。佛兰德尔大舰队活动范围包括威尼斯、墨西哥、那不勒斯、西班牙、摩洛哥、英国、布鲁日、斯吕伊、米德尔堡和安特卫普，主要从事丝绸、香料、棉纱、硝石、木材、锡、牛皮、金属器具等商品的贸易。[①] 布罗代尔对此评论说，佛兰德尔大舰队旨在推行"倾销"政策，对付旷日持久的危机；它既是一种国营企业，又包括私人的有效合作，是出口商为了降低运费和维护对外国商人的竞争地位乃至于立于不败之地而设置的海上联合机构。[②] 总之，是商人与政权力量最好的联合。

最后，威尼斯商人在欧洲其他地区排挤商业对手，控制贸易市场。为了将欧洲建成一个"货舱中心"，威尼斯采取"货栈"制度控制贸易。所谓货栈即安排一条街和一些房屋作为外国商人强制隔

[①] 〔美〕詹姆斯·W. 汤普逊：《中世纪晚期欧洲经济社会史》，徐家玲等译，商务印书馆，1996，第333—334页。
[②] 〔法〕费尔南·布罗代尔：《15至18世纪的物质文明、经济和资本主义》第二卷，顾良译，三联书店，1993，第127页。

离的集中点。最成功最典型的货栈是德意志商业区中心里亚托桥的"德意志商馆"。威尼斯规定所有与其贸易的德意志商人均得住进货栈安排的房屋,在当局的监视下存放货物、出售货物,出售的利润必须购买威尼斯商品;德意志商人须亲自到威尼斯购买商品,威尼斯商人不能将货物运往德国。对此,德意志商人不能有异议,否则货物将被没收。通过这种办法,大宗贸易的利益均被纳入威尼斯商人之手,德国商人则被排斥在外。不仅是在德国的贸易,威尼斯还把"货栈"制度强加于它所控制的所有城市。通过这种控制方式,威尼西亚共和国的所有交易,勒旺各岛屿或亚得里亚海各城市的全部出口,即使是送往西西里或英国的货物,都必须经过威尼斯港口转口。

二 贸易中心由地中海转向伊比利亚半岛

意大利商人的武装贸易仅仅是地中海区域内的"小打小闹",葡萄牙与西班牙将这种贸易方式扩展到全世界,贸易中心也由地中海转移到伊比利亚半岛。葡萄牙、西班牙贸易开拓的方式比较原始,"以最残酷的暴力方式进行赤裸裸的劫掠",包括抢劫财富、贩卖黑奴、武力垄断等。但这种方式却帮助两国将贸易扩张到全球,建立起了世界性的贸易网络,将全球财富源源不断地输入欧洲,引起了欧洲商业革命。

1. 葡萄牙的崛起

葡萄牙本是欧洲的一个穷国,偶尔参与到国际贸易中来。在政府与商人利益联合起来之后,就走上了贸易扩张之路,并成为世界贸易强国。1383—1385年,葡萄牙发生了一场革命,国王权力得到加强,商人与国王联合起来,商人的阶级地位得到提升,为政府支持商人贸易建立了基础。在商人的怂恿下,葡萄牙开始拓展国际贸易,这段贸易扩张史是由三个著名人物书写的:亨利亲王、葡萄牙王阿丰索五世和曼努埃尔一世,他们的共同特征就是热衷于武力扩展商业。

亨利亲王是葡萄牙海外贸易的奠基者,他以自己的亲身实践向后人证明,成功的贸易政策是军事、掠夺和强制经济的结合。虽然一些正史喜欢宣扬亨利亲王创办航海学校、培养航海人才的政绩,但是从其从事的事业来看,亲王更感兴趣的是掠夺财富。1415年,亨利亲王率领葡萄牙军队,攻占了直布罗陀海峡南边的穆斯林据点休达,使得葡萄牙获得了在北非的立足点,这个城市是沿非洲海岸向南寻找通往东方新航路的要冲。之后,亨利亲王继续沿着非洲西海岸向南探险。1420年武装占据马德拉群岛,获得大量高质量的木材。

此外,亨利亲王在殖民地推行强制经济,发展有利于本国的贸易。1432年向亚速尔群岛移民,开办甘蔗和葡萄种植园。15世纪初,葡萄牙将奴隶贩运到马德拉群岛,开垦了3万公顷的土地,发展种植业。①

亨利亲王一直垂涎于国际市场中的黄金、象牙和奴隶。黄金、象牙是贵重物品,可以直接从市场上获取收益,奴隶则是种植园的重要劳动力。为此,亲王组织力量向撒哈拉以南的非洲探索。1441年,葡萄牙人绕过位于今毛里塔尼亚境内的布朗角,到了沙漠和潮湿地带之间的过渡带,他们在此掠夺了大量黄金、奴隶,并将之运回里斯本。为表彰亨利亲王的这些功勋,阿丰索五世赋予亨利垄断奴隶贸易的权力。

继承亨利亲王事业的是葡萄牙王阿丰索五世,他有着更加成功的一套办法。阿丰索在国家力量和商人力量之间寻找到了合适的结合点,从而使海外贸易走得更远。1469年,阿丰索把几内亚的贸易专利权卖给富商戈米斯,条件是每年须将考察推进一百海里。富商戈米斯看到了这种交换后的巨大商机,积极着手扩展贸易。在其主

---

① Francisco Bethencourt, *Portuguese Oceanic Expansion 1400 – 1800*（Cambridge University Press, 2006), p. 23.

持下，几内亚的黄金贸易发展起来。1471年，戈米斯派出远征队首次越过赤道，1472年又穿过贝宁湾，于是西非漫长海岸上的大量财富展现于葡萄牙人面前。在戈米斯的经营下，谷物、象牙、黄金与奴隶贸易兴盛起来。我们现在所知的谷物海岸、象牙海岸、黄金海岸和奴隶海岸等都是这时形成的。

除了利用贸易特权动员商人力量之外，阿丰索还为商人提供了极大的政治与军事支持。1479年，阿丰索和西班牙国王斐迪南及王后伊莎贝拉签订《阿尔卡索法》条约，取得了自诺恩角到印度之间所有海洋和岛屿的独占权。1482年，葡萄牙在黄金海岸的艾尔明修建了西非沿海的第二个武装据点圣乔治堡，这个据点发展成几内亚湾的贸易中心。在种种措施支持下，葡萄牙贸易扩展到了刚果河口岸，成为当时世界上最大的贩奴国，贩奴数量从每年500—1000名很快增长到3000多名。① 此外，象牙、几内亚胡椒和黄金贸易也蒸蒸日上。

曼努埃尔一世将两位前辈的事业推广到全世界。在贸易扩张方面，他有更大的野心，正是在他的主持下，葡萄牙政府对商人的支持达到了极致，葡萄牙的海外贸易事业也达到了顶峰。曼努埃尔一世不满足于非洲的贸易，他早就垂涎于种种传说中有关亚洲的财富。1497年，他派出达伽马，探索抵达印度的航路，还创立了一支庞大的军队专门从事贸易扩张，这支庞大的远征队拥有战船13艘，战斗人员1200人，由贵族卡布拉尔率领。在做好这些准备之后，向印度洋挺进指日可待。

在印度洋，葡萄牙人遇到了竞争对手摩尔人与埃及人。这些商人在印度洋从事贸易已经多年，有自己的武装，不会随便就向葡萄牙人屈服。曼努埃尔一世命令卡布拉尔，凡是遇到这些国家的商船，就主动攻击。在进行一段时间骚扰之后，他们发现效果并不明

---

① 〔葡〕萨拉依瓦：《葡萄牙简史》，李均报等译，中国展望出版社，1988，第133页。

显。于是曼努埃尔一世策划进行大规模的军事打击。1502年，远征队的战船由13只增加到30艘，武器装备也得到了很大的提升，并由熟悉印度洋的达伽马率领。1502年2月10日，达伽马率领远征队对埃及贸易船队和贸易中心卡利库特进行毁灭性的打击。从此，葡萄牙实现了从好望角赴亚洲贸易的愿望（原来从红海和波斯湾经过）。

击溃卡利库特之后，曼努埃尔决定扩大行动范围，夺取印度洋全部的制海权，垄断全部香料贸易。实现这一切仅靠远征队是不够的。于是他任命阿尔马达为印度总督，授予他在好望角以东进行统治的最高行政权和司法权，可以统一指挥葡萄牙在印度洋上的所有人员。阿尔马达没有辜负葡王的期望，他很快在东非、红海、波斯湾和印度夺得大片地盘，可以随时补给海上商船和军舰；在亚丁、霍尔木兹和马六甲建立据点，对波斯人、土耳其人、阿拉伯人和埃及人形成了制约。1509年，阿尔马达在第乌海面击败了印、埃联军，建立了葡萄牙在印度洋西部的海上霸权。

在攻占印度洋期间，葡萄牙还开辟了对美洲的贸易。1500年，葡萄牙的远征队过了佛得角以后，没有到达卡利库特，风暴把他们送到南美的巴西海岸，他们在那里竖起一个刻有葡萄牙王室徽章的十字架，表示属于葡萄牙。1500年5月2日，远征队从巴西出发，7月6日到达东非的索法拉，7月20日到了莫桑比克，26日到了基尔瓦。并在美洲建立了商站，开始贸易。

在政府的全力支持下，葡萄牙从一个偶尔参与海上贸易的穷国转变为一个海上帝国，势力遍布美洲、欧洲、非洲和亚洲。葡萄牙商人建立起了两条穿越广阔海洋的贸易航线，源源不断地将世界范围内的财富输入欧洲。其中一条从里斯本出发，经过大西洋群岛，沿非洲西海岸绕过好望角到东非，再穿越印度洋到果阿和马六甲，进而向东至香料群岛，向东北至澳门；另一条从里斯本出发，经大西洋群岛，然后向西南航行至南美洲的巴西。

2. 西班牙展开贸易争夺

西班牙在与阿拉伯人争夺领土的过程中加强了君主的权威，从而走上了国家重商主义道路。阿拉伯人在711年占领比利牛斯半岛，之后西班牙的基督徒与阿拉伯人进行了长期斗争。1492年，西班牙占领格拉纳达，结束了长期的战争。在这个过程中，西班牙实现了统一，君主权力得到加强，开始推行国家重商主义。

西班牙的重商主义就是依靠国家力量扩张贸易。1492年，在西班牙君主的支持下，哥伦布发现了美洲；1519年，麦哲伦在西班牙君主的支持下继续远洋探险，之后在美洲建立殖民地。西班牙对美洲的殖民占领经过了三个阶段：15世纪末至16世纪初，在探险的过程中，侵占了西印度群岛；16世纪20年代，占领了墨西哥和中美洲各地；16世纪三四十年代，征服了南美洲的广大地区。到16世纪中期为止，西班牙建立了一个包括今美国西南部、佛罗里达、墨西哥、西印度群岛、中美洲和除巴西以外的整个南美洲的庞大殖民帝国。①

西班牙武装贸易的扩展方式与葡萄牙不同。葡萄牙主要采取了商站制度，通过在不同地区建立商站，通过商站之间的联系建立起贸易网络；西班牙则建立起了殖民政权，将政治势力渗透到当地；之后依靠殖民政权维持对当地的贸易垄断与剥削。因此，相比葡萄牙，西班牙对贸易的垄断和对殖民地的剥削政策更加系统和稳定。

西班牙在美洲建立了最高殖民统治机构总督府，总督由西班牙大贵族担任，掌握美洲民政、军政和司法大权。依靠殖民政权，西班牙采取了四种手段对美洲进行经济掠夺。

第一，直接掠夺财富。在墨西哥、秘鲁和玻利维亚发现了丰富的金矿之后，强迫印第安人开采，然后运回伊比利亚半岛。为了控制全部金银能够流入西班牙，1503年，西班牙统治者在塞维里亚设

---

① 〔美〕菲利普·李·拉尔夫：《世界文明史》第二卷，罗经国等译，商务印书馆，1987，第225页。

立"西印度贸易所",负责管理美洲贸易。美洲贸易最重要的部分是金银贸易,所以西印度贸易所实质上是金银贸易关卡,负责接收美洲金银,登记数量,然后分配。① 据估计,在16世纪,从美洲进入西班牙的金银持续增长,在一个多世纪里,以1503—1660年为准,大约有16000吨白银运达塞维里亚,是欧洲白银资源的三倍,而黄金达185吨,使欧洲黄金供应量增长了20%。② 而这一数字主要依据官方记录,不包括私自运回的金银。英国人在1586年曾得到消息,西班牙金银船队实际带回的金银数量是官方登记数量的两倍。③

第二,对殖民地进行剥削。委托监护制度是西班牙实行的一种剥削制度。根据规定,一部分有军工和特殊地位的殖民者可以得到议定地区的监护权。监护主对监护区的土地没有所有权但有使用权,有向当地居民征收贡赋和征用其去矿场、农牧场或市镇从事劳动的权力。当地居民必须永久地留在"监护区"内,不得随意离开。

第三,实行垄断贸易,规定殖民地只能与宗主国进行贸易,甚至殖民地之间的贸易也受到极为严格的管制。自1542年开始试行军事护航的"双船队制"④,一切开往殖民地的船只只许从塞维里亚起运;到达殖民地之后,只许在韦腊克鲁斯、波托贝略或卡塔赫纳停泊。所有的货物必须由西班牙船只装运,这些船只必须结对成行,按规定时间行驶。西班牙统治者还颁布法令,任何没有特别允许的殖民者与外国人交易将被判处死刑。

第四,经营黑奴贸易。从1513年开始,向商人出售奴隶贸易

---

① Herbert Heaton, *Economic History of Europe* (New York: Harper & Brothers, 1936), p. 248.
② John H. Elliott, *Imperial Spain 1469–1716* (Harmondsworth: Penguin, 1963), p. 174.
③ G. V. Scammell, *The World Encompassed: The First European Maritime Empires. c. 800–1650*, (London: Methuen, 1981), p. 343.
④ 李春辉:《拉丁美洲史稿》上册,商务印书馆,1983,第97—98页。

许可证获取收入。1592年，西班牙王室以100万杜卡特的价格把阿西托恩的奴隶贩卖权出卖给商人戈麦斯。从16世纪中叶到17世纪中叶，西班牙王室从其参加的罪恶的奴隶贩运活动中直接获利达50000万里亚尔。①

三 贸易中心向西北欧转移

荷兰、英国常常被称为新兴资本主义国家，其所实行的殖民政策与葡萄牙、西班牙不同。但是从政府对经济的干预来说，与其说是不同，倒不如说荷兰等国借鉴了西班牙等国的长处、吸取了其经验教训，从而使得贸易政策更加完善。在贸易扩张与垄断方面，荷兰等国与老牌资本主义国家没有本质区别，其对世界市场的争夺与对竞争对手的打击并不更加温和；同时对贸易的经营采取了更加先进的方式，即国家支持的贸易公司。正是因为政府更加积极的作为，使得其后来居上，贸易中心从伊比利亚半岛开始逐渐转移到北欧。

1. 尼德兰

尼德兰（即荷兰）虽然还没有脱离西班牙实现独立，但是与西班牙的贸易政策相比，政府对商业的支持却已经显示出"海上马车夫"的高明之处。尼德兰吸取了西班牙贸易政策的教训，②对本国商人采取了全面保护，不管是国内还是国外，都尽力为本国商人肃清市场。首先，在国内，极力吸引他国技术工人和商人前来贸易，发展起了繁盛的国家经济；其次，支持本国商人争夺欧洲贸易垄断权；再次，在欧洲地位巩固之后，开始抢夺世界市场；最后，建立

---

① 吴秉真：《评当代西方学者对奴隶贸易的一些看法》，《世界历史》1983年第10期，第85页。
② 西班牙政策最大的败笔是鼓励进口的贸易政策，欧洲大陆的商品纷纷流入西班牙，大量金银外流，外国人控制了西班牙国内的贸易。由于这种失误使得西班牙没有能够利用从殖民地获取的财富发展起自己国内的工商业，从而最终在与其他欧洲国家的竞争中失败。

起了公司这一政府与商人联合的新形式。

尼德兰政府在欧洲国家战乱与宗教迫害盛行之际，积极吸引他国移民。移民中的手工工匠，对莱顿、哈勒姆、阿姆斯特丹、萨尔丹的纺织业做出了决定性贡献。① 大量他国船员与技术工人帮助尼德兰建立了当时欧洲最为庞大的船队。例如在17世纪，荷兰拥有欧洲其他国家船只数量之和的船队，联合省的船只总数可达6000只，总载重量至少为600000吨。② 荷兰执欧洲海运之牛耳，重要的原因是它从欧洲贫困地区获得了不可或缺的劳动力。许多来避难的人是拥有巨资的商人，他们在资金融通体系方面为尼德兰提供了强大的支持，为建立从荷兰到新大陆和地中海的商业网做出了巨大贡献。选择流亡荷兰的人不是空手前往，他们带着资本、能力和商业关系而来。③ 正是由于尼德兰政府对他国商人、手工业者和技术工人的吸引，在其国内建立起了发达的手工业、强大的运输体系和发达的金融体系，从而为海上贸易扩张奠定了强大的经济基础。

仅有市场与技术上的优势是不够的，垄断市场才是上策。垄断市场必须排挤竞争对手汉萨同盟和西班牙。从15世纪开始，载运盐和鱼的尼德兰船只已在波罗的海与汉萨同盟竞争，并逐渐取得优势。由于国内粮食不足，热那亚和葡萄牙商人向阿姆斯特丹订购小麦，于是阿姆斯特丹成为波罗的海的贸易中心。1560年，尼德兰已经把波罗的海货物运输的70%吸引过来。

西班牙企图独占波罗的海与伊比利亚半岛之间的贸易，尼德兰不但看中了这种贸易的利润，而且也需要通过这种贸易获取西班牙的白银。于是乘1560年西班牙农业陷入危机的时刻，贿赂西班牙

---

① 〔法〕费尔南·布罗代尔：《15至18世纪的物质文明、经济和资本主义》第三卷，第199页。
② 〔法〕费尔南·布罗代尔：《15至18世纪的物质文明、经济和资本主义》第三卷，第203页。
③ 〔法〕费尔南·布罗代尔：《15至18世纪的物质文明、经济和资本主义》第三卷，第200页。

贵族，将商业势力渗透进来。1580年西班牙征讨葡萄牙期间，被占领区饿殍遍地，必须向北欧求助。这样，西班牙别无选择，只得任由尼德兰独占了北方谷物与西班牙白银之间的贸易往来。

取得欧洲贸易先机之后，尼德兰继续向世界范围内扩张贸易。但是尼德兰商人知道，世界范围内贸易扩张需要一个强大国家政权的支持，尼德兰还处在西班牙的控制之下。于是，在1566年，尼德兰开始了反对西班牙的独立战争，经过半个世纪的努力，终于在1609年，西班牙被迫与尼德兰签订了为期12年的休战协定，实际上是承认了尼德兰的独立。至此，尼德兰成为世界上第一个资产阶级掌权的国家。

建立起强有力的政权之后，也就是荷兰开始与西班牙和葡萄牙抢占殖民地与世界市场，同时极力打压正在崛起的英国之时，在太平洋，荷兰总督简·皮特斯佐恩攻击葡萄牙舰队，把葡萄牙人从印度尼西亚赶走，其后任于1636年又把葡萄牙人逐出斯里兰卡，夺得贩卖肉桂的垄断权。在大西洋，荷兰在非洲与葡萄牙展开战争。1628年荷兰在古巴的马斯坦港将一支西班牙舰队捕获，1631年又将西班牙的另一支舰队击溃，1636年围困西班牙领地敦刻尔克港，同年荷兰海军上将特洛浦率领一支大舰队在当斯港击败西班牙舰队。另外，荷兰还封锁了英国同波罗的海沿岸各地的贸易，并利用英国国内动乱的局面，夺取了北海和英吉利海峡的制海权。

与西班牙等国不同，在武装夺取殖民地、排挤他国商人和垄断贸易之外，荷兰一方面采取了政府与商人联合的新形式，即成立国家支持的商人公司，并赋予公司政治、军事权力，提供武装支持，保证公司能够垄断贸易；另一方面采取市场化原则管理公司，保证国际贸易的效率。这种形式保证了国家政权与商人利益的完美结合。

荷兰成立的第一个国家与商人联合的公司是东印度公司。1602年经过议会批准，荷兰各种私营贸易公司集资652万荷兰盾，在爪哇的万丹合并成立荷兰东印度公司。国家授予公司许多特权：公司获得从好望角到麦哲伦海峡之间的贸易垄断权，使得整个太平洋、印度洋成为公司贸易的独占范围，公司还有建立军队、与他国签订条约等特权。东印度公司拥有武装战舰41艘，商船3000艘，雇员10万多人，俨然成为荷兰海外政权的代表。

荷兰成立的第二个公司是西印度公司，1621年荷兰政府批准成立荷属西印度公司，目标是抢夺西班牙、葡萄牙在美洲的殖民地，展开同英、法等国争夺商业控制权的斗争。经过10年的努力，公司控制了从巴伊亚到亚马孙河西海岸的大部分地区。1622年在哈德逊河口夺取曼哈顿岛，建立新阿姆斯特丹城。此后，以哈德逊河为基地向东扩展到康涅狄格河的哈特福特，向南扩展到特拉华河畔。1623年占领南美圭亚那。1630—1640年，从西班牙人手中夺得加勒比海的阿鲁巴岛、库拉索岛等。

2. 英国早期的海盗

在17世纪中期以前，英国还不是欧洲的海上大国，却已经掌握了海上大国成功的秘诀，那就是武装贸易。英国海上力量相对比较弱小，海外贸易控制在外国人手中。自亨利七世开始，英国确立了发展海上贸易的国家战略，连续颁布促进贸易发展的航海法案。亨利七世在位时，就向全国性海外贸易商人团体颁发经营特许状，以促进贸易商人与他国竞争。亨利七世还鼓励建造大船和向国外购买大船，发展远洋事业。亨利八世和伊丽莎白沿用这种措施，继续推动海外贸易扩张。在国王的特许和支持下，英国商人组建了许多经营海外贸易的公司，包括莫斯科公司（1554年）、波罗的海公司（1579年）、土耳其公司（1581年）、非洲公司（1588年）和东印度公司（1600年）。

英国暂时还没有力量抗衡葡萄牙、西班牙，故而采取了海盗袭击的办法掠夺财富。英国海盗都有着深厚的政府背景。伊丽莎白政府表面上颁布了镇压海盗的法令，暗地里却与海盗勾结，向他们投资、提供船只，教唆他们到大西洋去抢劫西班牙船只和港口。当时最著名的海盗是豪金斯和德雷克，伊丽莎白给予他们最大的支持，他们因为掠夺财富和开辟殖民地有功，而被升为海军大将。

豪金斯是普利茅斯的一个船主，他于1562年在非洲西海岸捕捉到一批黑人，将其偷偷贩运到海地，再购买甜酒返回英国，赚取了高额利润。1564年，豪金斯又开始第二次远征贩奴，这次女王也入了股。1567年，第三次航行中，女王借给他们两艘王室海军战舰。他们在西非几内亚海岸大肆抢劫，返航时遭到西班牙袭击，豪金斯仓皇逃回英国。伊丽莎白采取了报复手段，将西班牙运送的白银（约值15万镑）没收。为了安慰豪金斯，还授予豪金斯贵族称号，任命其为海军大将军，重建海军。

另外一名著名的海盗是德雷克。德雷克是一个比豪金斯更有眼光的海盗，他不在乎海上偶尔抢劫获得的财富，他在乎的是寻找一个可以长期供其抢劫的对象。从1570到1573年，德雷克多次远航美洲寻找抢劫对象，功夫不负有心人，他发现西班牙在美洲生产的白银，都经过秘鲁由海船运至巴拿马海峡，然后由骡群驮至大西洋的西班牙船上。他认为掌握了这条线路之后，就可以实现长期抢劫的计划。1572年，德雷克率领3艘小船从普利茅斯港出发，横渡大西洋，在白银运输队必经的巴拿马海峡，一次就抢劫了白银30吨，英王对此大加赞赏。

但德雷克的野心不限于此，他计划在麦哲伦之后完成一次环球航行，以打破西班牙在太平洋上的统治地位，这是一个海盗挑战国家殖民政权的计划。1577年11月5日，德雷克率领由5艘船只组成的船队，从普利茅斯港出发，驶入太平洋，不久就抢劫了西班牙的美洲殖民地秘鲁和智利等，最后来到北美西海岸，开始抢占殖民地，并竖立纪念碑，刻上女王的名字。1585年，德雷克率领30艘舰船，直奔中美洲，抢劫了圣地亚哥，次年7月满载而归。

英国海盗引起了西班牙人的不满，两国之间的战争一触即发。

在这个时候,德雷克又开始抢劫西班牙海军。1587年4月,德雷克偷袭了西班牙加的斯港口,摧毁西班牙战舰约30艘,获得75万镑的财物。这显然已经不是简单的抢劫了,德雷克将抢劫升级为国家之间的战争。双方矛盾终于激化,爆发了海上战争,1588年英国战胜西班牙海上舰队,为海上霸权建立了基础。

四 国家支持商人与欧洲贸易扩张

本书的前三节回顾了欧洲贸易扩张的历程。欧洲建立的贸易世界经历了由地中海沿岸为中心,到伊比利亚半岛为中心,再转向以西北欧为中心的过程,在后面几个章节中我们将继续讲述贸易中心如何转移到英国的问题。历史表明,贸易中心转移的一个重要原因是国家对商人的支持,国家采取了武装贸易的方式支持商人。威尼斯商人夺取地中海贸易垄断权的原因是政府全力支持商人。葡萄牙、西班牙将贸易扩展到全球,取代地中海贸易地位的原因是其将武装贸易推向世界。但是由于葡萄牙采取的商站制度造成殖民体系不稳固,很容易被他国排挤;而西班牙又在国内经济政策上失误,[①]所以被后来居上的荷兰取代。

按照比较优势理论,自由贸易能保证资源的最优配置,最符合经济发展的需要。但是对当时的国家来说,实行自由贸易完全是一种不可能的事。在分工比较原始的情况下,谁占据了商路谁就垄断了贸易,垄断了贸易就意味着获取了商业利润。因此,西欧海上强国在走上贸易扩张之路的过程中,无不体现出政府的作用。政府以军事为先锋,帮助商人开拓市场,排挤竞争对手,残酷剥夺殖民地财富。正是在这个过程中,国家才不断强大。而后崛起的国家欲超过原先的强国,无不在海外贸易中通过武力排挤掉原有的强国。

但经济学的规律告诉我们,违背比较优势发展原则必然带来

---

① 西班牙鼓励外国商品进口,限制本国商品出口。

资源配置的扭曲，进而影响到经济效益，西欧国家何以在国际垄断贸易中获得发展呢？对这个问题的回答需要突破经济学对现实的虚构，回到当时的发展状况中去。西欧的发展并非是比较优势所预示的均衡路径下的发展，其受到了资源与环境的制约，市场自身的力量不能帮助西欧国家摆脱发展的瓶颈。王国斌在比较中西发展历史之后认为，在近代化早期的中国与欧洲，市场力量已经发展到极限，面临资源制约，陷入"马尔萨斯陷阱"。① 彭慕兰也认为市场力量没有帮助欧洲摆脱"马尔萨斯陷阱"，西方国家的发展遭到了生态制约。② 那么西方国家是如何摆脱资源制约，摆脱"马尔萨斯陷阱"的呢？王国斌与彭慕兰都认为新大陆的生态横财是欧洲生态缓解的关键因素。

但是，中国也存在着东北、华北等地区向江南源源不断地输送缓解生态制约的资源，③ 中国为什么没有摆脱生态危机？彭慕兰在其研究中暗指，奴隶制是生态缓解的制度基础。中国江南虽然也从东北等地输入粗棉、大豆等有"生态缓解"作用的产品，但是由于中国经济资源的配置是在市场原则下进行的，东北等地在自身人口压力下可以进行进口替代，发展本地纺织业。而美洲新大陆棉花和糖的生产完全以强制性经济和奴隶制为基础，进口替代无从谈起，因而"核心"（英国）和"边缘"（美洲殖民地）的分工得以固定。因此，美洲资源仅仅是欧洲生态缓解的必要条件，只有通过国家暴力、建立强制性分工体系和奴隶制度才能使欧洲摆脱生态制约，才能突破受到资源限制的均衡发展路径。

欧洲贸易政策的特征正是国家支持商人，采用暴力方式建立垄断和强制性经济。从威尼斯贸易扩展开始，欧洲逐渐建立起一个依

---

① 王国斌：《转变的中国：历史变迁与欧洲经验的局限》，李伯重等译，江苏人民出版社，2010，第28—29页。
② 彭慕兰：《大分流：欧洲、中国及现代世界经济的发展》，史建云译，江苏人民出版社，2010，第310—322页。
③ 彭慕兰：《大分流：欧洲、中国及现代世界经济的发展》，第276—310页。

靠国家暴力得以存在，并通过鼓励私人贸易而获取财富的贸易圈。这个贸易圈最初的中心在地中海，随着后继国家政府力量的强大，贸易中心逐渐北移，最终确立了西北欧的贸易核心地位。在转移的同时，欧洲贸易圈范围逐渐扩大，从地中海周边地区逐渐扩张到世界范围内。正是在国家力量的推动下，美洲金银才能源源不断地输入到欧洲，这些财富才能帮助欧洲摆脱资源陷阱。因此，欧洲国家对经济的推动与促进而不是市场自身的力量才是欧洲经济成功的关键。

第二节　明政府构筑以中国为核心的朝贡贸易圈

本节主要论述明政府贸易政策的特征与作用。在论述过欧洲的贸易政策之后，本节将明朝放在与欧洲对等的位置上进行考察，而不是以西方的标准来衡量中国，或者以中国的标准看待西方。这种对等的角度有助于发现明朝在国际贸易秩序中的诉求与利益。在某种意义上与西方相同，明朝也在国际贸易中积极开拓国家的影响力，并将其他国家纳入中国势力范围之内。这种视角是为了更好地与西方比较。前一节我们说到，西方政府积极地帮助本国商人开拓市场，为欧洲贸易扩张做出重要作用，那么，同样追寻对外影响力的明朝又是如何影响本国贸易的呢？这正是本节论述的内容。

一　朝贡贸易秩序的建立：朝贡与海禁相配合

1. 明朝构筑朝贡贸易秩序的目标与特征

明政府并不关心中外贸易发展状况，如何"怀柔远人"，使"四夷宾服，万国来朝"才是其最为重要的目标，贸易仅仅是达成这一目标的手段。《明经世文编》中有言："柔远之道，此前代之所行，亦我朝之故事也。"① 洪武桂言良在《上太平治要十二条》

---

① 陈子龙编《明经世文编》卷六十二《敦怀柔远人以安四夷疏》，明崇祯平露堂刻本，中国基本古籍库，第435页。

中谈道："夫驭夷狄之道，守备为先，征讨次之，开边衅，贪小利，斯为下矣。蛮夷朝贡，间有未顺，当修文德以来之，遣使以喻之，彼将畏威怀德，莫不率服矣，何劳勤兵于远哉！"① 在关于明朝对外关系的所有史料中，都体现出了三个方面的信息：首先，是"怀柔远人"，贸易是实现这一目标的手段而不是目的；其次，注重"文德"的手段，重要的是使夷国畏威怀德，实现文化上的感化，而不是武力统治；最后，征讨是次要的，只是在迫不得已的情况下才会采取。可见，与西方截然不同，欧洲国家将贸易扩张作为政策的最终目的，而明朝仅仅将贸易作为达成政治目标的手段之一。

"开关—闭关"模式本质上是从经济角度出发并以市场原则否定明朝的政治诉求。但上述论述表明，经济仅仅是政治的附属，对明朝贸易圈的解构从政治出发，以此来反观贸易在这种政治边界中的发展，才能正视明朝的政治诉求。从政治出发反观贸易的第一个结论是，明朝首先构筑的是一种"华—夷"关系，其次才是这个关系下发展起来的朝贡贸易圈，或者说朝贡贸易是维持"华—夷"关系的工具。滨下在其著作《近代亚洲的国际契机》一书中也是首先论述了清朝的朝贡关系，然后再论述贸易状况。但是滨下将中国古代的对外关系用"中央与地方关系在国际关系中的延伸"来概括，与之不同，本书用"羁縻"来形容中国驾驭夷国的手段。因为"华—夷"关系显然不同于中央对地方的统治，从历史情况中可以归纳出羁縻的三个特征。

第一，以文化的感召使之臣服，而不是追求对外扩张。史料称"羁縻之道，服而赦之，示以中国之威，道以王化之法，勿极武穷兵，过深残掠"②。文化感召的实质是通过自身的长处达到影响外在的环境的目的，这实际上是儒家"内圣外王"思想在外交上的体现。这种方式与西方通过武力对外征服是截然不同的，也不同于中

---

① 陈子龙编《明经世文编》卷七《上太平治要十二条》，中国基本古籍库，第43页。
② 《晋书》卷一百一十四，清乾隆武英殿本，中国基本古籍库，第1043页。

央对地方的控制。

第二，夷国要与明朝保持一定的联系。明朝通过建立朝贡制度来保持这种联系，朝贡体系下的联系方式包括朝贡、赏赐、册封、互市、通使等，涉及政治、经济与文化各个方面。定期进行朝贡仪式是夷国臣服与归化的象征，是夷国对朝廷权威承认的标志，是文化感召力的体现。

第三，不实行直接统治。虽然许多史料表明明朝君主对夷国百姓还是比较关心的，但明朝并没有设置代理政府去管理外国事务，基本上对外国事务持不干涉态度。这与西方国家直接设立代理政权不同。

华夷关系和羁縻的特征，决定了明朝通过建立朝贡制度来维护华夷关系，而不是推行对外扩张或者海外代理政权的建立。朝贡制度通过对朝贡贸易参与者行为的规范以体现明朝对夷人的恩威与夷人对明朝权威的承认。朝贡贸易圈是在这种政治制度下形成的，在这种关系下的贸易实际上是朝廷用来"怀柔远人"的工具，而不是为了增加国家财富。本书下面几个部分将详细讨论明朝通过朝贡制度构筑朝贡贸易圈的努力。

2. 朝贡制度与朝贡贸易

朝贡体制包括设立市舶司、朝贡行为规定、贸易品处理三个方面。市舶司是朝贡的具体管理机构，通过对朝贡及朝贡贸易中种种行为的控制与管理，来贯彻朝廷的政治诉求。对朝贡物品的处理既关照到了朝廷的政治目标，又一定程度上满足了夷国的商业需求。从整个制度安排来看，这是一个相当完善和成熟的体系。

（1）设立市舶司管理朝贡贸易

市舶司即"掌海外诸蕃朝贡市易之事"①，设置地点有所变化，其中设置时间最长的是宁波、广州与福建市舶司。市舶司最初设立在太仓黄渡镇，后因为海防缘故，将地点转移至上述三地。史料记载：

---

① 张廷玉：《明史》卷九十五《职官志》，清乾隆武英殿本，中国基本古籍库，第2018页。

太祖初定天下，于直隶太仓州黄渡镇设市舶司，司有提举一人，副提举二人，其吏目二人，驿丞一人。后以海夷黠，勿令近京师，遂罢之。已复设于宁波、泉州、广州。洪武七年，又设于浙江之宁波府、广东之广州府，其体制一同太仓。①

由于是官方管理机构，所以三大市舶司的职能依据管辖地域而不是贸易方便而划分。宁波市舶司是专门对日本贸易的口岸。宁波市舶司下设有安远驿，负责接待贡使，嘉靖年间由于倭寇、海盗侵扰，海防紧张，市舶司处于废置状态。福建为明朝东南主要的贸易口岸，永乐元年设置福建市舶司于府治南，专主琉球入贡，后因贡船多至福州河口，市舶司移至福州。广东市舶司专为占城、暹罗诸番而设。② 广东市舶司在广州归德门外西南一里的地方，设有怀远驿，规模为三省驿馆之首。

市舶司是明朝将海外贸易纳入朝贡体制的手段与工具，虽然在长期的演变过程中，其职能有所变化，但从史料记载来看，主要职能一直延续了下来。市舶司的职能主要包括三项：③

第一，查验朝贡表文、勘合，辨其贡道、贡期，检验贡物，确定进京的人数。"四夷入朝，必先具咨布政司，乃与比对勘合，查照表文、方物。事理明白，然后遣使驱驿，否即却之。"④

第二，负责对正贡以外的"附至番货"给价收买，监督贡使在当地的交易活动，执行朝廷的朝贡禁令。在市舶司设立的地方，"除国王进贡外，番使人伴附搭买卖货物，官给价收买"。⑤

第三，贡使居留期间，负责供应其饮食物品，并按照规定设宴

---

① 沈德符：《万历野获编》卷十二，中国基本古籍库，第317页。
② 胡宗宪：《筹海图编》卷十二，清文渊阁四库全书本，中国基本古籍库，第386页。
③ 李云泉：《朝贡制度史论：中国古代对外关系体制研究》，新华出版社，2004，第131页。
④ 郑舜功：《日本一鉴》卷七《市舶》，转引自郑梁生《明代中日关系研究：以明史日本传所见几个问题为中心》，文史哲出版社，1985，第66页。
⑤ 申时行：《大明会典》卷一百八，明万历内府刻本，中国基本古籍库，第1403页。

款待。明廷在永乐三年分别在三处市舶司设置驿馆，为各国贡使住宿之用。明朝对贡使及从人的招待都有详细规定。

（2）朝贡贸易行为的规定

由于中国经济对夷国的吸引力非常大，许多国家是以朝贡之名来行贸易之实，这显然不符合朝廷要求，于是明廷对夷国朝贡时的种种行为都进行了严格控制，具体包括三个方面：贡期、贡道与朝贡规模。

第一，贡期的规定。对于朝贡国来说，贡期越频繁越有利。因为通过朝贡贸易可以互通有无，满足各国对中国手工业品的需求。然而朝廷并不这么想，朱元璋就曾说，"诸夷限山隔海，若朝贡无节，实有劳远人，非所以妥辑他们"①。

这段史料是朱元璋对各国贡期的具体要求：

> 洪武七年，太祖诏书礼部曰：古者中国诸侯于天（子），比年一小聘，三年一大聘；九州之外，番邦远国，则每世一朝；其所贡方物，不过表承敬而已。高丽稍近中国，颇有文物礼乐，与他番异，是以依三年一聘之礼；彼若欲每世一见，亦从其意。其他远国，如占城、安南、西洋琐里、爪哇、浡尼、三佛齐、暹罗斛、真腊等处新附国土，入贡即频，烦劳太甚，朕不欲也。今遵古典而行，不必频繁，其移文使诸国知之。②

显然，朱元璋是从"怀柔远人"的态度出发的，明政府并非没有意识到夷国的商业需求，只是其不愿看到华夷之间的关系变成纯粹意义上的贸易关系。为此明朝对各国贡期进行了规定，并屡次要求各国遵守规定（见表1-1）。

---

① 《明实录》太祖实录卷一百一十六"洪武九年五月甲寅朔"，上海古籍出版社，1983，第1763页。
② 《明实录》太祖实录卷八十七"洪武七年三月癸巳"，第1400—1401页。

表1-1 明朝朝贡国贡期规定

国名	贡期
安南	三年一贡
占城	三年一贡
朝鲜	一年数贡
琉球	二年一贡（曾一年一贡）
日本	十年一贡
真腊	不一定
暹罗	三年一贡
爪哇	三年一贡

资料来源：《大明会典》《明实录》《皇明外夷朝贡考》。

第二，朝贡国进贡的时候必须按照朝廷规定的贡道进行。为了加强对朝贡使者的管理，明廷要求朝贡国家必须在指定的港口停泊，然后按照规定的贡道入京。指定的港口即是三大市舶司，前文已经指出，三大市舶司接待不同的朝贡国。贡使在市舶司受到招待后，须按指定贡道进京。表1-2根据相关史料对三大市舶司朝贡路线规定进行了总结。

表1-2 明朝朝贡国朝贡路线规定①

市舶司	朝贡线路
宁波市舶司	宁波安远驿—余姚—绍兴—萧山—杭州—嘉兴—苏州—常州—镇江—扬州—淮安—彭城（今徐州）—沛县—济宁—天津—通州—北京
福建市舶司	泉州来远驿—延平—建宁—崇安—浙江—北京
广东市舶司	广州怀远驿—佛山—韶关—南雄—梅岭—南安—北京

① 〔日〕木宫泰彦：《日中文化交流史》，胡锡年译，商务印书馆，1980，第520—527页。原文见高岐《福建市舶提举司志·宾贡》。

朝廷对贡道的限制非常严格，若朝贡国不按规定贡道前来，就会遭到禁止入贡的惩罚。明初缺乏相关资料，但从明中后期一些资料中可见一斑。弘治二年（1489），撒马尔罕使臣由海路经过满剌加进贡，礼部官员闻后上奏，"南海非西域贡道，请却之"，孝宗从之。①弘治三年（1490），广东地方官员因对贡道的限制不严，致使吐鲁番贡使于广东登岸，为此，孝宗将玩忽职守的"广东都、布、按三司及沿路关津官"治罪，并将贡使驱逐出境。②明初海禁很严，明廷十分关注内外勾结情况，故可判断明初贡道的规定应该更加严格。

第三，规定朝贡规模。在海禁条件下，朝贡是当时中外贸易往来的唯一合法通道。由于朝廷对正贡物品采取厚往薄来的政策，对朝贡国进行赏赐，于是许多朝贡国在贡期与贡道未定的情况下，会趁机加大朝贡规模，企图获得朝廷更多的赏赐品。例如，琉球国资源匮乏，经济上依赖中国产品，其入贡"欲贸中国之货以专外夷之利"。③为此，明廷对朝贡使团及贡品的规模都进行了规定与限制。洪武五年（1372），明太祖因高丽频繁来贡，除了规定贡期之外，亦规定"所贡方物，止以所产之布十匹足矣"，这是明朝规定朝贡规模的开始。④永乐初期，明朝规定琉球朝贡每船不过100人，多不过150人。⑤永乐初对日本朝贡规模规定每贡正、副使等勿过200人。⑥

（3）朝贡物品处理办法

对朝贡物品的处理是否得当直接关系到朝贡制度的成败。因为夷国贪图的是朝贡贸易中的经济利益，而明朝则期望能够"用普怀

---

① 张廷玉：《明史》卷四百一十五《外蕃传》，第8600—8601页。
② 《明实录》孝宗实录卷四十二"弘治三年闰九月丁酉"，第867页。
③ 《明实录》宪宗实录卷一百七十七"成化十四年四月乙酉"，第1983、3186页。
④ 《明实录》太祖实录卷七十六"洪武五年十月甲午"，第1400—1401页。
⑤ 申时行：《大明会典》卷一百五，第1024页。
⑥ 申时行：《大明会典》卷一百五，第1024页。

柔",这之间存在着动机的差异,这种差异就具体体现在朝贡物品处理当中。贡使进贡之时所带物品分为两个部分:一是进贡方物,以呈献皇上,另外还带来大量私人或者用来交换的物品。对于第二部分的物品,朝廷须认真对待,因为对这部分物品的利益往往是夷国来朝的重要原因。

明廷对朝贡物品的处理采取了两种方式。对于进贡方物,明朝出于政治上"怀柔远人"的考虑,采取"厚往薄来"的原则,在赏赐物上亏损较大。然而这部分所占朝贡物品份额较少,"所费不足当互市之万一"。① 而据其他史料,朝贡物品仅为全部物品的十分之一。② 虽然没有完全的统计,但是从一些年份进贡的比例可见端倪。如成化二十一年(1485),日本国王进贡的刀是3610把,而各大名、寺社附搭的刀却达35000余把,几乎是进贡物品的十倍。③ 由于从事贸易有利可图,贡使往往带来大量商人。《明史·天方传》载,"番使多贾人,来辄挟重资与中国市"。而《明会典》载嘉靖二十九年日本朝贡时,"正副使二人,居坐六员,土官五员,从僧七员,从商六十人"。④ 可见,大量商人随来进行贸易。

对于附搭进来的物品,明廷实行严格管制。外国进贡人员的交易活动必须按规定在两个地方进行:一是京师会同馆;二是沿海市舶司。在弘治以前,朝贡贸易主要在京师会同馆进行;弘治之后,才见市舶司港口的互市。⑤ 私带物品的贸易程序受到明廷严格控制,明廷对参与交易的中方商人都要进行严格细致的挑选,常常造成双方货物不相投;按照规定,本来许多可以在沿海进行的交易必须到京师

---

① 张瀚:《松窗梦语》卷四《商贾记》,转引自李金明《明代海外贸易史》,中国社会科学出版社,1990,第29页。
② 李金明:《明代海外贸易史》,第29页。
③ 郑舜功:《日本一鉴》卷七《贡物》,转引自郑梁生《明代中日关系研究:以明史日本传所见几个问题为中心》,第66页。
④ 申时行:《大明会典》卷一百五,第1026页。
⑤ 梁方仲:《明代国际贸易与白银的输出入》,载《中国社会经济史集刊》1939年第6卷第2期。

会同馆进行。开市时间也有限期，规定朝贡之后，"许于会同馆开市三日或五日"，只有朝鲜和琉球与中国关系密切，不拘期限，来即开市。明廷严格禁止夷人在馆外私下交易，"潜入人家交易者，私货入官，未给偿者，量为递减"，之后不许此类人再来中国贸易。而若有人"代替夷人收买违禁货物者问罪，枷号一个月，发边充军"。

3. 海禁政策逐渐与朝贡相配合

海禁政策并非朝贡制度的一部分，但是客观上却起到了维护朝贡制度的作用。明朝海禁政策是为了防范倭寇与海盗，阻止里外勾结，维护边疆稳定而实行的，但是客观上却与朝贡制度相配合，形成了有朝贡才有互市、有朝贡才有贸易的局面。然而在论述海禁与朝贡相互配合之前需要澄清关于海禁方面的学术争议，并进而作为下一步论述的基础。

关于海禁的第一个争论是海禁实行的时间。本书认为明朝建立初期并没有立即实行海禁，朱元璋对海上贸易持鼓励态度。明朝初年，朱元璋曾经接见当时的大海商朱道山，以示对海商的支持。《送朱道山还京师序》曾记述此事，表明明初没有实行海禁：

> 朱君道山，泉州人也，以宝货往来海上，务有信义，故凡海内外之为商者皆推焉，以为师。时两浙即臣附，道山首率群商入贡于朝。上嘉纳道山之能为远人先，俾居辇毂之下，优游咏歌，以依日月末光，示所以怀柔远人之道。海外闻之，皆知道山入贡之荣有如是也。至是海舶集于龙河，而远人之来，得以望都城而瞻宫阙，且人见中国衣冠礼乐之盛，而相与咏歌之者。①

从其他史料也可看出明初贸易的状况。洪武二年（1369），太

---

① 王彝：《王常宗集·补遗》，载《文渊阁四库全书》，中国基本古籍库，第36页。

祖谕参政蔡哲云，福建地滨大海，民物庶富，番舶往来，私交者众。① 嘉靖《广东通志》亦说，明前期"番商私赍货物，入为易市者，舟至水次，悉封籍之，抽其十二，乃听贸易"②。

正式海禁应该开始于洪武四年。根据《明史纪事本末》，太祖因为倭寇跋扈实行海禁，又使易受倭寇侵扰的滨海居民迁徙内地，将其壮丁编入军卫。③ 洪武四年十二月，"命靖海侯吴桢，籍（及）方国珍所部温、台、庆元三府，及兰秀山无田梁之民，凡十一万余人，隶各卫为军，且禁沿海民私出海"④。

另一个问题是，当时海禁的程度，究竟是全面禁止还是有条件的允许下海贸易。在《史明》卷二百五《朱纨传》中曾这样记载："初，明祖定制，片板不许下海。"朱纨还这样写道："我朝立法垂训，尤严夷夏之防，至今海滨父老相传，国初寸板不许下海。"⑤ 徐孚远亦如此写道："凡有贩番诸商，高给文引者，尽行禁绝，敢有故远者，照例处以极刑。"⑥ 可见，确实有许多史料支持全面海禁的观点，所以"片板不许下海"成为用来形容当时海禁严厉的一个常用词语。

然而《大明律》的记载却与此不同，从其内容来看，明朝并非一切贸易禁绝，而是对不同物品的贸易实行了不同规定：

> 凡泛海客商舶船到岸，即将货物尽实报官抽分，若停榻沿港土商牙侩之家不报者，杖一百。虽供报而不尽者，亦如之，货物并入官。⑦

---

① 《明实录》太祖实录卷四十二"洪武二年五月癸丑"，第832页。
② 黄佐：《广东通志》卷六十六《外志·番夷》，香港大东图书公司，1977，第1724页。
③ 谷应泰：《明史纪事本末》卷五十四，载《文渊阁四库全书》，中国基本古籍库，第844页。
④ 谷应泰：《明史纪事本末》卷五十五《沿海倭乱》，第843页。
⑤ 张廷玉：《明史》卷二五〇《朱纨传》，第5403页。
⑥ 陈子龙：《明经世文编》卷四百，第3811页。
⑦ 刘惟谦：《大明律》卷九《户律五》，日本景明刻本，中国基本古籍库，第78页。

凡沿海去处，下海船只，除有号票文引，许令出海外，若奸豪势要，及军民人等，擅造二桅以上违式大船，将带违禁货物下海番国买卖，潜通海贼，同谋结聚，及为乡导，劫掠良民者，正犯比照谋叛已行律处斩，仍枭首示众，全家发边卫衙充军。①

凡将马、牛、军需、铁货、铜钱、段疋、䌷绸、丝棉私出外境货卖，及下海者，杖一百；挑担驮载之人，减一等，物货船车并入官。于内以十分为率，三分付告人充赏。若将人口、军器出境及下海者，绞；因而走泄事情者，斩；其拘该官司及守把之人，通同夹带，或知而故纵者，与犯人同罪；失觉察者，减三等，罪止杖一百，军兵又减一等。②

上以中国金银、铜钱、段疋、兵器等物，自前代以来，不许出番。今两广、浙江、福建愚民无知，往往交通外番，私易货物，故严禁之。沿海军民官司，纵令私相交易者，悉治以罪。③

这些史料记载十分详细，涉及产品达 12 种之多，对船只规定也十分详细。出海需要票号船引，而且二桅以上的大船属于违禁。二桅大船主要是远洋所用，所以明朝允许的海上贸易应该主要是近海贸易，居民下海捕鱼当属允许的范围，禁止的只是远洋出海贸易。

从史料的可信程度来看，当《大明律》更为可靠。一是因为这毕竟是官方的规定，而朱纨等人的著作只是一种个人撰写的文章，

---

① 刘惟谦：《大明律》卷十五《兵律三》，第 119—120 页。
② 刘惟谦：《大明律》卷十五《兵律三》，第 123 页。
③ 《明实录》太祖实录卷二百三"洪武二十三年七月辛卯朔巳酉"，第 3054 页。

《明史》记载也十分模糊。虽然《大明律》于洪武三十年（1397）更定，但是却在明初编辑而成。二是《大明律》对海禁规定记载得更加详细，所以可能更加属实。因此可以判断，明朝并非是"片板不许下海"，只是禁止了远洋贸易。

明朝海禁进一步严厉发生在胡惟庸事件之后。洪武十三年（1380），有人上奏胡惟庸内外勾结谋反，胡遂被朱元璋处死。《明史·日本传》云，

> 先是胡惟庸谋逆，欲藉日本为助，乃厚结宁波卫所指挥林贤，佯奏贤罪，谪居日本，令交通其君臣。寻奏复贤职，遣使召之。密致书其王，借兵助己。贤还，其王遣僧如瑶，率兵卒四百余人，诈称入贡，且献巨烛，藏火药、刀剑其中。即至，而惟庸已败，计不行，帝亦未知其狡谋也。越数年，其事始露，乃族贤。而怒日本特甚，决意绝之，专以海防为务。

此事之后，明朝实行了更加严格的海禁措施。根据相关史料，朱元璋开始只允许琉球、真腊、暹罗等国入贡，其他海外诸国一律断绝往来。但这种措施主要是针对胡惟庸事件采取的一时之策，因为此后的朝贡国显然不止这三个国家。朱元璋海禁之严厉应该是指其禁止国内市场流通番货与禁止本国商品流出海外市场这两项措施。政策规定番香、番货皆不许买卖，见之必然销毁，民间祭祀只准用松、柏、枫、桃诸香。① 中国本地所产的香木，概不许销往海外，否则重罪处罚。② 这两项措施对海外贸易犹如釜底抽薪。

永乐时期的海禁措施主要是针对不法商人对朝贡贸易的破坏。永乐皇帝对中外交流持积极态度，曾多次派郑和下西洋，朝贡贸易

---

① 黄佐：《广东通志》，香港大东图书公司，1977，第1726页。
② 《明实录》太祖实录卷二百三十一"洪武二十七正月辛丑朔甲寅"，第3373—3374页。

非常繁荣,于是一些不法商人趁机从中牟利。从相关史料来看,常有一些不法商人冒充朝廷使臣,到海外索要宝物,或者盗窃朝贡物品,扰乱了正常的朝贡贸易秩序,所以朝廷规定严格禁止商人出海,并严厉打击不法行为。①

宣德年间,海禁再度趋向严格。这主要是因为长期以来海禁执行已不如明初严厉,出现了一些官员军民私造船只出海,假借朝廷使臣之名向夷国索要贡物的现象。尤其是一些官民和海盗勾结,引起朝廷的注意。所以明宣宗下令"申明前禁,榜谕缘海军民,有犯者许诸人首告,得实者给犯人家资之半。知而不告,及军卫有司之弗禁者,一体之罪"②。

这些史料体现了朝廷对出海贸易的严厉禁止。正是在这样严格的海禁制度下,朝贡贸易成为中外经济交流的唯一渠道,需要与中国贸易的国家必须经过朝贡的渠道才能达成目的。所以海禁客观上配合了朝贡制度,形成了朝贡与海禁互补的制度安排。

二 明朝朝贡贸易制度的内在缺陷

虽然明朝设立了专门的朝贡管理部门,对朝贡具体事宜的规定不可谓不详细与严格,而且海禁政策从客观上配合了朝贡贸易制度,形成了"有贡才有市"的局面,但是这样的制度安排仍然存在内在的缺陷,这种缺陷是最终造成朝贡贸易制度失效的重要原因。

1. 海禁政策下朝贡贸易成为唯一合法的贸易通道

海禁客观上使得明廷将所有贸易纳入朝贡控制之下,明人王圻对此做了透彻的分析:"通华夷之情,迁有无之贡,减戎马之费,抑奸商,使权利在上。"③ 然而与明廷考虑的不同,各大朝贡国的目

---

① 涂山辑:《新刻明政统宗》卷七,北京出版社,2007。
② 《明实录》宣宗实录卷一百零三"宣德八年六月壬午朔乙未",第2308页。
③ 王圻:《续文献通考》卷三十一《市籴考》,明万历三十年松江府刻本,中国基本古籍库,第570页。

的不仅仅是结交天朝，更主要在于朝贡体系下的商业利润，即"虽云修贡，实则慕利"①。当时国外手工业比较落后，对明朝手工业产品的需求较大。但是朝贡体制的管理方式与这种贸易需求相冲突。首先，朝贡贸易制度严格控制来华贡使，对各国贡期、贡道、贡使的活动范围都有详细的规定。其次，控制朝贡交易地点，对参与交易的中方商人进行严格挑选，常常造成双方货物互不相投。许多在沿海就可以进行的贸易必须要经过贡道到京师会同馆交易，到达会同馆后亦未必能够顺利售卖出或采买到需要的货物，这无疑加大了朝贡国的贸易成本与风险，而且贡期与朝贡次数的硬性规定很难符合市场需求的变动。

在这种情况下，以朝贡之名，在沿海进行私人贸易是一种更加简捷便利的获利方式。据明太祖实录记载，朝廷规定安南、朝鲜的贡道在陆上，而实际上海路更为便利，因此，此两国常违反规定自海路而来，在洪武年间曾受到朝廷的谴责。② 这种状况表明，明廷欲把所有贸易纳入朝贡贸易中，客观上需要海禁，以杜绝任何违例情况。而如果仍由私人贸易，各国又何必通过朝贡贸易这一非常不便利的方式满足商品需求，通过沿海私人贸易购买所需商品显然更加合理。这种趋势任其发展，必然造成朝贡关系由政治性向经济性转化，所以海禁是对朝贡贸易的一个必要补充。

2. 财政约束决定朝贡贸易规模

朝贡国带来的物品分为两种，明政府对两类物品采取不同的管理措施。第一类物品是进贡物，对这部分物品采取"厚往薄来"原则，朝廷的赏赐常常超过进贡物价值以体现"怀柔"目标，对此明太祖曾说："诸蛮夷酋长来朝，涉履山海，动经数万里。彼即慕义来归，则赍予之物宜厚。以示朝廷怀柔之意。"③

---

① 顾炎武：《天下郡国利病书》，中国基本古籍库，第 2170 页。
② 《明实录》太祖实录卷一百六十二"洪武十七年戊戌朔丙寅"，第 2514—2515 页。
③ 《明实录》太祖实录卷一百五十四"洪武十六年五月甲辰朔戊甲"，第 2402 页。

但是进贡物品只占全部物品的一小部分，① 大部分是附进物，即国王附进物和使臣自进、附进物。对于附进物品实行"官给钞买"的方式，以低价买进，高价卖出，同时抽取一定比例的税。如宣德八年（1433）日本入贡附带的苏木每斤定价为钞1贯，而明政府抵付给官员俸禄时的定价为50贯。② 同样是景泰四年（1453）的一批附进物，总价值在日本为2000—2500贯，而明政府给价仅为3000万文，获利甚巨。③

朝廷通过"抽分"制也可获取收入。明正德以前，对贡使携带货物概不征税，但是存在抽分制度。洪武十七年（1384）规定，"凡海外诸国入贡，有附进私物者，悉免其税"。④ 那么抽分难道不是一种变相的税收吗？明初的抽分并非是税收制度，明太祖规定："其诸番国及四夷土官朝贡，若附至番货，欲与中国贸易者，官抽六分，给价以偿之。仍除其税。"⑤ 此段史料表明，官抽分之后，再给夷人价钱，实际上是一种免税政策。通过抽分获取收入的关键在于朝廷给价时定的价格。对附进物的经营与抽分制使朝廷获得了可观的利润，⑥ 这些利润可能正是朝贡贸易体系得以维持两百余年的原因之一。

即使政府能够获利，朝贡贸易的规模仍要受到中央政府财政能力的约束。因为"没有贡舶即没有互市"的安排使得进贡物总是与附进物联系在一起。附进物数量受到朝贡规模与次数的限制，这意味着朝廷在经营附进物上获利越多，对进贡物的赏赐也必然越多。朝廷赏赐的产品几乎全部由政府控制的官营手工业提

---

① 李金明：《明代海外贸易史》，第29页。
② 《明实录》英宗实录卷二百三十六"景泰四年十二月癸巳"，第5144页。
③ 郝楠：《明代倭寇变端委考》，《中国史研究》1981年第4期，第15—26页。
④ 《明实录》太祖实录卷一百五十九"洪武十七年九月丙申朔甲子"，第2459—2460页。
⑤ 《明实录》太祖实录卷四十五，第903页。
⑥ 关于明廷从朝贡贸易中获利的研究见李金明《明代海外贸易史》，第28—34页；万明《中国融入世界的步履：明与清前期海外政策比较研究》，社会科学文献出版社，2000，第151—152页。

供，中央政府所能承担的朝贡贸易规模往往取决于预先能够提供赏赐物品的多少。朝贡次数超过一定范围会给国家财政带来巨大的负担，明太祖在1390年就对礼部尚书李厚吉说："海外诸国岁一贡献，实劳吾民。"①

本书把这种关系表示在图1-1中。A线表示随着进贡规模的增加，赏赐数量同比上升。B线表示朝廷收入，因为朝廷要对附进物进行折价，折价比例必然随着附进物的增加而降低，所以最终B线的斜率会低于A线。B线之所以穿越A线是因为附进物的数量要远远大于进贡物的数量。朝贡贸易的净收入为A、B两线之间的部分，两线相交于O点，此时朝廷收益达到最大，之后赏赐价值逐渐超过朝廷经营附进物的收入。要保证收入在O点之后不继续减少，必须限制朝贡贸易规模与次数，所以明朝政府对各国朝贡次数与携带商品数量都进行了严格规定。

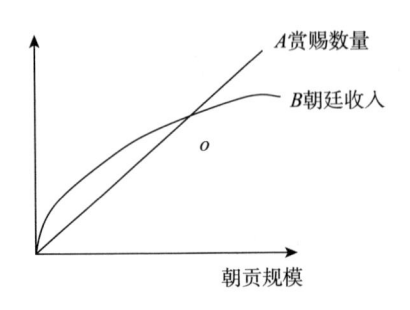

图1-1 财政收入约束对朝贡规模的限制

3. 朝贡贸易的管理方式造成中央难以监督地方政府

明朝没有设立专门管理朝贡贸易的机构，而是按照朝贡商品的流动，规定各部门与地方按职权划分与地域所属，分工负责。这种管理方式造成几乎全部政府机关都参与到管理朝贡贸易中来。朝贡国首先接触的是市舶司，虽然朝廷派有宦官监督市舶司的运行，但其并非朝廷直属机构。市舶司的行政经费由地方提供，负责日常管

---

① 《明实录》太祖实录卷两百一"洪武二十二年四月甲午朔戊子"，第3017页。

理的官员属于沿海或者边关的地方政府。市舶司查验各种手续之后，将贡使安排到驿馆。之后按照指定的贡道，运送北京。内陆地方政府负责陆上的招待与"遣官辅护"，① 各地方卫所、府、县都要承担一定的涉外职能。② 入京后，礼部负责朝贡往来宴赐之事，兵部设有南北会同馆，南馆负责东、西二洋的使节接待。户部负责接受外国进贡来的奇珍异宝。接待外使时鸿胪寺以及太常寺等也要参与进来。

这种管理方式的好处是不用另设专门的朝贡贸易管理机构，将管理成本分散开来，减轻朝廷的财政负担。缺陷在于增加了地方政府的财政开支，而且涉及的政府部门过多，各部门权责不明确，对朝贡过程中发生违禁事件易互相推诿，协调与监督的成本过高。中央政府难以监督沿海地方政府，以致地方政府在明中后期私下对民间海上贸易征税以扩展税源。这正是明朝中后期朝贡贸易衰落的原因。

三 财政压力与私人贸易双重侵蚀下朝贡贸易衰落

明初海外贸易制度安排的内在缺陷，致使朝贡贸易制度在明中后期走向衰落。第一，在朝廷监管困难的情况下，扩大的海外市场需求对地方官员形成了巨大的诱惑，私人贸易被默许存在，从而不断冲击原有的朝贡贸易体制；第二，在财政能力下降的条件下，有限的朝贡贸易额难以满足海外需求的扩大，私人违法贸易发展起来。

1. 地方政府对中央朝贡制度目标的背离

明朝对朝贡贸易的管理方式，造成各部门权责不明，难以协调与监督地方政府部门。按照前文的分析，要保证朝贡贸易政治目标的实现，必须严格控制私人贸易，但是朝廷离沿海市舶司非常遥

---

① 郑梁生：《明代中日关系研究：以明史日本传所见几个问题为中心》，第125页。
② 高岐：《福建市舶司提举司志·宾贡》。

远,古代的交通极其不便,要准确了解地方政府是否私下允许私人贸易只有依靠两种方式:一是边关管理部门的上级即省级官员的举报;二是委派钦差进行监控。

省级官员是否举报取决于举报的政治收益与风险,但是省级官员与边关官员的考虑是一致的,因为他们都同样需要承担朝贡贸易的管理成本,却无法从中得到财政上的任何好处。按照明朝规定,朝贡贸易的收入主要归内府,地方政府不但得不到收入,反而要负责贡使的接待、运送贡物、负责维修贡使的船只等。正统四年(1439)福建监察御史成规言:

> 琉球国往来使臣俱于福建停住,馆谷之需,所费不赀。日给廪米之外,其茶、盐、醢、酱等物,云出于里甲,相沿已有常例。乃故行刁蹬,勒折铜钱,及今年未半年,已用铜钱七十九万六千九百有余。①

因此在面对开支困难,朝廷又难以监控的条件下,商舶贸易带来的税收对地方政府形成巨大诱惑。据记载,首次不顾朝廷规定私下允许私人贸易的正是广东布政使司。1508年,广东布政使司吴延举等人以"缺少上供香料及军门取给"为由,开始对外国来广船只进行抽分,从而打破了"贡舶"贸易一统天下的局面。②这引起了朝廷的争议,1514年武宗针对吴延举等人的行为,要求"禁约番船,非贡期而之者即阻回。不得抽分,以启事端"③。1529年提督两广侍郎林富上《请通市舶疏》,要求通番舶,之后朝廷不得不让步,地方政府才逐渐获得了对商舶的征税权。

省级监督难以发挥作用,钦差进行监控也往往适得其反。明朝

---

① 《明实录》英宗实录卷五十八"正统四年八月丙子朔戊戌",第1120页。
② 《明实录》武宗实录卷一百四十九"正德十二年正月乙亥朔戊寅",第2898页。
③ 《明实录》武宗实录卷一百九十三"正德十五年十一月戊午",第3620页。

常常委派宦官驻扎市舶司监督地方官员，但是钦差的办公费用却由地方承担。这样的财政安排无疑是又另设了一层地方机构，而没有起到中央直属的监督作用。事实上，宦官违禁状况与地方政府相比有过之而无不及。比如控制明朝中期贡舶贸易近20年的市舶太监韦眷，"常遣其党私与海外诸番通番贸易"①，番禺知县高瑶发其赃银巨万。② 成化二十三年（1487），天方国来华朝贡，太监韦眷对其随意盘剥，而且还诬告天方贡使为间谍。③ 由于市舶太监并不关注地方经济利益，所以与地方政府不同，他们不仅从违禁贸易中中饱私囊，而且对私人贸易任意盘剥。

可见这种朝贡制度设计，造成朝廷无法有效监督地方政府，于是也就无法克服中央与地方目标的不一致。中央的目标是政治上的"怀柔远人"，地方政府则需要减轻地方财政负担，获取商税收入，两者目标相互冲突。地方政府对朝廷目标的背离是一种无法逆转的趋势，这造成明朝中期朝贡贸易制度的崩坏。

2. 朝贡贸易的衰落与私人贸易的兴盛

明朝实行的朝贡管理体制使其难以对地方政府进行监督，而海外需求的增长又提高了地方政府禁止民间贸易的机会成本，于是总有私人贸易能够在地方政府的默许下绕过朝贡体系的控制。而私人海上贸易的发展又会进一步侵蚀朝贡贸易，因为相对于控制严密的朝贡贸易体系来说，私人海上贸易是更为简便的贸易方式。

正统之后，朝贡贸易开始衰落，而私人海上贸易兴起。图1-2统计了明朝各代朝贡次数。从图中可以看出，永乐年间由于郑和下西洋的影响，朝贡贸易非常繁荣，之后迅速衰落。特别是正统之后，朝贡次数持续降低。与朝贡贸易衰落相对应的是海外需求的增长与私人海上贸易的兴起。大约从16世纪开始，国际市场需求随

---

① 张廷玉：《明史》卷一百六十四，第4458页。
② 张廷玉：《明史》卷一百六十一，第3825页。
③ 张廷玉：《明史》卷三百三十二，第8444页。

着美洲白银被大量开采出来及日本白银的流入而大增，据估计，16—18世纪，美洲大约产出了6万吨白银，其中的1/3—1/2都流到了中国。① 海外白银的流入反映了海外市场对中国手工业产品需求的增长。宣德、正统以后，私人海上贸易兴盛起来，"私舶以禁驰而转多，番舶以禁严而不至"②。史书记载"成（化）、弘（治）之际，豪门巨室间有乘巨舰贸易海外者。奸人阴开其利窦，而官人不得显其权利"③。当时"有力则通番船"，无本钱则以帮雇身份参与民间贸易已是普遍现象。④

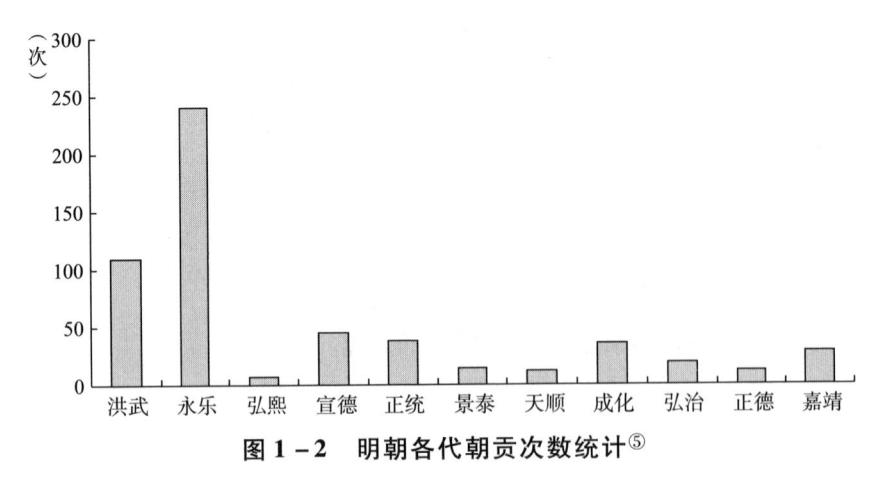

图1-2 明朝各代朝贡次数统计⑤

朝贡贸易衰落与私人贸易兴起存在内在的联系。根据图1-1的分析，财政能力决定了朝贡贸易规模。明中期朝廷财政能力下降，可供支持的朝贡贸易规模必然下降。同时海外需求增长，有限的朝贡贸易规模更加难以满足市场需求，民间贸易只得以非法形式进行。正统以后，明朝国势衰微，财政匮乏。正统十四年（1449）

---

① 〔德〕安德烈·贡德·弗兰克：《白银资本：重视经济全球化中的东方》，刘北成译，中央编译出版社，2000，第257页。
② 《明实录》孝宗实录卷七十三"弘治六年三月丙寅朔丁丑"，第1368页。
③ 张燮：《东西洋考》卷七《饷税考》，中华书局，2007，第134页。
④ 黄启臣：《黄启臣文集》二，天马图书出版有限公司，2003，第256页。
⑤ 原始数据见李庆新《明代海外贸易制度研究》，社会科学文献出版社，2007，第56—58、168页；李云泉《朝贡贸易制度史论》，新华出版社，2004，第36页。

七月，瓦剌扰边，明英宗率军50万亲征，在土木堡被围，史称"土木之变"，明朝国力受到重创。此后，由于宦官专权与政治腐败，明朝发生了大规模的农民起义，明中期先后发生了七次大规模的农民起义。① 内乱与边患使政府财政捉襟见肘。② 《明经世文编》记载正德初年岁入149万余两，岁出超过400万余两。③ 财政支付能力的下降大大限制了朝廷所能容忍的朝贡次数与规模。对此，明朝有大臣反映："虽曰厚往薄来，然民间供纳有限。况今北虏及各处进贡者众，正宜撙节财用。"④

一个疑问是虽然明朝中期财政匮乏，但是朝贡赏赐毕竟只占财政支出的一小部分。这一点并不能反驳财政能力对朝贡规模的限制，对此的解释要涉及明代财政的特点。明代主要财政收入来源于田赋，大约占到全部收入额的75%。⑤ 洪武帝采取了税收定额制度，对各个税课司局固定税收额度。这种缺乏收入来源调整的财政制度，造成税收基数非常有限。由于不能开源所以只好节流，政府尽量简化职能，依据职能将支出固定化，达到将财政支出控制在一定范围内的目的。这样脆弱的财政体制造成政府支出上的刚性，一旦发生需要财政投入的重大危机事件，就会造成各个方面支出能力的下降。

3. 中央与地方对贸易控制权的争夺

弘治年间，为了重振朝贡贸易，对朝贡制度进行了一些调整。首先对各国朝贡货物抽分给价进行了重新规定。由于琉球、暹罗和满剌加等国历来进贡的方物最为丰富，⑥ 所以给这些国家巨大的优

---

① 分别为正统九年（1444），正统十三年（1448），成化元年（1465），成化元年（1465），成化五年（1469），正德五年（1510），正德、嘉靖年间。参与总人数至少有20万以上。见江地《明代中期政治经济与农民战争》，《山西大学学报》1983年第1期，第80—90页。
② 吴承明：《中国的现代化：市场与社会》，载中国社会科学院科研局编选《吴承明集》，中国社会科学出版社，2002，第220页。
③ 陈子龙：《明经世文编》卷八十五《韩忠定公奏疏》，第659页。
④ 《明实录》英宗实录卷二百三十六"景泰四年十二月癸未"，第5148页。
⑤ 黄仁宇：《十六世纪明代中国财政税收》，三联书店，2001，第55页。
⑥ 李云泉：《朝贡贸易制度史论》，第104页表4。

惠，对其进贡物品给出了高于正常估价2—100倍不等的定价，① 企图以此吸引更多的国家来朝贡。另外多次重申海禁规定，据明宪宗实录记载，分别在弘治五年、六年、七年、九年以及十三年不断发布海禁法令。② 这些措施由于没有抓住朝贡贸易衰败的根源，所以效果不理想，弘治年间朝贡次数仅为18次，甚至少于成化年间的次数（见图1－2）。

明政府还企图通过委派更多的太监来进行直接有效的监控（见表1－3）。明中期委派太监的数量呈上升趋势，正德年间数量最多，达到11名。但是朝廷同样不能监控太监的行为，而且太监并不关注地方的利益，造成的结果是太监任意对边关贸易进行盘剥。比如，成化十一年（1475），市舶太监韦眷就以"采造进奉物品"为由，奏疏加重对沿海商民的税赋，引起了地方官员的反对。③ 另外，垂涎于商舶贸易税收的市舶太监还与地方官员争夺抽税权。正德四年（1509），"暹罗船有为风漂泊至广东境者，市舶司太监熊宣计得预其事以要利，乃奏请于上。礼部阻之。诏以宣妄揽朝事，以内宫太监毕真代之"④。正德五年（1510）毕真再次提出兼理商舶抽分事务，这次获得了允许。

表1－3　明代委派市舶太监数目

	永乐	洪熙	宣德	正统	景泰	天顺	成化	弘治	正德	嘉靖
福建	1		2	3			4	2	5	
浙江								1	3	1
广东						1	2		3	1

资料来源：原始数据见李庆新《明代海外贸易制度研究》，第130—132页。

---

① 李庆新：《明代海外贸易制度研究》，第175页。
② 李庆新：《明代海外贸易制度研究》，第178—180页。
③ 谭希思：《明大政纂要》卷三十二，清光绪思贤书局刻本，台北文海出版社有限公司，1988。
④ 《明实录》武宗实录卷四十八"正德四年三月癸巳朔庚申"，第1110页。

太监的横征暴敛与中饱私囊引起了地方官员的普遍不满。成化、弘治年间，广东布政使陈选、彭韶以及番禺知县高瑶等先后上奏弹劾太监。正德六年（1511），宁波知府在没有上奏的情况下，将不法太监绳之以法。① 嘉靖八年（1529），广东巡抚林富疏请裁撤广东市舶内官。嘉靖九年（1530）之后，各地宦官陆续被裁撤。王川对当时市舶太监进行了研究，也发现委派宦官不仅扰乱了正常的市舶秩序，而且禁锢了私人海上贸易。②

---

① 徐兆昺：《四明谈助》卷十，宁波出版社，2003，第372页。
② 王川：《市舶太监与南海贸易——明代广东市舶太监研究》，博士学位论文，中山大学历史系，1999，第111页。

第三节　中西贸易政策比较

本节主要比较中西两种贸易政策的差异。欧洲贸易扩张并非依靠其在经济上的优势，欧洲并不能向国际市场提供有竞争力的产品。欧洲的扩张是在对他国财富渴求下进行的一种武力征服，因为欧洲自身提供不出优秀的产品，所以只能以武力将自己需要的贸易秩序强加于世界。相反，明朝在构筑朝贡贸易之前，相对于亚洲周边国家在文化与经济上具有绝对的优势。明朝没有依靠武力，而是依靠自身的吸引力建立起了一个和平的贸易体系。对两种贸易政策的比较将追溯到中西所处的不同发展环境，进而所产生的经济思想，以及受到不同思想指导下政府的经济政策，本节将通过这种比较来揭示中西贸易体系的不同以及对中国商业的影响。

一　不同的国际环境是中西贸易政策差异的外在约束条件

中国与西方面临不同的国际环境。在西方的政治体系中，每个国家既要同其他国家竞争，同时又需要与别国进行贸易；而中国没有可以与之匹敌的对手，在贸易上，对别国的需求较少，而他国对中国产品需求较大。这种状况决定了中西方对国际贸易持不同的看法，西方国家注重的是如何在竞争中谋求生存，注重商业利益；而中国更加关注通过国际关系"怀柔远人"，增加统治者的权威与合法性，商业利益并不十分重要。

欧洲的地理环境决定了欧洲是一个多元的政治体系。① 欧洲肥沃土地的分布在地理上具有不连续性，在土地肥沃的地区形成了人口密集、生活富裕的经济政治中心，欧洲多元的政治体系正是以这些分散的中心区域为基础形成的。② 这些分散的政治体系之间没有合并成一个国家，而是形成了谁也无法统治谁的政治单位。在14世纪，欧洲大约有1000个不同的政体，到了16世纪，由于民族国家的发展，大约有500个独立政体。

政治上的分散性使得国家之间存在着很强的竞争性。任何一个国家，在这个分散的政治体系中如果不够强大，就有被吞并的危险。自从罗马帝国分裂以后，各国君主争先充当欧洲霸主，从查理曼大帝到哈布斯堡王朝，以及查理五世、菲力普二世等，欧洲的霸主不断变化，反映了国家势力的变化与国家间的激烈竞争。国家竞争是欧洲内部战争的重要原因。自1492年至1647年150多年间，在94次欧洲内部战争中，国家间的战争就达62次，导致战争最重要的原因是领土和霸权问题，其次是宗教、争夺权力、民族、商业、争夺殖民地等。③ 竞争的外在压力，促使各国君主都十分重视国家力量的加强。

除了相互竞争，欧洲国家之间在经济上的联系十分紧密。11世纪欧洲商业复苏，经济往来日益密切，第一个欧洲经济世界开始孕育。④ 在这个经济世界中，城市是流通的枢纽，以城市为核心形成了欧洲的经济中心，先是地中海的威尼斯，接着是安特卫普以及阿姆斯特丹。在这个巨大的商业网中，北欧提供羊绒以及谷物等食品，地中海附近的意大利城市则运来纺织品与东方的香料。在17、

---

① E. L. Jones, *The European Miracle* (Cambridge University Press, 1981), p.105；〔美〕肯尼迪：《大国的兴衰：1500—2000年的经济变迁与军事冲突》，第36页。
② E. L. Jones, *The European Miracle* (Cambridge University Press, 1981), pp.105-106.
③ 许二斌：《近代早期（1492—1647年）欧洲战争原因类型研究》，《鞍山师范学院学报》2003年第10期，第11—15页。
④ 〔法〕费尔南·布罗代尔：《15至18世纪的物质文明、经济和资本主义》第三卷，第5页。

18世纪，随着民族市场代替城市经济，①荷兰、英国等成为经济中心，开始输出工业品，而北欧充当了原材料提供者，地中海世界则经营着奢侈品的生产与贸易。

与欧洲多元体系国家竞争格局不同，中国很早就走上了统一的道路，邻国相对弱小，缺乏外在的竞争者。黄河流域肥沃的冲积平原非常适合人类定居，从而逐渐形成了中国的政治经济中心。而这个中心因为需要调动全国资源应对水利问题，小国难以应对，于是形成了一个统一的面积广阔的大国家，这个国家建立起了一整套完备的官僚体系。②一旦统一的国家形成，又缺乏邻国的竞争，国家统治者面临的最大威胁便是国家内部的反叛。所以政府更加注重保持社会内部的稳定，而不是与别国在国际贸易体系中争夺财富。

中国传统经济自给自足的程度较高，对国际贸易依赖程度小。国外对中国商品的需求大于中国对国外商品的需求是中国与外部世界经济关系的基本特征。中国历史上的对外贸易不是因为中国人渴求得到外国商品，而是因为外国人需要中国商品。③这种特征从15—18世纪国际贸易进出口产品的种类可以得到反映，中国输出品主要以丝织品、棉织品、陶瓷、冶金制品等手工业品以及茶叶为主，而输入品的种类非常少，④大量的贸易出超部分以海外白银流入的方式得到平衡。中国文明对周边地区形成了强大的吸引力，周边地区对中国的需求要远远大于中国对周边国家的需求，这是传统中国面临的国际环境。

---

① 〔法〕费尔南·布罗代尔：《15至18世纪的物质文明、经济和资本主义》第三卷，第311页。
② 黄仁宇：《中国大历史》，三联书店，1997，第7页。
③ Mancall, Mark, *China at the Center*: 300 *Years of Foreign Policy* (New York: Free Press, 1984), p. 10.
④ 聂德宁：《明末清初的民间海外贸易结构》，《南洋问题研究》1991年第1期，第8—17页。

二 中西贸易政策的不同思想

由于发展环境的不同,导致不同的贸易观念。西方国家将其他国家当作竞争对手,强调在竞争中谋求生存之道,因此其政策目标在于国家强大;此外,注重商业利益,强调从国际贸易中增强国家势力的重要性。传统中国的贸易秩序也具有相对的两个特征:第一,将重农抑商政策延伸到国际贸易中,不注重商业利益;第二,更加关注国际贸易的政治性与华夷秩序的构建。

大约从14世纪到18世纪,流行于欧洲,指导各国君主制定政策的是重商主义思想。重商主义的产生是与欧洲社会的变革联系在一起的。13世纪,欧洲专制王权逐步建立,"国家利益高于一切"的思想开始出现。1385年,若昂由议会推举为葡萄牙国王,从此葡萄牙王权加强,开始对外扩张,增加国家势力。在葡萄牙之后,西班牙也成为一个民族国家。强有力的王朝政府的建立为远洋探险提供了坚实的财源保障和军事支持,从此两国走上了对外扩张、富国强兵的道路。英国的专制王权形成于都铎王朝时期,从亨利八世到伊丽莎白时期,完成了建立强大民族国家的任务,从此英国成为欧洲强国之一。欧洲大陆的其他国家同样加强了君主权力,为民族国家的形成准备了条件。随着国家与国家意识的形成,各国都把国家富强作为发展目标,积极开拓海外市场,争夺国际贸易。正是在这种背景下,重商主义成为各国君主制定贸易政策的指导思想。

重商主义思想的目标直指国家强大,其主要内容包括财富观、对外贸易和国家干预三个方面。重商主义认为货币(金银)是最好的财富,货币的多寡是衡量国家富裕程度的标准。由于西欧一些国家缺少金银矿藏,所以重商主义将对外贸易看作财富来源的重要途径,即通过少买多卖实现金银的流入。例如托马斯·孟认为,"对外贸易是增加我们财富和现金的通常手段,在这一点上,我们必须时时谨守这一原则"①。为了从对外贸易中获得财富,重商主义还强调国家的作用,认为国家对经济的干预是国家致富的重要保证,例如马林斯就认为,实现财富的任务须寄托于国家身上,国家在对外贸易方面的干预十分重要。②重商主义关于干预经济的思想实质上是主张政府帮助商人开拓国际贸易,例如垄断对外贸易,颁布保护商业与工业的法令,限制或禁止货币输出和商品进口,实行保护关税,商业与国家政权结合进行殖民扩张等。

与西方社会的贸易理念截然不同,传统中国在国际贸易中延续了重农抑商政策,不重视商业利益。重农抑商政策是中国历代封建王朝最基本的经济指导思想,主张以农为本,限制工商业的发展。明清也不例外。洪武十八(1385)年,太祖谕户部曰:"人皆言农桑衣食,然弃本逐末,鲜有救其弊者。"③ 正是出于这种认识,明廷并不关注国际贸易中的商业利益,而是将其看作"怀柔远人"的手段。永乐时期,有人建议明成祖对进贡船只征税以增加收入,明成祖却说,"商税者,国家以抑逐末之民,岂以为利?今夷人慕义远来,乃欲侵其利,所得几何,而亏辱大体多矣。"④ 征收商业税收竟然成了"亏大体"的事情。

传统中国不重视国际贸易中的商业利益,其建立的贸易体制不在于贸易而在于其政治性,即"自古帝王临御天下,中国属内以制夷狄,夷狄属外以奉中国"的华夷秩序。华夷秩序是传统儒家治国理念在外交上的延续。在儒家眼中,天下秩序应该是以"仁"为精神、以"礼"(宗法伦理秩序)为架构的。"礼者,天地之序也。"⑤华夷秩序是一种以天子为核心的、伦理等级式的天下模式。中国的

---

① 〔英〕托马斯·孟:《英国得自对外贸易的财富》,袁南宇译,商务印书馆,1965,第94页。
② 〔英〕埃里克·罗尔:《经济思想史》,陆元诚译,商务印书馆,1981,第70页。
③ 《明实录》太祖实录卷一百七十五"洪武十八年九月戊子",第2661页。
④ 《明实录》太宗实录卷二十四"永乐元年十月甲戌",第447—448页。
⑤ 崔高维校点《礼记·乐记》,辽宁教育出版社,1997,第16页。

天子与"四夷"的君长之间的关系，在名义上是类似于分封制下天子与诸侯之间的君臣关系，是宗主与藩属之间的关系，而分封制下的诸侯对天子的"朝"、"贡"之制，则是维系"中国"与"四夷"关系的基本方式，在这种理念之下，贸易只是传统中国体恤远人的方式。

三 国家与商人的关系

由于中西方对待国际贸易的态度截然不同，所以政府与商人的关系也不相同。欧洲各国把其他国家当作竞争对手来看待，贸易是各国增强国家势力的重要途径，政府支持商人从事贸易扩张，为了垄断贸易，常常不惜动用武力。相比较，中国政府则采取了抑商政策，忽视商业利益，不支持商人，不保护商人，即使中国商人遭西方国家的屠杀也置之不理。

西欧国家普遍采取了支持商人开拓市场的贸易政策。早在威尼斯鼎盛时期，市政府就建立了佛兰德尔大舰队，保护商人贸易的安全。15世纪，葡萄牙亨利亲王开办航海学校，培训航海家帮助商人开拓远洋贸易。西班牙君主国家体制建立之后，即实行重商主义政策。尼德兰在17世纪的兴旺得益于对其他国家的工匠、商人和水手的吸引政策。① 英国为了增加本国产品的竞争力，运用保护关税促进工业制成品的出口，颁布《航海法案》，规定葡萄酒等酒类的商品运输必须由英国的船只和水手进行，政府采取颁发奖金补贴航运等措施。

西欧政府不仅从政策上支持商人，而且直接代替商人开拓海外市场。西欧政府一方面通过军事力量排挤竞争对手、垄断贸易，另一方面在殖民地推行殖民政策，掠夺财富。1380年，威尼斯市政府占领基澳贾，消灭热那亚舰队，帮助威尼斯商人取得地中海贸易的

---

① 〔法〕费尔南·布罗代尔：《15至18世纪的物质文明、经济和资本主义》第三卷，第207页。

优势。西班牙与葡萄牙直接派遣军队占领殖民地,然后将贸易专利权卖给本国商人。荷兰独立后,即抢占西班牙和葡萄牙的殖民地和市场,然后成立荷兰东印度公司发展贸易。英国后来者居上,先是发动战争打败了西班牙的无敌舰队,并于1654年打败荷兰,迫使其承认《航海条例》,接着在18世纪的一系列战争中沉重打击了法国的海上势力,从而为本国商人的海上贸易扫清了道路。之后,英国海上商船数量猛增,18世纪全球共有8000多艘英国船只游弋于海上贸易中。

由于朝贡贸易体系的本质不在于贸易而在其政治性,所以传统中国并不支持商人从事国际贸易,而是关注如何通过这个体系"怀柔远人",维护华夷秩序。明代实行了朝贡贸易与海禁政策相配合的制度,朝贡贸易成为唯一合法的贸易渠道,"是有贡舶既有互市,非入贡不许互市",① 从而将所有贸易纳入朝贡体系之下,这种以有限交换为特征的朝贡贸易自然不能满足正常的市场需求。朝贡贸易也不是按照商业原则进行的,而是采取了"厚往薄来"的政策,以示朝廷对夷国的体恤。在开海期间,是否是朝贡国是能否与中国通商的前提。朝廷对商人出海实行种种限制,例如采用"船引"限制出海船只数量,月港只准本地商人出海而不准外国商人入境,允许外商来广州、澳门贸易,但不准内陆商人从此两地出海。纵观明清两代,海禁及种种对贸易的限制措施屡屡颁布,束缚了国际贸易的发展。

传统中国不但不支持商人,而且对中国商人遭受外国殖民者的杀戮与剥削置之不理。西班牙殖民者分别在1603年、1639年、1662年和1672年四次对在马尼拉经商的华人进行大屠杀,造成中国商人到马尼拉经商的船只大幅度减少。② 对此,中国政府不但没

---

① 王圻:《续文献通考》卷三十一《市籴考》,第574页。
② 范金明:《十六世纪后期至十七世纪初期中国与马尼拉的海上贸易》,《南洋问题研究》1989年第1期,第70—79页。

有采取任何措施保护商人，反而谴责这些华人是愧对祖先的逆子。①荷兰殖民者将在印度尼西亚经商的华人视为自己的竞争对手，于1740年在巴达维亚屠杀了大量华人，事件发生后，闽浙总督策楞在向皇帝上奏此事时竟然宣称"噶喇吧番目戕害"的汉人是咎由自取。②

四 建立和维持贸易方式的不同

国家与商人的关系不同，所以中西建立与维持贸易的方式也不相同。在西方贸易世界中，欧洲各国要与其他国家竞争，争夺贸易利润，国家常常采取武力手段支持商人开拓贸易，这个贸易世界是依靠军事与暴力形成的，带有征服与被征服、剥削与被剥削、掠夺与被掠夺的不平等性。传统中国建立的华夷秩序是一种和平的贸易关系，朝贡贸易建立的基础是他国对中国经济的需要，而不是中国对他国的武力强迫，所以不存在中国剥夺他国的状况。

西方国家建立的贸易世界带有很大的不平等性与暴力性质，包括独占贸易市场，剥夺他国商人从事贸易的机会，以及将殖民地强制纳入欧洲贸易体系。西方国家建立资本主义世界贸易体系的过程，就是国家间相互征服与剥夺的过程。葡萄牙与西班牙率先走上贸易扩张之路，双方就如何瓜分世界多次发生冲突，最后经过罗马教皇的调节才暂停纠纷。为了称霸印度洋，葡萄牙军队摧毁了摩尔人与埃及商人的贸易据点。16世纪，西班牙为了排挤他国商人，保护本国商船，成立了无敌舰队，最终垄断了欧洲与东方及美洲的贸易。荷兰独立后，展开对西班牙与葡萄牙殖民地的抢夺，终于在17世纪中叶取代西班牙成为世界商业霸主。英国也积极展开海外贸易争夺，于1588年重创西班牙无敌舰队，在17世纪中后期与荷兰展

---

① 陈子龙：《明经世文编》卷四百三十三《初报红毛番疏》，第4155—4156页。
② 中国人民大学清史研究所编《清史编年》第六卷，中国人民大学出版社，2000，第156页。

开贸易权争夺，从17世纪末开始与法国多次发生战争，争夺海上霸权，最终建立起"日不落帝国"。

按照彭慕兰的观点，西方的发展得益于来自新大陆的"生态横财"，然而"生态横财"的获得是靠强制与暴力的手段将新大陆经济强制纳入欧洲贸易体系。西班牙、葡萄牙占领美洲之后，美洲开始向欧洲提供贵金属、原料和食品。这种转变并不是基于美洲大陆自身的经济发展需要产生的，殖民者对美洲土著居民进行掠夺与推行奴隶制是这种转变发生的前提。西班牙等殖民者首先在美洲圈占土地，迫使大量土著居民变成没有生产资料的雇用劳动者，然后利用这些劳动力从事美洲金银矿的开采和种植园的劳作。除了上述雇用劳动，殖民者还采取了奴隶制度。由于美洲劳动力缺乏，殖民者从非洲贩卖黑人奴隶到美洲，强迫他们从事劳动。荷兰与英国等建立了特许公司经营殖民地事业，其掠夺财富的手段与西班牙和葡萄牙没有本质差别。荷兰东印度公司成立之初，便被授予可代表国家宣战、建立武装、构筑炮台等特权，俨然成为殖民者的机构代理。对于英国东印度公司，马克思曾说，其是"一个军事的和拥有领土的强权"。[①] 正是在这种暴力与强制手段之下，西欧国家能够低成本利用美洲白银在世界市场上购买所需产品，同时西欧本土利用殖民地低廉的原材料从事工业生产，再将工业品输向全世界。

相比之下，华夷关系是一种和平的关系。华夷关系的实现既不是依靠政治上的从属关系，也不是以武力征服他国使其屈从，而是依靠"怀柔远人"使他国产生"向化之心"。朝贡体系的基本精神，是强调"耀德不观兵"的"德化"，这一点在孔子的"远人不服，则修文德以来之"中，在《礼记·中庸》的"柔远人，则四方归之"中，都有充分的体现。明初朱元璋在谈到对外政策时说："海外蛮夷之国，有为患于中国者，不可不讨；不为中国患者，不

---

① 《马克思恩格斯全集》第9卷，人民出版社，1958，第169页。

可辄自兴兵。"① 武力只是维护基本国家安全的手段，而不是征服他国的工具。朝贡贸易体系得以维持几百年的原因是夷国对中华帝国文明的需求，以及中华帝国通过朝贡贸易向夷国的经济流动。通过朝贡中的封赏与朝贡贸易，朝贡国获得了巨大的经济利益，而中国换来的是宗主国的地位被周边国家承认。从这个角度来说，华与夷的关系是互惠互利的关系，只是双方利益诉求有所不同。

因此，两种体系相比，西方强调的是积极扩张，而中国追求的是"四夷来朝"、"德化来远"，一个强调的是"去"，一个强调的是"来"。正是朝贡制度的这种特征，决定了朝贡贸易体系不可能以中国对夷国的掠夺为机制，而是以周边地区对中国文明的内在需求为动力。"华夷"之间的经济交往虽然较少，但是经济关系是平等互惠的，经济交流促进了各国经济的发展和社会的进步。相反，西方贸易体系的建立，是以掠夺殖民地的财富、资源和劳动力为基础的，资源、财富从殖民地向宗主国流动，从而形成了一种征服与被征服、剥削与被剥削、掠夺与被掠夺的国际贸易关系，这是西方贸易体系的一个基本特征。

五　从中西贸易政策差异看中国对外贸易发展

由于中西贸易政策的不同，所以决定了国际贸易演变和发展前景的差异。西方国际贸易得以维持和扩张的重要原因是政府，所以贸易中心的转换以及贸易兴衰与国家经济功能的发挥密切相关；相反，朝贡贸易体制得以维持的前提是明政府是否能够控制市场力量对朝贡贸易的侵蚀以及对地方官员行为的监督。

在西方国家贸易扩张过程中，贸易中心经由地中海转移到伊比利亚半岛，之后到荷兰，转换的关键原因是新的政府在贸易扩张中发挥了更加积极的作用，从而取代了原来的国家。威尼斯在商业上

---

① 陈仁锡：《皇明世法录》卷六《太祖高皇帝祖训》。

的衰败是因为不敌葡萄牙的竞争。虽然13世纪欧洲与东方的贸易完全受到威尼斯商人的控制，但是由于葡萄牙在直航印度中获得成功，随之而起的大规模贸易，尤其是香料贸易大大打击了威尼斯的商业地位。而葡萄牙对非洲与新大陆贸易的拓展直接击溃了威尼斯的贸易地位并取而代之。葡萄牙由于其建立的殖民商站制度极度脆弱，容易受到他国的武装排挤，所以在新兴的荷兰面前，不断地失去对全球市场的控制。而西班牙鼓励进口外国工业品，限制本国工业品的输出，大大便利了荷兰工业的兴起，从而最终被荷兰打败。

随着西方贸易中心的转移，西方国家贸易圈的范围在逐渐扩张。明朝朝贡贸易圈不具有扩张性，而西方国家建立的贸易世界具有不断向外扩张的特点，由原来的地中海沿岸，逐渐推广到非洲、美洲，并在16世纪初到达亚洲。因此，中西两种不同的贸易体系即将并最终在亚洲海域发生碰撞。在这种相遇的过程中，中国商人与政府将会遇到一个截然不同的贸易对手与贸易秩序。在这个西方所推广的国际贸易中，通过暴力来打击他国商人和垄断贸易是一种常态，而且新的贸易商人会不断吸取原有贸易商人的教训，采取更加使亚洲商人难以摆脱的控制手段来进行掠夺贸易。新成立的荷兰就建立了东印度公司推广在亚洲的贸易，之后的英国东印度公司除了武力，还采取鸦片等手段。在这种形势下，明朝政府及其建立的朝贡贸易体系又该如何应对呢？

明朝后期的历史表明，明政府既无力维护明初苦心建立起来的朝贡贸易体系，也无法应对西方国家的仗剑经商。

无力维护朝贡贸易体系：

第一，明政府被迫实行有限制的开海政策。明后期，政府陷入尴尬的境地，如果不对私人贸易进一步采取措施，只会使地方政府长期陷入违法的境地。而将所有贸易一概绝之，断绝一切对外往来，在现实上既不可能，也违背朝贡体制的政治目标。正是在这种形势下，与其允许民间贸易不断侵蚀朝贡体系，进而置地方政府于违反朝廷法度的状况,不如转而承认民间贸易的合法地位,并通过各种限制性措施将其置于可控范围内。朝廷政策的转变可以从隆庆三年(1569)工科给事陈吾德的奏疏"禁私番"中看出,"……今既不能禁绝,莫若禁民毋私通,而又严饬保甲之法稽之"①。

第二,澳门被葡萄牙人占据。澳门成为葡萄牙人的居住地反映了朝廷对地方官员的失控。澳门体制是在朝廷对地方政府违例行为予以承认的情况下建立的。嘉靖年间,葡萄牙在广东地方官员的默许下,得以在澳门居住。广东海道副使要求葡萄牙自称满刺加,而不叫佛朗机,以便瞒过朝廷的追查。直到万历十年(1582),居澳葡人答应"服从中国官吏的管辖",自称"中国皇帝的顺民",并恳请广东总督"对他们加以扶助与慈爱",朝廷才对其居澳权予以承认。②

这两点变化都是对本章第二节中揭示的朝贡制度缺陷的直接证明。而在此需要着重指出的是,这两点变化预示着明朝国际贸易蕴含着更大的危机,即无力应对西方商人仗剑经商。

无力应对西方国家的仗剑经商:

朝廷并没有放弃朝贡贸易制度的政治目标,只是对民间贸易由主动控制转为防范,通过对贸易许可权的控制来维护原有的朝贡体系。因此商人的利益实际上被排斥在国家利益之外。对商人利益的排斥造成明朝的对外贸易政策存在着两大根本性缺陷。

首先,明政府不保护商人。与"开关—闭关"模式片面强调开放有利于发展不同,认为在当时的条件下,如果明政府不保护商人,单纯的开放将使中国商人独自面对西方的仗剑经营。本书并不否认开海客观上促进了中外贸易的发展,但是这种转变由于不是从经济发展的角度出发,孕育着更大的危机。在国际贸易中,由于不存在一个有效保护商人产权的制度,商人利益很容易遭受到各种力

---

① 《明实录》穆宗实录卷三十八"隆庆三年十月辛丑",第0956页。
② 邓开颂等:《澳港关系史》,中国书店,1999,第120页。

量的侵犯。明后期西方殖民者东来，没有国家武装支持的中国商人常常成为其他国家或者海盗侵犯的对象。

事实证明，明朝中后期，中国商人由于遭到西方商人的掠夺，海上贸易受到极大的损害。1511年葡萄牙攻占马六甲，造成我国海外贸易船不能直接同苏门答腊西北部的亚齐进行贸易，出海船只大幅度下降。据记载，1510年左右，每年有8—10艘中国船到达马六甲，可是1513年仅有4艘中国船到达。① 1557年葡萄牙在澳门立足后便控制了中国与日本的贸易。在16世纪最后的25年里，日本输出白银的大部分都由澳门的葡萄牙人运走，每年为五六十万两。而到了17世纪最初的30年里，葡萄牙人每年从日本运出白银一百多万两。② 一些中国商人不得不自己组织武装力量保护贸易安全，有的甚至打着外国殖民者的旗帜进行贸易。部分商人甚至转向海外开辟港口，或者移居东南亚等地做生意。但这些方法不能从根本上保护商人的利益，从而在后来发生了西班牙殖民者在马尼拉对我国商人进行惨无人道的屠杀事件。对于这样的事件，明政府不仅没有保护中国商人的生命财产，相反却认为，"商贾弃家游海，压冬不回，父兄亲戚，共所不齿，弃之无所可惜，兵之反以劳师"。③ 这是因为移居海外的商人实际上脱离了朝廷的控制，是对现存制度安排的一种挑战，朝廷自然不会维护他们的利益。

其次，明朝对商人利益的排斥，使得政府根本不会从经济发展的角度制定贸易政策，而只能从维护朝贡体系的目标出发，于是政府的贸易政策不能依据经济形势变化而做出调整，而且常常给商业交往带来诸多不利。明朝对所有商品的征税依据商品不同而有所差异，这种差异都不是从调节市场需求变化而制定的。征税原则对中

---

① 李金明：《明代海外贸易史》，第184页。
② 全汉升、李龙华：《明中叶后太仓岁入银两的研究》，《中国文化研究所学报（香港）》，1972年第5卷第1期，第72—93页。
③ 陈子龙：《明经世文编》卷四百三十三《初报红毛番疏》，第4157页。

外商人一律平等,以体现天朝上国的宽广胸怀。同时实行了一些减税的措施,客观上有助于恤商。明廷恤商是为了政治稳定,而非促进经济发展。相比之下,一些西方国家却利用税收保护国内的产业。比如1534年英国国王获得调控贸易的权力之后,对进出口商品征收附加税以保护国内制造业。明朝对商人出洋船只大小进行严格控制,"凡沿海去处,下海船只,除有号票文引许令出洋外,若奸豪势要及军民人等,擅造二桅以上违式大船,将违禁货物下海,处斩。"① 而当时英国却鼓励外国商人造船,规定造100吨以上的船只,国家每吨给予补助金5先令。② 这表明政府对贸易的管理都是出于维护政治稳定的考虑,而不是出于调整经济的需要。在其他国家采取保护政策的前提下,必然造成中国商人在国际贸易中处于不平等地位的危险。

对于古代长途贸易来说,利润主要来源于产地与销地的利润差价。一旦西方国家通过关税③剥夺外国商人的利润,或者武装贸易垄断商路与销地,中国商人就很容易在国际市场中失去竞争力。而此后的历史表明,由于清朝继承了明朝的朝贡体系,根本无法应对西方国家通过关税和武装贸易等手段逐渐剥夺中国茶叶与瓷器商人利润的不利状况,使中国失去了最有竞争力的两个大宗商品出口市场。④ 因此,从这个角度讲,明朝贸易制度的演变过程已经预示着贸易衰落的开始。

---

① 申时行:《大明会典》卷一百三十二,第1246页。
② 张乃和:《15—17世纪中英海外贸易政策比较研究》,《吉林大学学报(社会科学版)》2001年第4期,第94—99页。
③ 英国就曾经运用提高关税来排挤印度的棉织业以保护本国刚刚兴起的棉纺织业。见〔法〕费尔南·布罗代尔《15至18世纪的物质文明、经济和资本主义》第三卷,第417—422页。
④ 赵亚楠:《近代西方海外扩张与华茶生产贸易的兴衰》,硕士学位论文,南开大学经济研究所,2007,第14页;刘强:《中国制瓷业的兴衰1500—1900》,硕士学位论文,南开大学经济研究所,2008,第32页。

第 二 章

中西初遇：明末清初西方商人的到来与明清政府的应对

第一节　明代后期西方商人的到来与明政府的应对
第二节　西方商人叩关与清初的对外贸易政策

1511年，葡萄牙占领马来半岛的满剌加，满剌加使臣向明廷申诉，这是中西两种贸易制度的首次碰撞。满剌加作为明朝的朝贡国，却被葡萄牙占领，这件事情具有标志性意义，表明随着西方商人的到来，仗剑经商与华夷秩序之间的冲突将不可避免。

本章主要讲述中西初识之时发生的故事。之所以用"初识"这个词，是因为中西之间的贸易尚未大规模展开，西方国家也未在亚洲贸易中取得优势，这一历史发生在明末清初之时。第一节讲述了明末西方商人到来后，对明朝朝贡贸易制度构成的挑战与明朝的应对；第二节讲述清初政府对西方商人叩关采取的措施，并将清朝的贸易政策与英国进行了对比。分析发现，虽然西方商人尚不能在亚洲国际贸易中取得优势，但是由于明清政府不保护商人，造成西方国家逐渐形成对亚洲海上贸易垄断的格局；而在政府的保护与支持下，西方商人的势力日渐增长，中国商人的优势即将丧失殆尽。

第一节　明代后期西方商人的到来与明政府的应对

葡萄牙、西班牙等国相继来到亚洲，并试探打开与中国的贸易。西方国家就像对待以往所有被征服国一样，采取了两手措施，一方面企图通过表面上的善意使对方放松警惕，另一方面准备武装侵略。但是西方国家发现，明朝与以往被征服的国家是不同的。西方国家所带的几只船在中国南海的骚扰行为如同蚍蜉撼大树一般毫无效果；他们转而采取友善的态度，但这也不能达到目的。

与西方国家一样，明朝一样面对着如何对待这些新来国家的麻烦。在翻遍典籍之后，明朝发现这些国家是从没有出现过的新国家，它们不同于传统意义上的朝贡国。虽然对其野蛮行为进行了惩罚，这些国家的态度也发生了转变，但是其对天朝与它们之间关系的理解显然是不符合明朝的设想的。于是，如何从朝贡关系中找到准确的定位来对待这些国家就成为一个需要解决的问题。

在双方这种互相较量的过程中，西方商人发现虽然不能征服中国，也不能打开中国的贸易口岸，但他们在亚洲的商业目的却有可能实现。因为明朝虽然强大，却不保护商人，打开与中国贸易的办法就是在亚洲占据贸易据点，然后垄断海上贸易商路，等着中国商人将产品卖给他们。但是这样一来，遭到损害的便是中国商人的利益。虽然中国商人在商品上具有绝对竞争优势，但在出海贸易中却要处处受制于西方商人。

可见,当时的中西双方,中国势力较为强大,还有足够的能力维护西方国家对华夷秩序造成的挑战。但由于西方国家采取的是仗剑经营的方式,追求的是商业利益;对于明朝来说,商业利益并不重要,重要的是华夷秩序的维护。因此,虽然明朝维护了华夷秩序,但是对商业利益的忽略造成中国商人遭到西方商人仗剑经营的不利影响。

一 葡萄牙:由"征服者"转向"天朝顺民"

1. 刺探消息:企图以欧洲扩张思维打开朝贡贸易圈

这部分的分析先从葡萄牙国王与使臣之间的两封信开始。第一封信写于1508年(正德三年),葡王曼努埃尔一世,也就是葡萄牙贸易扩张的奠基人,派出迪奥戈(Diego Lopes de Seqneira)打探有关中国的情况。由前文已知,在1509年葡萄牙打败了埃及军队,称霸印度洋。就在这一年前,葡王就将目光瞄准了中国。曼努埃尔一世给迪奥戈的信的原文如下:

> 你必须探明有关秦人的情况,他们来自何方?路途有多远?他们何时到马六甲或他们进行贸易的其他地方?带来些什么货物?他们的船每年来多少艘?他们的形式和大小如何?他们是否在来的当年就回国?他们在马六甲或其他任何国家是否有代理商店或商站?他们是富商吗?他们是懦弱的还是强悍的?他们有无武器或火炮?他们穿什么样的衣服?他们的身体是否高大?还有其他一切有关他们的情况。

第二封信写于1512年,是一名叫托梅·皮列士(Tome Paras)的宫廷药剂师,他在收集到有关中国的情况后,将其做了一个评估,然后报告给葡王。报告宣称中国是"一个伟大、富饶、豪华、庄严的国家"，"广州是印度支那到漳州沿海最大的商业中心"，"全国水陆两路的大量货物都卸在广州"。此外皮列士错误地估计了大明王朝的实力，他认为："中国人非常懦弱，易于被制服，马六甲政府不用多大兵力就能把中国置于我们统治之下，只消用马六甲总督的十只船，就能从海岸攻击全国。"①

这两封信只有两个主题：那就是是否存在重大商机；中国是否容易被征服。作为葡萄牙海外扩张的主要推动者，曼努埃尔一世的扩张原则也只有两条，那就是可获得多大收益，以及军事征服的可能性。就像对待所有曾被征服过的国家一样，他也以这种逻辑看待中国。

他们除了知道中国存在商机之外，其他方面一无所知，或者做出了错误的判断。对于中国的朝贡体系，对于亚洲国家与中国贸易的方式等，他们毫不知情。这也并不奇怪，在西方贸易政策的逻辑下，根本无须知道这些，他们的原则很简单，那就是征服。

在这种动机和行动逻辑的驱使下，葡萄牙开始着手向亚洲进军。当然，他们还没有能力直接到达中国，他们必须在亚洲找到立足点，这个立足点正是印度的果阿和马来半岛的满剌加。1510年，葡萄牙人占领了印度西海岸的果阿；1511年，继续攻陷马来半岛的满剌加。

满剌加是明朝的朝贡国之一，葡萄牙用武力将其作为贸易据点，这件事具有双重意义。第一，按照"怀柔远人"的理念，各朝贡国须平等相处，朝廷对朝贡国怀有安抚作用，葡萄牙对明朝朝贡国的侵略是对朝贡体制的破坏；第二，武装占领，然后展开贸易，西方这种争夺海洋贸易的方式必然与中国推行的和平的华夷秩序相冲突。

2. 首次交锋：武装贸易与"怀柔远人"的碰撞

皮列士的报告直接影响了葡萄牙与明朝的首次交锋。葡萄牙的

---

① 多默·皮列士：《东方志：从红海到中国》，何高济译，江苏教育出版社，2005，第88—98页。

目的十分直接，那就是征服中国，开展贸易。然而他们的问题是错误地估计了明朝的实力与其在经济上的地位。对于明朝来说，一时难以找到正确的方式对待葡萄牙。他们究竟是外族侵略者还是朝贡国家？他们的外形特征、在中国沿海的行为表现都大不同于朝贡国。双方便是在这种情况不明的形势下开始了首次的相遇。

葡萄牙初次来到中国，便开始圈占领土。1513年（正德八年），若尔热（Gorge Alvares）在没有中国授权的情况下，在屯门岛竖起了一块刻有葡萄牙国王徽章的石柱，这块石柱象征着屯门岛归葡萄牙所有。接着，他们对中国的贸易形势进行了考察，并向葡王报告。这份报告的结论认为，中国的丝织品、麝香、珍珠等运到马六甲，"可获得三十倍"，中国"无所不有"，商机无处不在。①

报告刺激了葡萄牙征服中国贸易的野心。1517年（正德十二年），葡王派出装备最为精良的船队，在宫廷药剂师托梅·皮列士的率领下，从马六甲驶往中国，他们的目的是"尝试接触中国的权力中心，建立与葡萄牙人之间的一个和平、互利关系的基础"②。当然，和平与互利仅仅是托梅自我粉饰的语言。

葡使到来之时，明朝并不知道满剌加已被葡萄牙侵占；而若尔热在屯门岛立碑的事件根本没有引起朝廷的重视。地方官员以审慎且怀疑的态度接待了葡萄牙使团。8月15日，在屯门遇到明朝水军，葡人称自己为佛朗机（feringis）使团，要朝见中国国王。总督衙门吩咐：《大明会典》原不载此国，令在驿中安歇，待奏准方可起送。③

两种贸易体系之间的交锋是以礼仪的冲突开始的。9月葡使获准进入广州。《广东通志》记载了当时的情形：正德十二年，驾大

---

① 张天泽：《中葡早期通商史》，姚楠等译，中华书局香港分局，1988，第41页。
② 托梅·皮雷斯：《东方概要中的东南亚》，蔚玲译，载《文化杂志》1996第49期，第19—36页。
③ 万明：《中葡早期关系史》，第29—30页。

舶突至广州澳门,铳声如雷,以进贡请封为名。① 此处"铳"的含义应该是枪,因为两国交往鸣炮是英国在此之后发展起来的。此处鸣枪即宣布葡人的到来,也表明葡使企图以平等国家之间的方式来处理两国之间的交往。然而,明朝不这么看。广东按察司佥事兼海道的顾应祥是这么反映这件事的:蓦有番舶三只至省城下,放铳三个,城中尽惊。显然他认为这是一种不守规则的事件,惊扰了百姓。

明朝官员很快发现新的朝贡国家根本不会行拜见的礼仪,这对明朝来说是个大问题,因为礼仪是朝贡国家尊重明朝天朝上国地位的极为重要的象征。当时广东官员派出三堂总镇太监宁诚、总兵武定侯郭勋前去视察葡使情况,发现"其头目远迎,俱不跪拜"。在明朝官员眼中,夷国地位要低于明朝,葡人头目跪拜官员是最为正常不过的事情;葡人却认为这是平等国家之间的交往,下跪不符合礼仪。广东官员错误地认为问题在于葡使不熟悉礼仪,而没有看到双方对国家关系的不同理解。于是,他们想出了一个所谓的办法,训练葡使学习礼仪。史料载:

> 远夷慕义而来,不知天朝礼仪,我系朝廷重臣,着他去光孝寺习仪三日方见。第一日始跪左腿,第二日始跪右腿,三日才叩头,始引见。②

葡使是否最终下跪无确切资料证实,但是这段史料很有可能是广东官员的自我吹嘘。

葡萄牙使团在明朝引起的反应是颇耐人寻味的。首先是明朝皇帝明武宗的反应。葡萄牙抱着征服世界的野心而来,而明武宗却抱着一种亵玩的态度,将这些红发碧眼外形奇特的外国人视为玩物。

---

① 黄佐:《广东通志》卷六十六。
② 转引自万明《中葡早期关系史》,第29—30页。

尤其是葡使火者亚三竟然博得皇帝欢心，被留在宫中。对于葡使的通商请求，朝廷却迟迟未予答复，这样使团的许多事务被暂时搁置下来。

然而此时，驻留沿海边境的葡萄牙士兵早已按捺不住，在首领西芒（Simao d'Andrade）的带领下，擅自修筑要塞，架设火炮。同时西芒纵容士兵抢劫地方百姓。大英博物馆手稿部《韦尔斯利文件集》第13875号记载了西芒的暴行：这位司令官对待中国人的态度与葡萄牙人在过去一些时候对待亚洲各民族的态度完全一样。他未经获准就在屯门岛上建立起一座要塞，从那里他趁机向出入于中国港口的所有船只掠劫和勒索金银。他从沿海地区掳走年轻妇女，捕捉中国人，过着最可耻的放荡淫乐生活。他手下的那些水手与士兵也就起而效之。①

马六甲国王之子端·穆罕默德也来到北京，向明朝陈述了葡萄牙在马六甲的罪行。满剌加是明朝的朝贡国，葡萄牙的侵略显然是对朝贡体系巨大的破坏。在明朝的大臣看来，这是一件极为损害明朝国际地位的事件，也是伦理精神所不能容忍的。正德十五年（1520）十二月，监察御史邱道隆以葡萄牙吞并满剌加，倡言逐其使臣："满剌加乃敕封之国，而佛朗机敢并之，且啖我以利，邀求封贡，决不可许，宜却其使臣，明示顺逆，令还满剌加疆土，方许朝贡。倘执迷不悛，必檄告诸番，声罪致讨。"第二年七月，满剌加贡使至京，"请省谕诸国王，及遣使助兵复其国"。经礼部议定，"绝佛朗机，还其贡使"。②当时御史邱道隆、何鳌分别上疏，陈述葡萄牙的罪行，要求驱逐葡萄牙人。

1522年，明世宗即位，立即下令处决使臣江彬及火者亚三，将托梅押送广州，并责令葡萄牙人恢复满剌加（马六甲），还其故土。③

---

① 张天泽：《中葡早期通商史》，第70页。
② 《明实录》世宗实录卷四"正德十六年七月已卯"，第157页。
③ 张廷玉：《明史》卷三百二十五，第8386页。

九月二十二日，托梅等人被投入监狱，嘉靖三年（1524）死于狱中。同时地方官员也开始了对葡萄牙人的清理。

广东地方政府命令葡萄牙人离开屯门，禁止贸易，并派出兵丁抓捕不守命令的葡人。但居留屯门的葡萄牙人拒不撤走，还请求援兵前来增援，企图通过战争打开贸易。广东海道副使汪鋐调集战舰50艘，对屯门形成了包围之势。据史料记载，汪鋐亲自上阵指挥，大败葡萄牙海军。面对葡萄牙的战舰，汪鋐乘风势，采取了火攻之法，将许多小船灌以脂膏，因风纵火，烧了大批葡萄牙军舰。并乘胜追击，登上屯门岛，击溃了葡军。①

中葡冲突的消息还没有传到里斯本，葡王曼努埃尔便已派出马尔廷（Martim Affonso de Mello Continbo）为特使前往中国，要求签订"和平条约"，并在屯门建立一个要塞。1522年，葡人乘4艘船从印度科钦起航，7月，船队来到珠江口，在香山县西草湾遭到明备倭都指挥使柯荣、百户王应恩所率水师的截击。其重创葡船，捕获葡船2艘，斩敌35人，俘虏包括船长佩罗德·奥门在内的42人，后押至广州全部处决。

中葡官方的首次交往就这样以葡萄牙的失败告终。这件事表明葡萄牙还没有能力挑战明朝的华夷秩序。虽然葡萄牙仍然占据着马六甲，但是却不能依靠这个贸易据点与亚洲贸易中心——明朝展开正常的贸易。但显然明朝从这件事中没有看到其对中国商业的影响。

3. 地下交易：葡人海盗贸易

葡萄牙人在武装征服与获取正常贸易途径失败之后，转而走向海盗贸易。"海盗"这个词本身带有违法与道德谴责的倾向，但是在欧洲贸易体系中，这是一个再正常不过的行为，它是欧洲人争夺贸易的一种方式。海盗的行为表明在官方交往失败之后，葡国没有

---

① 王崇熙：《新安县志》卷二十三《艺文志》，嘉庆二十五年刊本，成文出版社，1974。

放弃在亚洲的贸易扩张，而是采取了另外一种方式。

葡萄牙海盗主要集中在浙江宁波和福建漳州等地。他们与江浙沿海的海盗和倭寇勾结，从事抢劫活动。葡人与中国沿海的海盗如李光头、王直等从事走私贸易。俞大猷曾指出，"数年之前，有徽州、浙江等处番徒，勾引西南诸番，前至浙江之双屿港处买卖，及货尽将去之时，每每肆行劫掠"①。据史料记载，葡萄牙海盗对沿海百姓的生活造成了很大的影响，地方官甚至是皇帝都为此事恼怒不已。②

因此，朝廷决定剿灭这些海盗，尤其是浙闽提督朱纨在剿灭葡萄牙海盗中立下重要功绩。朱纨精心部署，调福建都指挥使卢镗、柯荣等集兵于海盗猖獗的双屿，激战后斩获葡萄牙海盗无数，从此，双屿港"贼船不得复入"。③葡商在浙江难以立足，转徙而南，到达漳州和泉州的月港、浯屿，为副使柯乔抗御击溃。"佛朗机国人行劫至诏安"。朱纨遣卢镗等率官军迎击于走马溪，俘获夷王船只，擒斩239人，致使夷贼"去者远遁，而留者无遗；死者落水，而生者就缚。全闽海防，千里肃清"④。

4. 另求他径：贿赂地方官员以求商机

军事侵略、海盗这两种曾经屡试不爽的方式在中国遭到打击之后，葡人陷入了恐慌，究竟如何才能获得贸易机会呢？葡人在追求贸易方面是锲而不舍的，他们没有退缩，终于找到了朝贡制度的另一个突破口，即朝廷无法完全监督地方官员。利用朝贡制度的这一缺陷，葡萄牙开始贿赂明朝地方官员，以求获得一线贸易机会。

前文已经指出，由于朝贡制度的缺陷，地方官员在明中后期常常私下允许民间贸易的存在，并对贸易征收商税以增加财政收入。

---

① 俞大猷：《正气堂集》卷七，福建人民出版社，2007，第123页。
② C. R. Boxer, *South China in the Sixteenth Century* (London: Printed for the Hakluyt Society, 1953), p. 193.
③ 顾炎武：《天下郡国利病书》，第1347页。
④ 张廷玉：《明史》卷二百五，第2043页。

葡萄牙就是利用这种机会能够定居澳门，并与中国展开贸易。葡萄牙获得澳门定居权的两个关键人物是黄庆与汪柏。葡萄牙人首先贿赂的是黄庆，但黄庆仅仅是广州地方都指挥使，没有权力作出决定，故请示广东海道副使汪柏，汪柏竟然答应了这一请求。据葡方资料显示，当时汪柏以征收20%的关税为条件，允许葡人入广州贸易，但没有说葡人可以定居澳门。① 但是，随着商业往来的增多，葡萄牙人开始修筑以供停歇的房屋，逐渐形成了澳门居住地，地方官员对此采取了默许的态度。

《广东通志》这样记载：

> 嘉靖三十二年，舶夷趋濠镜者，托言舟触风涛裂缝，水湿贡物，愿暂借地晾晒，海道副使汪柏徇贿许之。时仅蓬累数十间，后工商牟奸利者，始渐运砖瓦木石为屋，若聚落然。自是诸澳俱毁，濠镜独为舶薮矣。②

允许葡萄牙人租居澳门是地方官员的私人行为，朝廷开始并不知情。这种状况可以从嘉靖四十四年（1565）朝廷对葡萄牙求贡事件的态度看出。据《明实录》记载，嘉靖四十四年癸未，"有夷目哑若吩归氏者，浮海求贡。初称满剌加，已复易词葡丽都家，两广镇巡官以闻，下礼部议。南番国无所谓葡丽都家者，或即佛朗机诡托也。请下镇巡官详审，若或诡托，即为谢绝，或有汉人通诱者，依法治之"③。朝廷拒绝了葡萄牙的求贡，而且严厉要求如果"汉人通诱者，依法治之"。如果朝廷同意葡萄牙定居澳门，那么对于求贡这样的向天朝称臣的事大可不必拒之，更不至于处办通诱者。

---

① 金国平编译《西方澳门食疗选萃（15—16世纪）》，广东人民出版社，2005，第217—225页。
② 郭棐：《广东通志》卷六十九《外志·澳门》，广东省中山图书馆藏照相本。
③ 《明实录》世宗实录卷五百零四，第8323页。

因此，可以推测，直至1565年朝廷仍不知葡人定居澳门的事。

如果朝廷并不知情，那么葡人缴纳的税收以及每年500两的地租，可能最终落于地方官之手。按照相关史料记载，没有专门衙门和官员负责征收地租，而是由海道副使汪柏和葡商直接联系。吉萨斯（Montalto de Jesns）曾记载汪柏表示500两银是供御用的财物，"将送入铁柜"。但这可能是汪柏粉饰自己的行为，因为吉萨斯明确指出，500两银并不纳租于中国政府，仅是对广东海道副使每年缴纳的贿赂。他说："17世纪早期耶稣会教士为表明葡萄牙人拥有澳门的权力而作的一次申呈。从这次申请的记录来看，葡人得到了澳门半岛和港口后，除了缴纳商船停泊税外，还向皇帝的国库缴纳了一定数额的租金。然而，这笔钱并未上缴国库，却被海道一人独吞了，葡人因此称之为'海道贿金'"。①

直到1573年（万历元年），海道受贿之事才为其他官吏所知，乃改为地租，收归国库。② 这一状况持续了10—12年。当时的事情较为富有戏剧性。一次，葡人去赶市集，中国官员循例身穿红袍，走出衙门来收缴停泊税。和以往一样，他们用糕饼和一坛酒来招待葡人。这时，葡人的翻译佩德罗告诉海道，葡人还带来了500两银子作为澳门的租金。此时其他官员也在场，海道只好说银子应该送入地界司，因为这是御库财物。此后，每年500两租金之例就相沿下来。③

这一年是隆庆开海的第二年或者第三年。隆庆开海也只是有限的开放，尤其是对葡萄牙人这样的商人是采取防备态度的。然而在没有朝廷允许的情况下，地方政府就可以这样擅自将葡萄牙商人的关税纳入国库，可见明朝中后期贸易制度在地方执行过程中被任意变通的情况之严重。

---

① 徐萨斯：《历史上的澳门》，黄鸿钊等译，澳门基金会出版社，2000，第25页。
② 蒙他笃：《澳门史话》，香港，1984。
③ 徐萨斯：《历史上的澳门》，第25页。

5. 明政府的管制：葡人沦为天朝顺民

贿赂地方官员寄居澳门并非长久之计，最终会被朝廷知道。对于这件事，朝廷大臣之间曾发生了一场争论。史料反映争论的焦点在于是否要驱逐澳门的葡人。万历三十五年（1607），番禺举人卢延龙上疏驱逐澳门葡人："番禺举人卢延龙会试入都，请尽逐澳中诸蕃，出居浪白外海，还我濠镜地，当事不能用。"① 万历四十一年（1613），广东御史郭尚宾上疏指出，葡人入澳已成尾大不掉之势，乃广东地方官吏之失。闽广人士均乐于与澳门葡人交易牟利，澳夷则日渐恣横，在澳门藏匿倭奴、黑番与亡命之徒，不遵守汉官法度，故应先准其免予抽分一二年，然后逐之浪白外海，但许市易。②

但当时东北边患，朝廷顾不上，而澳门贸易与沿海居民生存关系巨大，开海是广东海关税收的一重大来源，于是朝廷采纳了两广总督张鸣冈严格控制的措施。张鸣冈分析了局势，认为葡人虽然很好驱逐，但一旦他们成为海盗就不好控制了。与其允许非法形式的存在，不如采用合法的约束。这个逻辑与明末开海禁的逻辑一样，反映出明朝控制沿海贸易与安全情况的困难之处，葡人得以寄居澳门也正是利用了这一明朝难以克服的缺陷。

张鸣冈在上疏中称："粤东之有澳夷，犹疽之在背也；澳之有倭奴，犹虎之傅翼也。今一旦驱斥，不费一矢，此圣天子威德所致。惟倭奴去而澳夷尚存，议者有谓必尽驱逐，需大兵临之，以弭外忧；有谓濠镜内地，不容盘踞，照旧移出浪白外洋，就船贸易，以消内患。据称濠镜地在香山，官兵环海而守，彼日食所需，咸仰给于我，一怀异志，我即断其咽喉，无事血刃，自可制其死命。若临以大兵，衅不易开，即使移出浪白，而瀚海茫茫，渺无涯涘，船无定处，番舶往来，何从盘诘；奸徒接济，何从堵截，勾倭酿衅，莫能问矣！似不如申明约束，内不许一奸闯出，外不许一倭阑入，

---

① 陈澧：《香山县志》卷二十二，上海书店，2003，第780页。
② 黄启臣：《澳门主权问题始末》，《中国边疆史地研究》1999年第2期，第1—11页。

无启衅，无驰防，相安无患之为俞也？"①

在葡萄牙人获得许可寄居澳门之后，朝廷的问题是如何管理葡人，使得其行为符合华夷关系、符合朝贡制度的规定，不做出违背天朝上国的行为。明朝采取了严格控制加"怀柔"的办法。

首先，朝廷从三个方面严格控制葡人的行为，防止其做出不伦行为。

第一，建立关闸。万历二年（1574），官府在连接澳门与香山的莲花茎设置关闸，设官守之。通过关闸即可控制澳门的饮水与食品，欲达到"畏我威怀我德"的功效。②

第二，设立保甲。万历十一年（1583）至二十六年（1598），两广总督在澳门设立保甲，相互约束。同时在市区中心街道各处设立高栅。保甲由海防同知与市舶提举司管理。

第三，设立禁止条约。万历四十二年（1614），张鸣冈命海道副使俞安性修订《澳夷禁约》，并将禁约碑文立于议事亭前。《澳夷禁约》分为五款，其文如下：

(1) 禁蓄养倭奴。凡新旧夷商，敢有仍然蓄养倭奴，顺搭洋船贸易者，许当年历事之人，前报严拿，处以军法。若不举报，一并治罪。

(2) 禁卖人口。凡新旧夷商，不许收买唐人子女。倘有故违，举觉而占吝不法者，按名追究，仍治以罪。

(3) 禁兵船驶饷。凡番船到澳，许即进港，听候丈抽。如有抛泊大调环、马骝洲等处外洋，即系奸刁，定将本船人货焚戮。

(4) 禁接买私货。凡夷趁贸货物，俱赴省城公卖输饷。如有奸徒潜运到澳与夷，执送提调司报道，将所获之货物尽行给

---

① 张廷玉：《明史》卷三百二十五，第8386页。
② 莲花茎关闸门上匾额书有："畏我威怀我德"。

赏首报者，船器没官。敢有违禁接买，一并究治。

（5）禁擅自兴作。凡澳中夷寮，除前已落成，遇有坏烂，准照旧式修葺。此后敢有新建房屋，添造亭舍，擅兴一土一木，定行拆毁焚烧，仍加重罪。①

其次，实行"怀柔"的政策，通过种种优待与体恤的办法，企图让葡萄牙人对明廷"感恩戴德"。明政府对葡萄牙的优待包括三个方面：第一，在进出口船只吨位税上实行优于别国的待遇。如在一次贸易中，②葡商一只200吨位的船仅仅缴纳了1800两白银作为吨税，此后这只船的贸易每次只用缴纳首次数目的1/3。而其他国家类似吨位的商船要缴纳5400两白银，且在以后的贸易中没有任何优惠。第二，葡萄牙人在广州购买货物所缴纳的税金仅仅为他国商人的1/3。第三，若葡萄牙的船只遇到海难，官方以对待朝贡国方式救援葡萄牙人。如官府负责将船只转送到澳门，还对因此所需要的费用给予补偿，其他国家的船只则无此待遇。

6. 交锋的结局：谁是胜利者

那么，究竟谁是这次交锋的胜利者？在"殖民主义"或"帝国主义"研究者看来，明朝似乎维护了国家的地位，防范了殖民侵略，是一种胜利。在朝贡体系维护者看来，澳门的葡人向明朝称臣纳贡，自称是"中国皇帝的顺民"，俨然受到明朝怀柔政策的感化。但是做出此种结论为时尚早，必须具体地分析"怀柔"与"中国皇帝的顺民"在当时语境下的含义，才能有助于揭示当时的真正形势。

从明朝一方来看，朝廷的"控制"与"怀柔"起到了作用，获得了葡人"中国皇帝的顺民"的效果。而在葡人看来，这仅仅是一种交换手段，通过口头的称呼获取商业的便利。对一个以贸易利

---

① 印光仁、张汝霖：《澳门记略》上卷《官守篇》，中国基本古籍库，第670—684页。
② 徐萨斯：《历史上的澳门》，第39—40页。

益至上的国家来说,"中国皇帝的顺民"是没有任何意义的,不远万里从欧洲来到中国仅仅为了纳贡称臣是一种极为不符合经济理性的行为。葡人注重的是澳门这一贸易基地的重要意义,其一方面可以获得中国内地的商品,另一方面可以从澳门出发将中国商品运往世界各地。所以,从表面上看明朝与葡萄牙似乎各取所需。

然而在这种"各取所需"的背后却是中国商业利益的巨大损失。明后期,葡萄牙人利用澳门贸易基地,独占了当时南部沿海的贸易商机,海上贸易份额被葡萄牙人占有,而中国商人的贸易遭受打击。首先,葡萄牙人在明末几乎垄断了中国与日本之间的所有贸易。由于明政府对日本的贸易实行严禁,葡萄牙人在日本长崎建立贸易基地之后,就成为中日贸易的唯一中介。据估计,在16世纪最后的几十年里,日本输出的白银大部分由占据澳门的葡萄牙人运走,每年为五六十万两;到17世纪最初的30年里,葡萄牙人每年均从日本运出白银一百多万两,有时多达两三百万两。① 而中国商人却不能赚取其中的任何利润。

其次,葡萄牙阻碍中国商船到南亚沿海一带贸易,葡萄牙为了垄断马尼拉的贸易,阻止中国商船前往马尼拉,他们散布虚假消息,说西班牙在马尼拉已经临近财政崩溃的边缘,无法付出任何贸易款项,并无限夸大西班牙海盗的危险。在这些卑劣手段没有奏效的情况下,他们抢劫出海的中国商船,并利用中国商船出海的减少,趁机抢占市场。1632年,马尼拉市政委员会的备忘录指出,葡萄牙人已经占去原先中国人同马尼拉的贸易,造成商品价格大幅增长。②

"中国皇帝的顺民"这一称呼仅仅是特殊状态下的一种权宜之

---

① 全汉升、李龙华:《明中叶后太仓岁入银两的研究》,《中国文化研究所学报》(香港),1972年第5卷第1期,第72—93页。
② E. H. Blair and J. A. Robertson, *The Philippine Island*, 1493 – 1898, Vol. 25 (Cleveland, 1903), pp. 14 – 15.

计，葡萄牙不像亚洲其他国家，他并没有承认朝贡体系，也根本不关心华夷关系究竟是怎么一回事。他们仍然认为"葡萄牙的荣誉与尊严遭到弱小而胆大的中国人的肆无忌惮的践踏。征服和军队都必须维护的民族尊严在中国被一扫而光"①。一旦军事力量允许，重新找回尊严是迟早的事，只是这一任务不是由葡萄牙所完成的。所以，在"各取所需"的背后，蕴含着的是传统中国走向衰败的历史宿命。

二 西班牙："胎死腹中"的侵略计划

西班牙的到来要晚于葡萄牙，在与朝贡贸易制度的对抗中，西班牙同样只能通过军事力量侵占朝贡贸易圈的外围国家，而无法深入到朝贡贸易圈的核心。在西班牙的扩张过程中，还要同时面对西方国家的竞争，这牵制了其在亚洲的脚步。此外，令西班牙没有想到的是，宣告其武装侵略中国失败的竟然是亚洲小国日本。

1. 强迫通商不成

西班牙要晚于葡萄牙近半个世纪才来到亚洲，他们占领了菲律宾群岛中的苏禄和吕宋，这两个国家都是明朝的朝贡国。1565年（嘉靖四十四年），黎牙实比（Legaspi）率领一支西班牙远征队在菲律宾群岛的萨马岛登陆，不久占领了宿务和班乃岛。为了加快亚洲贸易扩张的步伐，西班牙国王于1569年（隆庆三年）1月任命黎牙实比为菲律宾总督，可以统一调动亚洲统治区的资源。1571年（隆庆五年）5月，黎牙实比占领了菲律宾群岛中的最大岛屿——吕宋，并以马尼拉为中心，建立了西属菲律宾殖民地。这成为西班牙向亚洲其他地区扩展贸易的基地，也成为日后联系亚、美、欧三大洲贸易的中转地。

初占菲律宾之后，西班牙便急切地同中国开展贸易往来。1569

---

① 徐萨斯：《历史上的澳门》，第9—10页。

年,黎牙实比在给西班牙国王的报告中指出:"我们必须想方设法同中国建立商业联系,以期获得中国的丝绸、瓷器、安息香、麝香和其他物资。通过开展此种商业活动,居民便可马上增加他们的财富收入。"① 万历三年(1575),西班牙菲律宾总督派遣传教士拉达(Martin Rada)和马丁(Geromins Martin)至福州巡抚刘尧海,"呈西班牙总督书,并述通商宣教之意。尧海奏报,'明廷以吕宋虽非贡国,而能慕义来朝,准比暹罗、真腊国例,随方入贡。而于通商传教之事,仍令巡抚宣谕斥绝'"②。

遭到拒绝的西班牙并不甘心,于万历二十六年(1598)再度至澳门寻找贸易机会,再次遭到驱赶。于是西班牙人再度转移到虎跳门,在这里修筑房屋,企图如葡萄牙一样长期居住下去。海道副使章邦翰率兵焚烧了房屋,将西班牙人赶到海上。根据相关史料,西班牙商人之所以如此锲而不舍,是因为受到闽广商人的诱惑与接应。③

2. "胎死腹中"的武装侵略计划

在与中国官方沟通寻求通商机会的同时,西班牙也在积极筹划武装侵略中国。1569 年 6 月 8 日,安德雷斯(Adre de Mirandola)自宿务写信给国王腓力二世:

> 我们全体皇上陛下的奴隶和臣属,都颇为相信,当您在位的时候,中国将会隶属于陛下,基督教将要在这个地区传播和高举,陛下的领域将会扩张,这一切都会在一个很短的时期内实现。④

之所以做出"很短的时期内实现"的判断,是因为西班牙错误

---

① E. H. Blair and J. A. Robertson, *The Philippine Island, 1493 – 1898*, Vol. 3 (Cleveland: 1903), p. 58.
② 张维华:《明清之际中西关系简史》,齐鲁书社,1987,第 42 页。
③ 郭棐:《广东通志》卷六十九《外志·番夷》。
④ 陈台民:《中菲关系与菲律宾华侨》第一册,香港朝阳出版社,1985,第 88 页。

地评估了中国的力量，他们将明朝看得不堪一击。1569年7月8日，奥古斯丁会神父马丁（Martin）写信给驻墨西哥总督马吉士时说："如果皇上有意囊括中国，必须在附近有援助和回避地，以便应付可能发生的紧急变故。靠上帝的帮助，他们（中国）将会解体，并为少数的军队所轻易击败。"① 而在此后不久，埃尔纳多（Hernando Riquel）做出了更加离奇的估计："只要不到60名的优良西班牙士兵，就能够征服和镇压他们。"②

1580年，西班牙国王腓力二世继承葡萄牙王位后，兼并了葡萄牙王国及其海军，对中国的武装侵略看来已经条件具备了。1584年，菲律宾的澳门代表商罗曼（Gironimo Roman）写道：顶多用5000名西班牙士兵，就可征服这个国家（中国），或者至少可征服沿海各省。③ 1586年4月20日，菲律宾的西班牙政治、军事、宗教首领及公民领袖在马尼拉举行代表会议，向皇家殖民地理事会提交了一份备忘录，提出一项侵略中国的详细计划，包括组织1万人或1.2万人的远征军、足够的武器装备、进攻路线等。④ 这个计划被送到西班牙一个专门委员会研究。但是，当时西班牙忙于组建无敌舰队与英国战争，无暇顾及。

然而，西班牙还没有获得机会与中国直接交锋，便已经被宣布关于侵略中国计划的评估是非常可笑的。1592年（万历二十年），丰臣秀吉派"招降使"到马尼拉，威吓西班牙人，并要求他们对日本"称臣纳贡"。面对明朝的朝贡国、力量远逊中国的日本，西班牙人也不敢得罪，只好派"修好使"到日本报聘。侵略计划就这样搁浅了，无法在中国获得一个固定的贸易据点，西班牙被迫转而采取措施，吸引中国商人到马尼拉贸易。

---

① 陈台民：《中菲关系与菲律宾华侨》第一册，第88—89页。
② 陈台民：《中菲关系与菲律宾华侨》第一册，第90页。
③ 赫德逊：《欧洲与中国》，王遵仲等译，中华书局，1995，第212页。
④ 陈台民：《中菲关系与菲律宾华侨》第一册，第163—186页。

三　荷兰与英国：对亚洲国际市场的争夺

荷兰与英国在扩张贸易中吸取了葡萄牙与西班牙的经验教训。在向亚洲推广贸易的过程中，荷兰与英国没有愚蠢到直接挑战中华帝国，其战略是在沿海防线上寻找突破口建立商站，同时垄断商路排挤他国商人。荷兰与英国的措施利用了朝贡体系的松散性与对沿海控制的困难，以及明廷不保护本国商人的缺陷。

1. 荷兰

窥澳门、犯澎湖、占台湾

在进军中国之前，荷兰已经在万丹、班达和安汶分别设立了贸易商站。荷兰人的计划是在葡萄牙盘踞的澳门、吕宋（菲律宾）至中国航线中途的澎湖，以及离商业中心较远处于不设防状态的台湾建立商业基地。这三处都具有非常重要的商业地位。

侵占澳门的计划是基于对葡萄牙独占澳门贸易的垂涎，以及澳门在国际贸易中的重要地位而做出的。既然葡萄牙可以获得澳门的定居权，作为同样是欧洲人的荷兰又怎能不可？澳门对荷兰贸易扩张有着十分重要的商业意义。如果攻占了澳门，荷兰就可以取代葡萄牙成为日本市场的中国丝货供应商。此外，对荷兰打击亚洲的商业竞争对手也意义重大，既可以打垮葡萄牙在亚洲的主要支柱，又可断绝菲律宾的西班牙人支援，从而轻而易举地占有马六甲和马尼拉，把伊比利亚殖民帝国一分为二。当然，最重要也是最为根本的是可以直接获得全世界都渴望得到的中国财富和产品。①

然而，侵占澳门计划的实现却是非常困难的。首先，已经占据澳门的葡萄牙不可能拱手将贸易机会让给荷兰，其次，明朝军队也不会坐视不管。总之，荷兰打错了算盘，看似是从葡萄牙手中夺取领地，实质上面对的是明朝的反对。

---

① C. R. Boxer, *Fidalgos in the Far East, 1550 – 1770* (Hong Kong Oxford University Press, 1968), pp. 72 – 73.

1600年9月20日，荷兰人进入珠江口。9月27日，澳门海面出现了荷兰的战船，当时船上有七百名荷兰人。范·内克派了七人的小船上岸打探情况，结果立即被葡萄牙人拘留。第二天派出小船再次打探，还是有去无回。① 这引起了荷兰人的愤怒，军事进攻即将展开。

由于澳门在明朝对外贸易中的重要地位，荷兰人多次发动军事进攻，都未能得逞。1622年荷兰攻打澳门，受到重创。不久，雷伊松（Rayorgoon）率船15艘出现于澳门海面，并且用八百人登陆进攻，遭到福建巡抚南居益率领的水师阻击。荷兰军队被击退并且伤亡了三分之一，其中包括这位海军上将。② 1627年，荷兰人乘葡萄牙人北上协助明军抗清之机，再次派4艘战舰前往广东，企图占领澳门，同样遭到惨败。

在屡次进攻澳门无果的情况下，荷兰人转而求其次，夺占位于澳门至马尼拉航线上的澎湖。1622年6月，荷兰远征军在雷约兹的率领下，入侵澎湖，在红木埕登陆，并且筑城据守，同时派军舰进犯福建沿海。荷兰人的侵略再次遭到福建巡抚南居益的沉重打击。在南居益的领导下，明朝派出了一万兵丁，两百只军舰。明朝军队一方面封锁澎湖周边，阻断水源供给；另一方面用大炮轰击荷兰的船只和其建造的城池。结果，荷兰人被迫投降，并于当年7月13日开始拆毁所筑之城。

在夺取澎湖失败之后，荷兰东印度公司授意远征队抢占台湾西南部。1624年荷兰人占据了台湾城（今安平）和赤嵌城（今台南）③，之后又在大员（今台南安平）建立热兰遮城，作为荷兰在台湾的军事长官驻地和军事防御中心。盘踞台湾期间，荷兰人首先

---

① 包乐史：《中荷交往史（1601—1999）》，庄国土、程绍刚译，路口店出版社，1989，第34—35页。
② 马士：《中华帝国对外关系史》第一卷，张汇文译，商务印书馆，1963，第92页。
③ 台湾城又称"红毛城"、"王城"、"砖城"，赤嵌城又称"红毛楼"、"赤嵌楼"，荷兰殖民者称前者为"热兰遮城"（Fort Provintia）。

赶走盘踞在淡水和基隆的西班牙人，然后建立起殖民统治。荷兰人强行没收汉族人原先耕种的土地，规定汉族农民领种土地，必须缴纳地租：上等田地租每甲十八石，中等田十五石六斗，下等田十石二斗。① 荷兰人以台湾为基地不断抢劫中国及葡萄牙海上船只补充资源。

与欧洲其他国家展开贸易武装竞争

台湾仅仅是荷兰人抢夺亚洲贸易的一个跳板，因为台湾并不是亚洲贸易的重要口岸，前来台湾的商人很少，仅仅限于一些日常生活用品的小规模交易。在价格上，运来台湾的商品也没有丝毫优势，"不论在日本市场上还是马尼拉等东南亚市场上，当地中国商品的价格肯定高于台湾荷兰人占据的大员（指台湾）市场"②。所以，如何抢夺日本与东南亚市场的贸易垄断权才是荷兰人真正的目标，而要达成这种目的，必须铲除先到的葡萄牙、西班牙和中国商人。

在亚洲贸易争夺战中，荷兰东印度公司扮演了重要的角色。东印度公司成立的目的首先就在于为荷兰人在东方争取最大的贸易自由，给西、葡等国商人以最大妨害。③ 荷兰国王赋予东印度公司巨大的权力：荷兰通过东印度公司在东方扩张殖民势力，可以开辟殖民地，建立海陆军，修建要塞和兵工厂，铸造货币，设立法庭，审讯当地居民等；公司在其控制的地区具有完全的立法、行政、司法等大权，甚至可以用荷兰政府的名义，在东方宣战、缔结条约。从这些权力来看，可以说东印度公司几乎成了荷兰在亚洲从事贸易扩张的全权代表。

荷兰人对葡萄牙和西班牙的排挤在荷兰初到亚洲时就已经开始

---

① 连横：《台湾通史》卷八。当时台湾土地丈量比例是一甲约为11亩。
② 徐晓望：《论17世纪荷兰殖民者与福建商人关于台湾海峡控制权的争夺》，《福建论坛》2003年第2期，第32—38页。
③ 冯作民：《欧洲扩张史》，见钮先钟编《西洋全史》第九册，燕京文化事业股份有限公司，1977，第466、501页。

了。1603年6月，荷兰人俘获了从澳门开往马六甲的葡萄牙大帆船"科特琳娜"号，该船满载贵重的艺术品、漆器、丝绸和陶瓷，在阿姆斯特丹拍卖收入达340万盾，引起轰动。① 7月30日，荷兰舰队又截获了一艘从澳门驶往日本的货船"那保丸"号，战利品总价值140万盾，其中生丝一项，有2800包，每包值500盾。②

2. 英国

明朝末期，英国还不是强国，其与中国交往中表现得既缺乏实力，又非常急躁。英国首次来到中国，发现已经没有多少便宜可以占。澳门是葡萄牙的，台湾被荷兰占据，重要商路上航行的都是外国的船只。于是英国人利用葡萄牙与荷兰的矛盾，企图在澳门贸易中分一杯羹。葡萄牙此时的势力已大不如前，荷兰对其贸易地位的垂涎，也使得其需要联合英国加强势力。于是双方一拍即合，签订了协议，准许英国有权出入澳门、自由与中国贸易。《东印度公司对华贸易编年史》是这样记录这段历史的：

> 1635年，英东印度公司的史密斯（Smithmich）先生在董事会上宣读了进行贸易的建议。此时，公司在印度的代理商和葡萄牙人在"休战和自由贸易"上发生矛盾，他们被允许自由贸易，但必须以把葡萄牙人的财宝从澳门运到卧亚（Goa）为条件。在这一协议下，1635年"伦敦"号从印度驶往澳门。③

但是英国人对贸易利润实在是太渴求了。当"伦敦"号在1635年7月23日抵达澳门后，不顾条约规定和葡萄牙人的阻拦，英国人直接在岸上搭了两个棚子经商。这件事暴露出英国人的目的

---

① 张天泽：《中葡早期通商史》，第135—136页。
② 张天泽：《中葡早期通商史》，第136页。
③ 马士：《东印度公司对华贸易编年史》卷一，中国海关史研究中心组译，中山大学出版社，1991，第12页。

其实是想借助澳门寻求直接与中国通商的机会。"伦敦"号在澳门进行了长时间的停留，其间多次与广东政府交涉，企图获得在广东贸易的权利，同时不顾葡萄牙的反对将药品以极低的价格卖给中国。这显然是对葡萄牙贸易垄断权的挑战。于是，葡萄牙新任印度总督下令所有葡萄牙在远东的殖民地拒绝与英国人贸易，英国首次与中国贸易的企图没有达成。

在贸易目的没有达成之后，英国政府进一步加强了对商人贸易的支持，并鼓励商人采取武力获得在中国的贸易机会。1635 年（崇祯八年）12 月，英国查理一世把对果阿、马拉巴尔（Mallabar）、中国和印度的贸易全权授予科尔亭会社（Courteen Association），并任命威德尔（Weddell）为私商首席代表，组建一支由 3 艘帆船、1 艘军舰组成的船队前往中国。1637 年 6 月 27 日，船队来到距离澳门约 3 里的横琴岛。8 月初，威德尔不听中国官员的警告，擅自航行至亚娘鞋岛，并强行占领了炮台。

关于英国占据炮台之后通商情况的进展，不同的史书记载不同。在清人夏燮的《中西纪事》与束世澂的《中英外交史》中，都认为英军攻占炮台事件给广东官员造成巨大的压力，广东官员无力弹压，只得同意贸易。①

但是马士的《中华帝国的对外关系史》不这样认为。英国人在占据炮台之后，屡次出兵骚扰当地百姓。9 月 18 日黎明前，英人火烧了三只中国商船和其他战船，一个小村被点着了，并被掠夺走 30 头猪，由 16 只船组成的天朝帝国战船被打散。9 月 22 日，英军烧毁了中国的一支大型战船。在炮台下埋放了火药，许多城墙被炸毁。② 最终，两广总督张镜心调遣福建水师支援广州，英人被迫撤退。双方僵持了几天，威德尔将谦恭的请愿书送达广州。由于威德尔的退让，粤督张镜心同意英人继续贸易的要求，并准备释放在押

---

① 夏燮：《中西纪事》卷一《通番之始》，岳麓书社，1988，第 242 页。
② 马士：《东印度公司对华贸易编年史》卷一。

的商人。条件是英船离开中国水面不得生事，不得伤害任何人，不得再返回这一带海域。①

无论具体史实如何，有一点是可以肯定的，那就是晚明局势已经陷入混乱，地方官员显然有着息事宁人的态度，其同意英国人在广州贸易只是为了平息事端的权宜之计。在此之后，英国的贸易发展并不顺利。据外国史料记载，"威德尔来华的第二年，东印度公司陷入了困境，而私商们对与中国进行贸易，也缺乏兴趣。只有少数几只东印度公司的商船，在英葡的协议下，从印度的商馆驶往广州。一艘私商的临时船只驶向了澳门，但是并没能进行重大的商品贸易。"②

3. 中国海上贸易遭到打击

晚明，朝贡体系自身的缺陷不断遭到西方国家的冲击，这对明政府来说也许是一个问题，但对国家来说，最大的问题是商人利益在西方国家到来后所遭受的侵害。从国家发展的角度来说，朝廷的利益仅仅是短期利益，国际贸易的发展才是根本利益。但是在明朝的贸易政策下，商人无法得到政府的保护，只能独自面对西方商人的仗剑经营，这是明朝贸易政策最大的失误之处。

中国商人在晚明除了受到葡萄牙人和西班牙人的竞争外，最大的对手是荷兰人。就当时南洋地区贸易商人来说，占据首位的还是中国商人。中国帆船在南洋贸易中的领导地位是到18世纪中叶才失去的，③谁能打败中国商人，谁就能夺得南洋贸易的大蛋糕。因此，荷兰人专门针对中国商人制订了一系列武装贸易计划。

荷兰人首先是胁迫中国商人必须与荷兰人贸易。1618年6月，荷兰东印度公司决议，在万丹的3艘中国船回中国路过巴达维亚的

---

① 马士：《东印度公司对华贸易编年史》卷一。
② E. H. Prichard. *Anglo-Chinese Relations during the Seventeenth and Eighteenth Centuries* (Pullman, 1936), p. 57.
③ 田汝康：《十七至十九世纪中叶中国帆船在东南亚洲》，上海人民出版社，1957。

时候，必须把若干中国人交与荷兰人处理，如果不愿意就以武力解决。为了阻止中国商人赴其他地方贸易，荷属印尼总督库恩企图派遣舰队闯入马尼拉、马六甲、中国澳门和澎湖附近的海道，抢劫中国驶往占碑、万丹、惹巴拉以及印度群岛等地的商船，并把这些商船押回巴达维亚。

所谓的贸易实际上就是一个幌子，英荷等国盘算的不是与中国帆船在贸易上的竞争，而是如何在海上抢劫中国帆船。① 从1600年第一个环世界航行的航海家范鲁特抢劫开往马尼拉的中国船只开始，② 几乎每一个当时较为有名的航海家全都抢劫过中国商船。荷兰东印度公司成立后，公司董事会在最初20年里为了挫败中国帆船在东南亚商业上的优势，将用武力阻止中国帆船到南洋来作为一直贯彻的贸易政策。③ 1617年，荷兰东印度公司的职员自称，又夺取中国人的帆船多艘。④ 1619年，荷兰人为阻止中国人不和英国人贸易，假借英国人的名义抢劫了35艘中国帆船。⑤

虽然在贸易上相互竞争，但是在打击中国商人方面英荷完全是一丘之貉。1619年，英荷两国的东印度公司代表、政府官员和外交人员签订合作协定书。规定在中国两个公司联合进行贸易，并在胡椒贸易上一致排斥中国人。从1620年起，英荷两国的东印度公司在远东舰队统一指挥下，联合对中国商船进行攻击。

---

① E. H. Blair and J. A. Robertson, *The Philippine Island*, 1493 – 1898, Vol. 18 (Cleveland, 1903), p. 122.
② 范鲁特：《航行志》，见赫里斯《航程总汇》卷一，第7页。
③ B. H. Vlekke, *Nusantara*: *A History of the East Indian Archipelago* (Cambridge, Mass: Harvard University Press, 1943), p. 115.
④ 马士：《东印度公司对华贸易编年史》卷一。
⑤ Richard Cocks, *Diary*, 1615 – 1622 (London: Hakluyt Society, 1883), p. 339.

第二节 西方商人叩关与清初的对外贸易政策

在17世纪中期的几十年里,清朝接替了明朝的统治,清朝统治者也几乎复制了明朝的朝贡制度。中国朝代更替往往被看做传统社会内向化发展的一个重要标志,传统社会充斥着顽固的惰性,缺乏内在的动力突破传统的桎梏,① 当社会矛盾积累到一定程度时,只能通过政权的更迭来缓解。但是这个过程只是传统社会的自我修复,而无法产生新的现代性因素,所以只能通过西方社会的冲击才能摆脱这种循环发展模式。那么清朝重建朝贡制度是不是传统社会的一个自我循环?如何看待清初的贸易政策呢?

对这个问题的回答也许要跳出此种思维方式。当用传统与近代这样的方式划分历史的时候,就隐含了这样的前提,传统的朝贡体制代表了落后,而西方国家的贸易政策则是新生的力量。面对先进的西方国家,摆脱代表传统的落后的朝贡体制的最优选择自然是迎接冲击。那么从这种前提出发,相关研究批判清朝封闭国门便似乎有了理论前提。但是,这样显然过分简单处理了西方的冲击(如果这确实是一种冲击),因为在本书前半部分已经反复指出,西方贸

---

① John King Fairbank. *The Chinese World Order: Traditional China's Foreign Relation* (Cambridge: Harvard University Press, 1986), p. 25.

易政策所谓的"先进性"仅仅是因为西方政府从武力上帮助商人甚至是直接开辟市场。面对这样的冲击,如果清朝简单地打开国门,只会将国家置于西方侵略的危险中。一些研究已经看到了这个问题,所以在强调清朝闭关的同时也承认清朝闭关适时地抵抗了殖民侵略。但是这样一来,出于上述思维的研究便陷入这样的自我矛盾:闭关封闭了国家,却抵抗了外部侵略,那么究竟应该是开还是关呢?

本节我们将放弃"传统"与"现代"这两个词的纠葛,以公正和不偏不倚的态度审视清朝在国际贸易体系中的目标与努力。本节将再次从中西初识的视角分析两种贸易政策的冲突与调整,以及国家对经济的干预因为环境的变化而不同。对于清朝来说,朝贡体制已经开始濒于衰微;而对于西方的贸易来说,主要国家已经由葡萄牙、西班牙转换为荷兰,英国也在快速崛起的过程中。朝贡制度最大的意义也许是清廷用以证明自己统治华夏的正义性,但是西方国际贸易体系扩张的节奏已经被荷兰、英国所掌握。

一 西方商人的叩关

当清朝为了打击郑成功实行海禁与迁海政策时,西方国家却在积极准备着扩张贸易。葡萄牙、西班牙等老牌资本主义国家已经衰落,清初荷兰成为海上霸主,被称为"海上马车夫"。荷兰在清朝严格海禁的情况下,积极寻求与清朝合法的贸易渠道。英国政府积极鼓励海上贸易,为抢占亚洲贸易市场做准备。

1. 荷兰对清朝贸易的探索

第一节论述了晚明荷兰企图在中国武装夺取贸易据点,在失败后,荷兰转而开始正式与清政府开展外交活动,企图打开与中国的贸易。荷兰根本没有意识到,新的当政者维护朝贡贸易的行为与明朝没有本质的不同,于是中葡首次交往的历史再次上演。

1653年(顺治十年),荷兰巴达维亚总督派遣使者斯克德

(Fredrik Schedel)"至广东请贡，兼请贸易"，因为使臣没有携带表文与贡物，"巡抚具奏，经部议驳"。① 两年后荷兰巴达维亚总督再度遣使来华，按朝廷规定，携带表文和贡物，朝廷才准其朝见。

在关于中西官方交往以及朝贡贸易的研究文献中，都有这样一个共同的特征，那就是非常注重"礼"的作用，尤其是中外在礼仪上的纠葛成为各种研究描述的重点，至于贸易则在其次。在何亚伟的《怀柔远人》一书中，更是将"礼"上升到这样的高度："宾礼涉及到统治权的构成。"② 荷兰朝贡清朝的行为却是一个反例，那就是"礼"没有想象的那么重要，贸易对朝廷来说并非不重要，但这种重要性是反面的，即朝廷时刻警惕贸易对天朝权威的破坏性。所以，即使荷兰在"温顺"地遵从了清朝朝贡礼仪的要求之后，贸易请求却还是被拒绝了。

此次荷兰使团吸取了其他国家的教训，表现得十分"温顺"。由彼得（Peter de Goyer）和雅克布（Jacob de Keyer）率领的荷兰使团在顺治十一年（1654）七月抵京。在觐见皇帝的时候，一反欧洲人强硬的姿态，正确而到位地行使了"三跪九叩之礼"，并像臣子一样接受朝廷的赏赐。他们没有突兀地直接提出通商，而是先表示出朝贡的诚意，然后才要求贸易通商。

对于荷兰的朝贡与通商请求朝廷又是如何反应的呢？当时礼部在合议之后上了这样一道奏折，"荷兰国从未入贡，今重译来朝，诚朝廷德化所致。念其道路险远，准五年一贡，贡道由广东入。至海上贸易，已经题明不准。应在馆交易，照例严饬违禁等物"③。礼部把荷兰来朝看做是朝廷德化的结果，允许了朝贡行为，但是拒绝了通商请求。顺治帝对此这样批复，"荷兰国慕义输诚，航海修贡。

---

① 梁廷枏:《海国四说·粤道贡国说》，骆驿、刘晓点校，中华书局，1993，第205页。
② 何伟亚:《怀柔远人：马嘎尔尼使华的中英礼仪冲突》，邓常春译，社会科学文献出版社，2002，第17页。
③ 《清实录》世祖章皇帝实录卷一百零二"顺治十三年七月"，中华书局，1985，第789页。

念其道路险远，著八年一次来朝，以示体恤远人之意"①。顺治通过修改礼部的建议，将朝贡期改为八年，企图以此方式让荷兰人体会到朝廷的怀柔之心。

在荷兰使臣回国之时，顺治皇帝按照惯例，向刚刚加入朝贡国行列的荷兰国王发敕谕一道。在这道敕谕中，皇帝表达了这样三个意思：一是清朝皇帝已经感受到了荷兰的忠义之心，故加以赏赐；二是皇帝体谅到对方路途遥远，将贡期改为八年；三是拒绝贸易请求。这封敕谕的具体内容如下：

> 惟尔荷兰国……僻在西陲，海洋险远。历代以来，声教不及。乃能缅怀德化，效慕尊亲，择尔贡使杯突高啮、惹诺皆色等赴阙来朝，虔修职贡，地逾万里，怀忠抱义，朕甚嘉之。用是，优加锡赉。大蟒缎二匹，倭缎二匹，闪缎四匹，蓝花缎四匹，青花缎四匹，蓝素缎四匹，帽缎四匹，衣素缎四匹，绫十匹，纺丝十匹，罗十匹，银三百两，以报孚忱。至所请朝贡出入，贸易有无，虽灌输货贝，利益商民，但念道里悠长，风波险阻，舟车跋涉，阅历星霜，劳勤可悯。若朝贡频数，猥烦多人，朕皆不忍。著八年一次来朝，员役不过百人，至令二十人到京。所携货物，在馆交易，不得于广东海上私自货卖。尔其体朕怀保之仁，恪贡藩服，慎乃常职，祗乘宠命。②

在关于中西交往的大量文献中，都很容易找到这样的语句，"沉溺于礼仪的幻想"、"天朝大国的盲目自居"、"对外部世界一无所知"。荷兰使者在"卑躬屈膝"的请求被拒之后，其可能也持同样的评价。荷兰如果理解朝贡体系的内涵，如果认识到虽然礼仪很重要，但不允许国家间贸易对维护朝贡体系更加重要，那么他们也

---

① 《清实录》世祖章皇帝实录卷一百零二 "顺治十三年七月"，第789页。
② 《清实录》世祖章皇帝实录卷一百零三 "顺治十三年八月"，第803—804页。

许根本不会向清朝皇帝下跪。

在礼仪换取贸易失败之后，荷兰转而在军事上帮助清朝攻打郑成功来要求清朝通商。攻打郑成功有两重意义：一可以打击海上贸易的竞争者。荷兰人来到亚洲之后，就通过各种手段打击竞争对手，郑成功是其贸易的最大障碍，因为郑氏家族垄断了中国沿海一带的贸易，即使是荷兰人在此贸易也须向台湾缴税，双方为此曾多次发生冲突。① 二可以向清朝展示自己的军事实力，但又避免了与清朝的直接对抗。

1662年，荷兰舰队行至闽江口，船上竖有"支援大清"字样的旗帜，要求攻打郑军，但以自由贸易和恢复台湾殖民地为条件。1663年（康熙二年），荷兰一面派兵至福建闽安镇"助剿海逆"，一面遣使朝贡并贸易。康熙皇帝为了利用荷兰军事力量，特同意"二年贸易一次"。② 然而，这并不意味着朝廷在政策上将可能转变，朝廷的暂时退让只是对荷兰的利用，一旦涉及真正的开海要求，必不允许。

1663年，荷兰使者至京师朝贡，"上嘉之，各赐银币有差"。博尔特率荷兰战舰17艘来华要求开海贸易。荷兰船队入泉州湾，与地方官接触，提出开海要求，但朝廷迟迟不予理睬。1664年，荷兰舰队离去，清廷拒绝荷兰人提出的在中国长久居住和自由贸易的要求。因助兵收复金门、厦门，清廷颁赐荷兰国王缎匹、银两。1665年，福建总督签告示贴于荷兰人住处，宣称禁止荷兰人与中国人之间的一切贸易。1666年（康熙五年），荷兰巴达维亚总督派遣使臣范和伦（Peter Van Hoorn）来华，但是没有按照朝廷规定从广东入境，而是改由福建进京。这件事为朝廷拒绝贸易请求提供了借口，荷兰贡使还没有抵达京城，康熙便下了逐客令：荷兰即八年一

---

① 1661年，荷兰舰队自巴达维亚进抵台湾海峡，配合城堡，荷兰侵略者攻击郑成功船队，双方激战，郑军击沉荷夹板船两艘，俘获两艘，荷兰大败。
② 《清实录》圣祖仁皇帝实录卷八"康熙二年三月"，第138页。

贡，其二年贸易，永著停止。①

2. 英国联合台湾打开与中国贸易的局面

晚明的时候，英国在亚洲的形象如同一个缺乏实力的投机分子，只希望在与葡萄牙的合作中沾到一些贸易利润。但是到了17世纪中期，英国已经做好了扩张亚洲贸易尤其是与中国贸易的准备。葡萄牙、西班牙已经衰落，荷兰也不能与英国抗衡，史实也证明，17世纪后半叶中西贸易体系碰撞的主角、大清主要的贸易对象正是英国。英国如此重要，所以中英之间的贸易往来往往被看做中西交往的最为主要也是最具典型性的事件，大量的历史研究都从中英之间交往开始分析中西关系。

英国在对中国贸易形势进行分析之后，将目标瞄准了台湾。与葡萄牙抢夺澳门已被证明不太现实，尚实行海禁的清朝缺乏对外贸易的正常渠道，而台湾郑氏家族掌控着大陆与海上贸易的重要渠道，所以英国选择了与台湾合作。郑氏家族也积极招徕各国商人进行贸易，这与英国的想法一拍即合。"郑经继其父郑成功之志据有台厦以从事抗清活动，为筹备军饷兼利民生起见，曾致函各国前来通商，英国是第一个慕利而来台湾的西方国家。"②

1672年，英国东印度公司与台湾正式缔结通商条约。条约具体内容如下：（1）英国人可以同任何人买卖商品进行贸易；（2）可租用过去荷兰人在台湾的府邸开办商馆；（3）每艘船可带一定量的武器、弹药及准备卖给皇帝的货物。③ 这份条约实际上是英国用军事援助来换取台湾的贸易许可。例如1675年，英国"飞鹰"号运来大批枪炮、火药及其他物品，很快，英商得到可以在郑氏家族统

---

① 《大清会典事例》卷五百一《礼部·朝贡·市易》，清文渊阁四库全书本，中国基本古籍库，第3456页。
② Campbell William, *Formosa under the Dutch* (London: Kegan Paul, Trench, Trubner, 1903), p. 503.
③ 刘鉴唐、张力：《中英关系系年要录》第一卷，四川省社会科学院出版社，1989，第156页。

治下的任何地区贸易的权力。① 除了卖给台湾武器，英国还派遣军事教官，训练炮兵。1675年秋，英台订立了补充协定十条，更加便利了英商的贸易。

与台湾签订条约之后，英国欲图将台湾建成联络中国、日本与马尼拉贸易的中转站。②

首先，英国密切注意郑氏家族控制下大陆各港口的贸易可能性。英商很快在厦门建立商馆，并专门建造大吨位的"台湾号"运输台湾与厦门之间的货物。1675年12月，台湾商馆曾向万丹提示与福州交易的重要性和可能性。

> 诸公如有意再与中国人试行交易，则有一种方便。即有一个称为Tonhope之中国官，曾允许我方向福州之王（靖南王耿精忠据福州）请发一张护照。渠乃九位咨议员之一，曾在台湾为俘虏；但于其获释后，二王之间已恢复和平矣。渠热心劝我前往通商。据云，福州人民待人接物与台湾之人民不同；如往该处，当然较近于货物之来源，因据台湾商人均从该处运来优良之货物，故将此种消息冒昧奉闻。③

其次，极力开辟与日本人的贸易。1674年，东印度公司总部指示万丹商馆："应设法与日本皇帝恳商，使日本人不再反对与英国人通商，务须以谦和之方式为之，日本人待英国人虽不友好，但我方仍不愿如来文所云成为海盗或以武力强求通商也，商务员等须请台湾王援助我方与日本通商。"④

最后，加强与马尼拉的贸易。1672年，公司万丹商馆指示英商

---

① 《十七世纪台湾英国贸易史料》，台湾银行经济研究室，第62页。
② 刘鉴唐、张力：《中英关系系年要录》第一卷，第149页。
③ 《十七世纪台湾英国贸易史料》，第207页。
④ 《十七世纪台湾英国贸易史料》，第13页。

力促台湾与马尼拉的贸易关系,以期从中获益。指令说:"在安平须设巨大之仓库,盖不但须运送货物以供给现在之需要,亦需有仓库可以容纳充足之各种货物,有时可以供给马尼拉也。传说马尼拉与台湾之间现在也有贸易,希望此种贸易能顺利发展,对我大有裨益。"①

在英国东印度公司的努力下,英国在台湾的贸易发展迅速,但是如同昙花一现。没有全面的资料反映当时台英贸易的总体状况,只能从一些船只贸易产品大致判断贸易的盛况。1672年,英商在报告台湾贸易"实验"号船只状况时,列出了这只船的贸易产品:锦缎二十二匹,值一百六十五元;府绸中等者二百五十四,值五百六十二元三市分;彩缎四十九匹,值一百五十九元十五分。总公司曾下令"台湾"号购买生丝一万两千件。②1675年11月,有一艘载运8103磅以上货物的船只自伦敦开往万丹,之后驶向台湾贸易。③但是,清朝与台湾之间的战争很快爆发了,致力于开拓贸易的英国商人也只能暂时将野心放下。

二 清初对外贸易政策与海上贸易

就在西方国家积极扩张亚洲贸易,并不断冲击中国沿海,企图寻找到贸易突破口的时候,清朝正在全力恢复朝贡制度。清初的朝贡与海禁对海上贸易产生了巨大的影响,形成了有贡才有市,以及非法私人贸易盛行的状况。

1. 缴纳敕印,重新建立朝贡关系

清朝对中外关系的界定可以从其立国之初颁布的两份诏书中得到一个全面的反映。顺治四年(1647)二月,以浙江与福建平定,颁诏天下,曰:

---

① 《十七世纪台湾英国贸易史料》,第92页。
② 刘鉴唐、张力:《中英关系年要录》第一卷,第163页。
③ 《十七世纪台湾英国贸易史料》,第62页。

> 东南海外琉球、安南、暹罗、日本诸国，附近浙闽，有慕义投诚纳款来朝者，地方官即为奏达，与朝鲜等国一体优待，用普怀柔。①

清军占领广东后，顺治于诏书中宣布：

> 南海诸国暹罗、安南附近广地，明初皆遣使朝贡。各国有能倾心向化，称臣入贡者，朝廷一矢不加，与朝鲜一体优待。贡使往来，悉从正道，直达京师，以示怀柔。②

在这两份诏书中，有两个共同点被反复强调：一是与朝鲜一体优待；二是用普怀柔。"用普怀柔"的意思很明确，与明朝怀柔天下的含义是相同的。但非要强调与朝鲜一体优待又是何种缘故呢？

这要回到清朝与朝鲜的关系中才能发现其中的含义。早在明朝灭亡之前，满族尚未立足中原之时，就已经开始要求朝鲜纳贡称臣。这是违背明朝朝贡制度的，因为要求明朝的朝贡国向后金称臣意味着在明朝朝贡体系中出现了竞争者，所以朝鲜没有答应。于是1627年，皇太极出兵朝鲜，迫使朝鲜请和纳贡。朝鲜这种做仅仅是暂时的政治手段，因为朝鲜仍然拥有明朝的诰命册印，这是朝鲜与明朝朝贡关系的合法证明。在1630年，清兵再次入侵朝鲜，直到朝鲜"去明年号，纳明所赐诰命册印，质二子，奉大清国正朔"③，皇太极才撤兵。

清朝与朝鲜的这种关系表明，清朝需要从朝贡体系中得到自己是合法"正统"的承认。"用普怀柔"表明清朝接受了华夷观念，

---

① 《清实录》世宗章皇帝实录卷三十"顺治四年二月"，第251页。
② 《清实录》世宗章皇帝实录卷三十三"顺治四年七月"，第272页。
③ 赵尔巽：《清史稿》列传三百一十三《属国一》，民国十七年清史馆本，中国基本古籍库，第5853页。

但清朝统治者是满族人，在明朝的华夷关系定位中属于"夷狄"。"夷狄"要像汉族正统一样"用普怀柔"，实行朝贡制度，显然要去除"夷"的身份。因此，清朝在构筑朝贡体系时，非常在意朝贡国是否缴纳明朝颁发的封诰印敕。这就是清朝为什么在诏书中一再强调与朝鲜一体优待的原因。

据《清实录》记载，在清兵刚刚平定闽粤之时，琉球、安南和吕宋三国朝贡前朝的使臣尚未回国，顺治皇帝将这三位使臣召到京师，并颁布敕谕，说：

> 朕抚定中原，视天下为一家。念尔琉球（及安南、吕宋）自古以来世世臣事中国，遣使朝贡，业有往例，今故遣人敕谕尔国。若能顺天循理，可将故明所给封诰印敕，遣使赍送来京，朕亦照旧封赐。①

琉球十分听话，三年之后就将明朝颁布的镀金敕印、袭封王爵诏和敕书上交清朝。顺治帝对琉球的这种行为大加赞赏，特"遣使赍诏、敕书一道，及镀金驼钮银印一颗，往封琉球国世子尚质为中山王"②。

安南国念及明朝旧恩，迟迟不愿交出封诰印敕。但安南仍然按照朝贡制度按期纳贡。清朝官员盘问，其总是以"前代旧例，原不缴换敕印，惟待奉准贡例，依限上进"③回应。直到康熙五年（1666），礼部官员上奏，要求以绝贡相挟，才迫使安南交出敕印。④

2. 努力恢复朝贡制度

相比明朝，清朝的朝贡国家较少，而且也没有采取类似郑和下

---

① 《清实录》世宗章皇帝实录卷三十二"顺治四年六月"，第268页。
② 《大清会典则例》卷九十三《礼部》，第1433页。
③ 《清实录》世宗章皇帝实录卷一百四"顺治十七年九月"，第1080页。
④ 《清实录》圣祖仁皇帝实录卷十八"康熙五年三月"，第260页。

西洋这样的招徕政策。清朝对朝贡中具体事宜的规定也不是非常的严格，贡道、贡期等也多有变化，贡物与赏赐充分考虑到了朝贡国的情况，不是所有国家都做硬性规定。在此部分的论述中，一些规定要涉及清朝初期以后的情况，主要是为了体现清朝朝贡制度的上述特征。

（1）贡期、贡道与朝贡规模的规定

清朝对各国贡期时间的规定较为宽松，且多有变化。对一些离清朝较近且关系密切的国家，贡期较为频繁，如朝鲜是一年一次，琉球是两年一次，安南是三年一次。之后，这些国家的贡期都被延长，按照清朝统治者的说法，是"念远道驰驱，载途雨雪，而为期较促，贡献频仍，殊不足以昭体恤"①。规定暹罗三年一贡，之后改为四年一贡，南掌则由五年一贡改为十年一贡。

总结清朝贡期的规定，发现其明显不同于明朝。清朝贡期时间较长，而且时限有着从短向更长方向变化的趋势。这样，朝贡次数实际上是越来越少。清朝也没有像明朝一样主动招徕夷国朝贡，这说明清朝并不注重朝贡体系，或者说在朝贡体系中关注的焦点不同于明朝，结合前面清朝要求夷国上交明朝封诰印敕可知，清朝关注的仅仅是自己的合法地位是否得到承认。

表 2-1　各国贡期规定及变化②

国家	贡期规定	贡期变化
朝鲜	1 次/年	—
琉球	1 次/2 年	1 次/4 年
安南	1 次/3 年	2 次/6 年
暹罗	1 次/3 年	1 次/4 年
南掌	1 次/5 年	1 次/10 年

---

① 刘锦藻：《清续文献通考》卷六十二《土贡考一》，民国景十通本，中国基本古籍库，第1216页。

② 刘锦藻：《清续文献通考》卷六十二《土贡考一》，第1216页。

清朝为了防止里通外夷，对贡道规定比较严格。按规定，朝鲜的贡道由凤凰城经盛京过山海关至北京。康熙四年（1665），规定安南贡道由广西太平府入镇南关。雍正二年（1724），改安南贡道由广西、湖南、湖北、江西、江南、山东、直隶水陆。乾隆十六年（1751）再度改为由广西水陆，经广东肇庆等府，至江西沙井改为旱路。嘉庆七年（1802），再度改为由陆路至广西凭祥州，入镇南关，由水陆达北京。道光九年（1829），皇帝下令，不许任意修改贡道，"外夷各国贡道，或由水路，或由陆路，定例遵行，未可轻言改易"①。

清朝延续了明朝的做法，对朝贡规模进行了限制，防止因朝贡造成政府负担过重。例如，顺治九年（1652）首次规定，"各国由陆路进贡，每次不得过百人，入京只许二十人，余皆留边听赏；由海道进贡，不得过三船，每船不得过百人，一应接贡、探贡等船，不许放入"②。

（2）贡物、赏赐与册封

对关系较近的朝贡国，在贡品的种类与数量上规定较为详细，但是对关系较远的朝贡国，则没有任何硬性要求。例如对朝鲜、琉球与安南，朝贡物品种类与数量的规定就十分具体（见表2-2）。暹罗则只规定了进贡的物品，对其他国家则无任何要求。即使是这样一个较为宽泛的制度也时常发生变化，各代皇帝就曾屡次放宽贡品的规定。例如对朝鲜就经过了9次减贡，至康熙时，朝鲜岁贡数量已经大为减少。③ 雍正七年（1729），暹罗贡品中的速香、安息香、胡椒等十种物品也被减免，琉球的贡品在康熙年间也获得了大幅的减免。这些减免都是在"恩恤远藩"的名义下进行的。

---

① 刘锦藻：《清续文献通考》卷六十二《土贡考一》，第1215页。
② 《大清会典则例》卷九十三《礼部》，第1441页。
③ 全海宗：《中韩关系史论集》，金善姬译，中国社会科学出版社，1997，第56页。

表 2-2 朝贡国贡物一览

国别	贡物名目与数量
朝鲜	年贡：白苎布 200 匹、白棉绸 200 匹、红棉绸 100 匹、绿棉绸 100 匹、木棉绸 30000 匹、五爪龙席 2 张、各种花席 20 张、鹿皮 100 张、獭皮 300 张、腰刀 10 把、大小纸 5000 张、黏米 40 石
琉球	正贡：硫黄 12600 斤、红铜 3000 斤、白刚锡 1000 斤
安南	正贡：象牙 2 对、犀角 4 只，土绸、土纨、土绢、土布各 200 匹，沉香 600 两、速香 1200 两

资料来源：李云泉《朝贡贸易制度史论》，第 155 页。

在朝贡国进贡之后，清朝要对各国进行赏赐。赏赐分为正赏、加赐和特赐。所谓正赏就是按照规定给的，在光绪《清会典》卷三十九中详细记载了对朝鲜、琉球、安南、暹罗等国的赏赐规定。"加赐"即为正常赏赐之外的额外赏赐，例如，雍正二年（1724）清世宗谕怡亲王允祥曰，"外藩人来朝给以食物及其归国，颁以赏赐，俱有定例……或有应行加赏之处，酌量定议奏闻"[1]。"特赐"指对夷国的特殊恩典。如康熙二十一年（1682）遣使册封琉球国王时，特赐御书字幅"中山世土"。

在进贡与赏赐之后，要通过"册封"与"受封"来确认朝贡关系。清朝册封夷国及朝贡国国王，皆用诏书，以"布告天下，咸使闻之"。另外颁发敕书，用于对夷国任官封爵以及告诫臣僚。一旦正式关系建立，清朝授予夷国国王印玺，表示承认其在本国的统治地位。依据华夷关系的远近，册封程序有所不同。"凡敕封国王，朝贡诸国遇有嗣位者，先遣使请命于朝廷。朝鲜、安南、琉球，钦命正、副使奉敕往封；其他诸国，以敕授来使赍回，乃遣使纳贡谢恩"[2]。

3. 海禁和迁海的实行

清初不但实行了海禁，而且实行迁海政策，这对海上贸易是釜

---

[1]《清实录》世宗宪皇帝实录卷二十六"雍正二年十一月"，第 408 页。
[2]《大清会典》卷五十六《礼部》，清文渊阁四库全书，中国基本古籍库，第 236 页。

底抽薪。清朝海禁的目的十分明确，即打击郑成功。清朝建立统治初期，统治未稳。而退守台湾的郑成功与沿海百姓相互支持，企图反清复明。顺治十八年（1661）颁布的《严禁通海敕谕》中曾说："郑成功盘踞海徼有年，以波涛为巢穴，无田土物力可以资生，一切需用之粮米、铁、木、物料，皆系陆地所产，若无奸民交通商贩，潜为资助，则逆贼坐困可待，向因滨海各处奸民商贩，暗与交通，互相贸易，将内地各项物料，供应逆贼，故严立通海之禁。"①

对于郑成功，清朝还没有足够的海军力量予以征服，故只好通过割断其与内陆的联系，从经济上遏制郑氏家族势力的扩大。郑成功主要依靠海岛与海洋的优势，可攻可守。清朝要平定郑成功必须有足够的海军力量，这对历来习惯马上取天下，且刚刚建立统治的清政府来说是难以一时就解决的问题。福建总督李率泰对当时兵力情况进行了一个估计。福建闽安镇可用来作为战舰的大船仅有45只，小船55只；泉州大船25只，小船45只；漳州八桨船100只。总计船只仅仅270只，而可出洋远征的船只仅有170只。② 而郑氏家族在尚未统治台湾的时候就有出洋船7000艘，可见清朝海军实力之微弱。所以海禁与迁海是当时形势下最好的选择。

清朝禁海政策的第一步是禁止出海贸易，之后开始实行严厉的迁海。顺治三年（1646），清朝第一部法典《大清律集解附例》中规定实行海禁，之后海禁的诏令频频颁布。顺治四年（1647）七月，清朝以"广东近海，凡系漂洋私船，照旧严禁"③。顺治十年（1653）三月，《户部题本》云：自我朝鼎革以来，沿海一带，俱有严禁，一船不得下海开洋。④ 顺治十一（1654）年，佟代任福建

---

① 《明清史料》丁编《严禁通海敕谕》，第257页。
② 中研院历史语言研究所编《明清史料》甲编第五本。
③ 《清实录》世祖章皇帝实录卷三十三 "顺治四年七月"，第274页。
④ 中研院历史语言研究所编《明清史料》已编第二本，第142页。

总督期间曾云：原总督陈锦、刘清泰在任时，均有禁海令在案，可供查阅。①

顺治十二年（1655）颁布了更加严格的出海禁令，以为迁海做准备。从规定细则来看，有两项禁止：一是禁止没有执照的船只出海；二是禁止擅造两桅以上的船只出海。这表明禁止的主要是远洋贸易，而对在海岸进行的有关百姓基本生活的打鱼等商业活动没有禁止。②但是到了顺治十三年（1656），对商民私自出海进行了更加严格的控制。规定商民船只不得私自出海，将粮食货物卖给逆贼要就地正法。③同时实行保甲制度，加强控制。而对来岸贸易船只，规定防守各官，设法拦阻。在海岸线上修筑土坝木栅，处处严防，不许片帆入口，一贼登岸。④

海禁政策阻断了中外经济交流，迁海的阻力也就变得相对较小，于是清朝着手实行迁海。初次迁海只涉及浙江、江南、福建和广东四地贸易较为发达的地区。因为这些地方离台湾较近，与台湾的贸易关系也较为密切。迁海十分严格，凡是不按规定盖房种地的人，无论官民都以通敌罪处斩。⑤

之后，迁海区域逐渐扩展，并囊括了几乎所有的沿海地区。如福建总督姚启圣上奏说："福建海贼猖獗而议迁界，又因贼势蔓延，止迁福建一省之界不足困贼，并迁及广东、浙江、江南、山东、北直五省之界。"⑥

各地迁海政策实施的时间与严格程度有所不同。由于福建、广

---

① 《孙廷铨题为禁止泛船出海事本》"顺治十三年二月二十九日"，福建人民出版社，1987年。
② 清廷规定：海船除给有执照，许令出洋外，若官民人等，擅造两桅以上大船，将违禁货物出洋贩往番国，并潜通海贼，同谋结聚，及为向导劫掠良民，或造成大船，图利卖与番国，或将大船赁与出洋之人，分取番人货物者，皆交刑部分别治罪。见《大清会典则例》卷一百一十四《兵部》，第1765页。
③ 《清实录》世祖章皇帝实录卷一百零二"顺治十三年六月"，第789页。
④ 《清实录》世祖章皇帝实录卷一百零二"顺治十三年六月"，第789页。
⑤ 《大清会典事例》卷七百七十六《刑部·兵律·关津·顺治十八年题准》。
⑥ 姚启圣：《总督福建少保兵部尚书姚云奏疏》卷六《闽颂汇编》。

东与浙江距台湾较近,迁海政策执行得最为严格。沿海要内迁50里,不得有任何耕地和居民留存。① 当时有人评价:"江浙稍宽,闽为严,以资民生。"② 清初上海人叶梦珠曾谈到迁海情况时说:"于是尽徙山东、闽、浙以及江北、江南滨海之地,严禁不许人迹至海澨,片板不容入海洋。……吾乡独从南汇所守备刘效忠议,以为松属沙滩,素号铁板,船不得近,不在弃迁之列。"③ 山东距离福建和台湾较远,迁海的规模有限。且对于山东青、登、莱等处居民,仍然允许出海打鱼,④ 与没有迁海并无两样。

4. 海禁与朝贡制度配合下的海上贸易

清朝实行海禁的时间不长,海禁的目的也十分明确,即打击郑成功的势力。但是客观上,海禁与朝贡制度的配合造成朝贡贸易成为唯一合法的贸易形式,形成"有贡才有市"的局面,原本的私人贸易转为非法的走私贸易。

清政府规定,朝贡贸易可在京师会同馆进行,也可在入境的驿馆内进行,但是非贡时禁止贸易。"凡外国贡使来京,颁赏后,在会同馆开市,或三日或五日,惟朝鲜琉球不拘期限。由礼部移文户部,先拨库史收买,咨复到部,方出告示,差官监视,令公平交易。……外国船,非正贡时无故私来贸易者,该督抚即行阻逐。……正贡船未到,护贡、探贡等船不许交易。"⑤ 朝贡的地点除了京师会同馆,也可在贡使入境的边境地区,"凡外国进贡顺带货物,贡使愿自出夫力,带来京城贸易者,听。欲在彼处贸易,该督抚委官监视,勿致滋扰"⑥。

相比明朝,清朝的朝贡较为寥落,即使是朝贡关系比较密切的

---

① 屈大均:《广东新语》卷二《地语·迁海》,中华书局,1985,第36页。
② 《清实录》圣祖仁皇帝实录卷十四"康熙四年正月",第212页。
③ 叶梦珠:《阅世编》卷一《田产二》。
④ 《清实录》圣祖仁皇帝实录卷十四"康熙四年正月",第260页。
⑤ 《大清会典事例》卷五百一《礼部·朝贡·市易》。
⑥ 《大清会典事例》卷五百一《礼部·朝贡·市易》。

琉球与暹罗，朝贡次数也很少。顺治十一年（1654）规定，琉球两年一贡。由于琉球非常遵守朝贡制度，所以康熙七年（1668），清政府命令福建督抚重建柔远驿，专门接待琉球贡使以示奖励。① 至于暹罗，据统计，自顺治十三年（1656）至康熙二十七年（1688），暹罗平均每十年才派出贡使1.5次。② 即使是这样次数有限的朝贡，也被暹罗以朝贡之名行贸易之实。暹罗在每次朝贡时，都在"进贡船"之外还带上所谓的"护贡船"与"接贡船"，后者的目的是为了贸易。按照清政府的规定，准许朝贡船上每一位船员附带货物100担，因此按规定每艘100名船员的船只可带10000担货物。暹罗每次朝贡至少有四艘船，也就是40000担，可见贸易才是暹罗朝贡的主要目的。

相比朝贡贸易，非法的走私贸易十分盛行。尤其是郑氏家族控制的海上走私贸易，发展的规模庞大。郑氏家族的海上贸易范围广阔，包括日本、吕宋、交趾、柬埔寨、占城、暹罗等，以及西方国家。贸易组织发达、分工细致。郑氏将贸易组织分为包括仁、义、礼、智、信海路五商和金、木、水、火、土陆路五商。海路五商设在厦门，陆路五商设在杭州。陆商与海商分工配合，陆商从五商的管辖者那里领取资本，置买货物，并将货物交给海商，海商再将货物运出海外。

除了郑氏家族，东南沿海的藩王也是非法贸易的主要参与者。史料显示福建藩王耿精忠就曾不顾朝廷迁界禁令，擅自派人到海外揽商。例如，康熙十四年（1675），靖南王的叔父派遣两名使者到巴达维亚，宣称欢迎荷兰人到福州贸易。③ 翌年即有三艘荷兰船到达福州。康熙十五（1676）年，靖南王再次派人通知台湾的英国商

---

① 《清实录》圣祖仁皇帝实录卷二十五"康熙七年二月乙亥"，第344页。
② 李金明：《清初迁海时期的海外贸易形势》，《南洋问题研究》1995年第3期。
③ 〔日〕小林叟发：《华夷变态》卷三，东京秀光社，1938。

馆，愿意发放护照，使之到福州贸易。① 广东官商沈上达依靠尚之信的势力，从事走私贸易，"勾结党棍。打造海舡，私通外洋，一次可得银五万两。一年之中，千舡往回，可得利银四五十万两"②。由于沿海藩王长期从事走私贸易，所以在清朝开海之时，以藩王为背景的行商已经存在多年。③

三　17世纪英国的对外贸易政策

从16世纪开始，葡萄牙、西班牙与荷兰不断地努力开拓与中国的贸易，但是在17世纪后半叶中西贸易大规模开展起来后，掌控这种贸易的却是英国而非上述国家。这其中关键性的原因是英国政府适时地制订了有效的经济政策，为亚洲贸易扩张奠定了基础。首先是政府出台了一系列经济政策保护本国商人，其次成立东印度公司以便更好地扩展海外市场，在这之后，以武力同其他国家展开海上贸易霸权之争。这些措施增强了英国的商业势力，为英国占据亚洲贸易市场做好了准备。

（1）贸易政策支持本国商人

自1642年英国开始国内资产阶级革命之后，政府与商人联合起来，国家贸易政策为本国商人提供保护，通过各种措施打击商业竞争对手，为本国商人开辟国际市场。

首先，通过关税等优惠政策，促进更多的商人从事国际贸易，保护本国产品不受他国竞争。1644年，议会发布法令："为了顺利发展新英格兰的种植场，任何商人从英国运往新英格兰或从新英格兰运往英国的一切产品和商品，在英国以及新英格兰，都免交关税、其他租税或罚款。"1656年英国政府通过"促进英国生产、生长和制造的各种商品出口法案"，对一些商品规定了优惠的出口条

---

① 《十七世纪台湾英国贸易史料》，第63页。
② 李士桢：《抚粤政略·议复粤东增豁税饷疏》，文海出版社，1988。
③ 梁廷枏：《粤海关志》卷二十五，第491—493页。

件：包括公牛、骡马、牛肉、猪肉、奶油、干酪、小麦、黑麦、豌豆、黄豆、大麦、燕麦、啤酒、蜡烛、去毛的小牛皮、武器等。为了保护本国商业，对外国人征收的关税比较高，而且成立了由各大工商业中心的代表组成的特设委员会，管理全部商业贸易，同时发展造船业。这些措施大大鼓舞了英国商人从事贸易的积极性。

其次，通过制定《航海法案》打击他国商人。1647年，英国国会发布命令，要求殖民地贸易必须用英国船只，这是英国《航海法案》的先声，也是用法律打击商业对手的开始。1651年10月9日，英国国会正式公布《扩大商船队和奖励英国航海法案》（简称《航海法案》）。

《航海法案》的矛头直指英国的主要对手荷兰，《航海法案》从贸易运输和商品进出口两方面限制荷兰的国际贸易。

在贸易运输方面，法案将其他国家的贸易运输定为非法。所有亚洲、非洲和美洲的产品，只有经过英国船只运输才能在英国和其殖民地进口，否则视为非法；对于欧洲生产的产品，只有英国船只和产地国船只运输才能进口；英国所有殖民地的贸易必须由英国船只负责运输。

在进出口方面，将一切有利于外国商业和商人的贸易形式定为非法。英国本地不产的商品，只能由英国商人直接运往本国贸易，不允许通过外国中介贸易；鱼等海洋产品只有在由英国人打捞的前提下才能进口；英国出口的商品必须由本国商人经营；禁止外国人把产品或商品从英国的一个港口运到另一个港口。金银锭不受限制，因为英国需要金银，所以许可任何船只装载进口。

1660年英王查理二世批准并扩大《航海法案》，以便进一步保护商人和船主的利益。在1651年法案基础上，增加了如下条款：禁止外国商人将俄国产品运往英国；禁止英国殖民地向外国出口糖、烟草、棉花、靛青等商品。英国与殖民地之间的贸易运输，必须保证有3/4的船员是英国人。此外，扩大了东印度公司的权利。

《航海法案》促进了英国海上贸易的飞速发展。1663年，由英国港口出航的英国商船吨位数，比外国商船的吨位数高一倍，仅仅由伦敦出口的商品就在200万磅以上，到1668年，这个数目又增加了一倍。[①]

(2) 战争夺取贸易权力

当英国有资格谈论世界贸易市场的时候，葡萄牙、西班牙已经在世界范围内建立起了商站和殖民地，荷兰被称为"海上马车夫"也已很多年了。英国并不满足于在这个互相掠夺的贸易圈内获取一点残羹冷炙，其有更伟大的目标，那就是要独占世界贸易份额。

英国伟大目标最大的敌人是当时最为强大的荷兰。荷兰已经取得了世界范围内很多地方的市场，英国主张坚决与荷兰共享利益，并从1651年开始与荷兰展开贸易谈判。对于这两个擅长抢劫的国家来说，实现和平贸易是不可能的。果然荷兰就利用与英国谈判之机，趁机剥夺英国海外商人的贸易，这引起了英国的不满。于是双方互相开始抢夺对方的贸易商船。在1652—1653年间，英荷之间发生了一系列海战，1653年6月，英国舰队对荷兰作战取得决定性的胜利，[②]迫使荷兰在1654年签订了合约，并承认《航海法案》。

英国还加强与一些大陆国家的合作，以孤立竞争对手西班牙。1654年4月28日，英国与瑞典签订和平及同盟条约，同年5月与荷兰及其盟国丹麦、瑞士、汉萨各城市等订立合约，保留通过松得海峡的权利。1654年，英国与葡萄牙谈判，葡萄牙向英国开放所有在东方的港口，这大大便利了英国东印度公司的贸易。争取同盟的同时，英国派遣舰队到西班牙控制的地中海沿岸及其海外殖民地进行掠夺骚扰。1655年11月28日，英国正式对西班牙宣战，西班牙失败。英国夺得了西印度群岛的牙买加和欧洲大陆西属尼德兰的敦

---

① E.里普逊：《英国经济史》第三卷，1931，第139页。
② 余子渊：《英国史》，见《中华百科全书》，中国大百科全书出版社，1999，第71—72页。

刻尔克港。

形势的发展越来越有利于英国。荷兰人在欧洲被卷入了一系列战争，国力遭到削弱，不得已只能在1674年与英国签订了《威斯门斯特条约》（The Treaty of Westminster），双方彻底休战，英国可以毫无顾忌地开辟东方贸易。此时，欧洲许多小国成为英国的盟国，西班牙日益衰落，英国成为"日不落帝国"指日可待。

（3）成立东印度公司

成立东印度公司是英国扩展亚洲贸易的重要一步。在政府一系列商业政策的刺激下，英国产生了大批势力强大的商人。但是这些商人之间相互竞争，尤其是在亚洲贸易方面，不同商业公司之间过度竞争阻碍了贸易的扩展。于是政府适时出来将权力统一到东印度公司手中，并赋予东印度公司军事、财政等权力，为亚洲贸易扩张奠定了基础。

英国东印度公司成立初期由于受到其他公司的竞争，贸易开展得并不顺利。东印度公司的主要竞争对手是英国私商组成的科尔亭公司和"伦敦商人"公司。这些公司将对付别国商人的手段用来对付本国商人，他们袭击本国商船，掠夺财产。

1650年，部分科尔亭公司的私商们组织了一个"阿斯达商团"（Assada merchants），迫使东印度公司与其联合，并征集资金，开始东方贸易。① 1655年，当克伦威尔宣布英国人可以自由与东方贸易时，合并五年后的东印度公司与科尔亭公司却出现了分裂，一批商人脱离该组织，成立"伦敦冒险家"（merchant Adventures）商团。1657年，分裂出去的"商人冒险家"组成的"冒险商人公司"，再度并入东印度公司，这就迫使原科尔亭公司的私商们停止了贸易活动。

这种无序的竞争局面造成在最初的几十年里，英国对东方的贸

---

① 刘鉴唐、张力：《中英关系系年要录》第一卷，第126页。

易无法顺利进行。东印度公司向国会请愿要求获得贸易垄断权，克伦威尔听取了建议，取消私商执照，颁发给东印度公司新的执照，将东方贸易的垄断权赋予东印度公司。

贸易垄断权的集中，使东印度公司腾出手脚来拓展与中国的贸易。当时印度各地的商馆不断接到公司董事会的来信，询问与中国贸易的可能。仅1658年一年，就有25艘公司的船只开到亚洲探索贸易，而此前五年总共才9只船。1660年政府对公司的支持力度加大，英王查理二世公开支持公司，议会组织了一个委员会专门考虑公司的福利问题，此时反对公司的私商也陆续倒闭了。在这种形势下，公司唯一缺乏的就是拥有军事力量来打开亚洲市场。然而这一天并不遥远，1669年，英王查理二世扩大东印度公司在东方的权力，把印度、孟买地区的军事、政治、经济、财政权力全部转交给了公司。于是，仗剑经营扩展亚洲贸易的时代即将开始。

四 以中英比较的视角反思清初贸易制度

自欧洲开始贸易扩展以来已经过了几个世纪，在这个过程中，新的国家不断代替旧的国家，并主宰着贸易扩张的步伐。最终英国逐一打败其他国家，并即将成为清朝最为主要的贸易对象。那么英国与其他国家在贸易政策上究竟有何不同呢？在英国与清朝最初的贸易接触中，英国又有何杰出之处？史实表明，英国与其他国家一样，在如何打开中国贸易口岸上，并没有比其他国家更加杰出的办法。但是英国确实有着不同于其他国家之处，那就是政府支持商人的政治、经济与军事政策更加全面、更加成功，并且英国在海上霸权争夺中逐一打败了竞争对手。

以此反观清初的贸易政策，那么又能有什么评论呢？

不能否认的是，清朝禁海政策维护了国家的稳定与统一。清朝初年，并无足够兵力收复台湾，而台湾与大陆勾结成为威胁清朝统治的一个尾大不掉的隐患，尤其是在台湾郑氏家族与英国联合的情况下，实行海禁切断内外勾结不仅是政治上做出的一种合理的选择，而且维护了统一大业。

然而同样不能否认的是，清朝的统一没有转化为国家的强大，没有在世界经济联系加强、世界范围内贸易普遍开展的情况下，转化为中国贸易地位的提升。这样看来，仅仅看到政策维护统一这一方面是不够的。

本书认为只有将清朝放到当时中西初识的角度来看，才能对清朝海禁政策进行一个合适的评价。统一与稳定是贸易得以顺利进行的前提，但却并非必要条件。与清朝相同，西方国家为了扩展国家版图同样会采取这种极端的措施。西班牙因为马尼拉华侨数量的增多对华人采取了屠杀政策，同样事件也发生在1603年的吕宋。这些政策直接威胁到贸易的正常进行，然而从长远来看却巩固了西班牙在亚洲的殖民统治。英国为了加强与殖民地的商业联系，同样采用武力排挤他国商人。问题的关键在于，虽然都是为了维护统治，但是由于双方政府对待商业的政策不同，所以政治统治的加强未必会带来国家商业的发展。对于西方国家来说，追求的是商业利益，其在政治以及军事上的作为最终加强的是商人对海上商业贸易的垄断。而对于清朝来说，其国际贸易政策并不注重商业利益，而是华夷秩序的稳定，所以海禁虽然巩固了政权的力量，但未必带来商业的发展。从这个角度来讲，即使是出于政治形势做出的合法考量，从国家长远发展来看也未必是合理的。

自欧洲地中海贸易圈建立开始，威尼斯就给各国树立了榜样：只有仗剑经商的贸易政策才是成功的贸易政策。此后的西方国家秉承这种精神，不断地将国家支持商人的方式运用到本国贸易开拓中，英国是其中做得最为出色的。英国通过关税和法律为本国商人提供保护，通过战争为本国商人开拓市场，通过公司的形式将世界各地的财富输往英国。然而，与之不同的是，清初中国却在积极地构筑朝贡制度，并从中寻找统治的合法性。然而此时的亚洲国际环境已经不同于明初的环境，一些南亚国家成为西方的殖民地，西方强国也成为清朝的重要交往对象，这种对清朝国际地位可能产生的挑战才是清政府需要首先面对的，但遗憾的是这些并未被纳入清朝政策制定者的考虑当中。所以，当从清朝面临的大的国际环境来看，清朝实行朝贡制度并非不合理，但是根本无法应对国际局势的变化。

英国对中国贸易的探索与保护商人贸易政策的实施，为17世纪后半叶打开中国贸易的新局面做了充足的准备。中西贸易大规模的开展必将对整个清朝的贸易制度产生根本性的挑战，而中国商人也将更加频繁地面对西方的"仗剑经商"。中国的贸易政策将如何调整，中国商业与商人将如何应对，这一切都没有在清初的贸易政策中得到任何体现。

第 三 章

中西贸易新阶段：清朝开海后贸易政策的调整

第一节　中西贸易进入发展新阶段
第二节　清朝贸易政策的调整
第三节　十三行制度

本章将考察清中期至鸦片战争前国际贸易形式的变化及清朝贸易政策变迁的内在逻辑与成败。第一节具体考察贸易形式的变化，第二节分析清朝贸易政策调整的内在逻辑，第三节考察重要而又十分特殊的十三行制度。

康熙开海后，中西贸易进入了新阶段。首先，贸易量与贸易产品结构发生了重大变化，这是在海外市场需求增加的背景下发生的。由于欧洲居民生活水平的提高，茶叶、丝绸和瓷器等进入寻常百姓家，在这种巨额需求的刺激下，大量中国的茶、丝与瓷器流入欧洲。其次，西方国家逐渐完成了在亚洲国际市场贸易垄断的布局，各国对东南亚海上市场的势力范围已经划分完毕。一些东南亚朝贡国沦为西方的殖民地，重要的贸易港口和商路受到西方商人的控制。

针对贸易形式的变化，清朝在对外贸易政策上做出了调整。这种调整呈现出两大特征：第一，没有关闭国门拒绝贸易，但仍以"华—夷"观念为指导，将贸易看做对他国的恩惠；第二，以贸易来钳制他国商人，以达到维护贸易秩序的目的。

清朝贸易政策的演变有其内在逻辑。清政府对国家间贸易的拒绝意味着清政府不愿充当中西贸易交流的中间主体。这样一来，一旦中外贸易的发展对清政府视野中的秩序造成挑战，那么清政府只能限制贸易，而不是主动开放扩展贸易或采取其他管理措施解决问题。如果限制性措施无效，便会走向更加封闭。这是清朝中后期贸易政策调整的方向与特征。

清统治者不承认贸易的变化,然而他们也有自己可利用的最后武器,那就是西方国家需要中国产品。从明朝开始,贸易就是政府用来维持朝贡体系运行的工具,清朝将这种工具发挥到极致:用贸易上的优势来牵制西方商人。十三行便是这种工具的具体体现。

第一节　中西贸易进入发展新阶段

康熙曾说，开海是为了"腹里省份钱粮有余，小民又获安养"①。然而令康熙没有预料到的是，开海后的最大变化不是小民有安养，而是中西贸易大规模发展。中西贸易发展改变了中国进出口商品的结构，丝、茶与瓷器等成为中国出口的大宗商品，西方国家开始利用鸦片来扭转中西贸易的逆差。另外，东南亚海域的贸易方式发生了根本性变化，一些东南亚国家被西方控制，和平贸易往来被西方仗剑经商的方式所取代，中国商人对海上贸易的影响大大减弱。

一　中西商品贸易的变化

1. 清朝开海至鸦片战争前进出口贸易额估算

为了对清朝南部沿海关口贸易有一个准确判断，这部分首先用清朝海关税收间接反映贸易状况，然后依据税率推算总体贸易额。需要说明的是，这个推算与实际贸易额相比可能偏低。因为有许多没有在清朝正式规则中反映出的额外税收，以及大量非法贸易存在，这些情况无法从海关税收中得到体现。

---

① 《清实录》圣祖仁皇帝实录卷一百一十六"康熙二十三年九月"，第1555页。

关于粤海关的税收记录较为齐全，在《粤海关志》中记录了从乾隆十五年（1750）至道光元年（1821）的税收变动。将数量变化附在图3-1中，可以发现从1750年开始，税收总量总体是在递增，乾隆十四年（1749），税收达到456940两白银，之后逐年递增；嘉庆十一年（1806）达到最高，为1663830两。之后略有下降。从数量等级来看，可以按时间顺序将这70年的税收分为三个阶段，从1750年到1782年年均税收在50万两左右，这一时期正是中西贸易迅速发展的时期。在这之后两个阶段，中外贸易仍然在不断增长，从1783年一直到1800年，年均税收在90万两左右，1800年之后则在120万两左右。

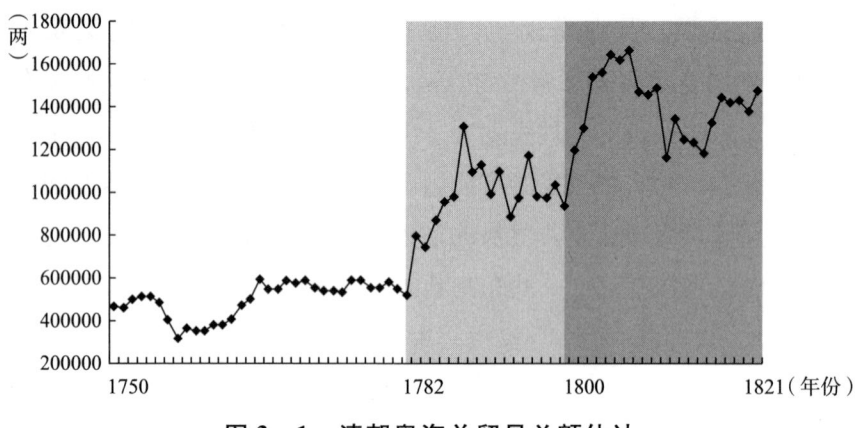

图3-1 清朝粤海关贸易总额估计

《清史编年》根据相关资料，挖掘出了部分年份其他海关的税收。本书依据这个数字，将这些数据整理为表3-1。从表3-1中可以看出，征税额最大的海关是粤海关，其次是闽海关，而江海关和浙海关的征税数额相对非常小，且各海关税收数额之间存在一定的规律。首先，各关口之间税收比例较稳定，闽海关税收是粤海关的65%左右，江海关是15%左右，浙海关大约在10%，各年之间变化不大。其次，从数据比较齐全的四年来看，在这个四个年份中，粤海关征税占清朝四海关总税收的53%左右，这一数字几乎没有变化。

表3–1 四海关征收税银情况

单位：两，%

年份	粤海关税收额	闽海关税收额（占粤海关比例）	江海关税收额（占粤海关比例）	浙海关税收额（占粤海关比例）	粤海关占四海关税收比例
1753	510000	320000（63）	77000（15）	51000（10）	53
1754	515300	325481（63）	51759（10）	75759（15）	53
1755	486267	327969（67）	76775（16）		
1774	541553	368805（68）			
1775	541863	354297（65）			
1776	588407	352861（60）	62608（11）		
1777	588453	368877（63）	72390（9）	53844（9）	54
1778	556185	374407（67）	72428（13）	54256（10）	53
1779	556233	396938（71）			
1780	581802	396978（68）			
1781	548883	397284（72）			
1783	797861		72671（10）		

呈现上述两种规律的原因与清朝海关税收制度有关。为了监督地方官员，清政府规定，各任官员缴纳的税收要与上届官员进行比对，差距过大会受惩罚。之后，又变为与某一特定年份税收比较，后因实际贸易增长，税收增加较快，所以又改为与上年比较。① 正是这种制度造成各关口税收变化呈现一定的规律。本书就依据这两个规律，大致推测清朝总的海关税收，即以53%作为不变比例，从粤海关税收来推测全部海关税收及贸易额。

通过关税率来推测清朝贸易总额是一种可行的方法，但是对于关税率到底是多少学界一直有争论。黄启臣在他的《清代前期的广州对外贸易》一文中根据彭泽益的研究，用2%的税率来推算贸易

---

① 梁廷枏：《粤海关志》卷十四《奏课一》，第281—295页。

量总值。本书认为这个税率过低，首先与清朝明文规定不相符，因为清朝对进口税的税率就规定为4.9%，"该商出口货物，估计价值，按货本一两征收银四分九厘，名为分头"①。陈尚胜先生在《开关闭关》一书中，推算法定税率为4.3%，陈依据的是康熙年间的史料，而在乾隆年间，规定税率要高于这个数值。陈国栋在《清代前期粤海关的税务行政（1683—1842年）》一文中如此分析：出口估价银的征收始于雍正年以前，原来是每两抽银四分九厘，这四分九厘本来是以库平九二折成色缴纳，即相当于纹银库平四分五厘，但又换算成番银市平，则又成了五分四厘，另外加收六厘为该夷帮贴行市商为搬运货物之辛工脚费，于是成为六分，也就是6%。本书认为6%应该是一个较为合理的估计，既包括了进口税率也包括了出口税率。张晓宁的《天子南库》一书也认为6%是一个较为合理的估计，不过她只估计了广州的贸易额。②

按照6%估算清朝四海关进出口贸易额，见表3-2。在第一阶段，贸易额由1600多万两白银增加到1700多万两白银；第二阶段，贸易额增加到2000万两以上，到1800年达到2900多万两白银；第三阶段的贸易额非常高，已达4000万两以上，1821年则高达4600多万两。需要说明的是这个数据仅仅是最为保守的估计，由于勒索与不合法贸易的存在，实际贸易数当高于这个数值。而且上述数据仅仅是对通过正常途径进行的贸易数的估计，如果将其他出口数计算在内，那么，清朝总的贸易额要远远超出这一数值。

从上述估计的贸易额来看，清朝海外贸易规模是相当庞大的。鸦片战争前，清朝市场流通总额大约为38762万两白银③，将1821年的海外贸易额与之比较，发现海外市场占整个市场份额的12%左

---

① 《宫中档案乾隆朝奏折》，13636号。
② 张晓宁：《天子南库：清前期广州制度下的中西贸易》，江西高校出版社，1999，第124页。
③ 许涤新、吴承明：《中国资本主义的萌芽》第一卷，人民出版社，1985，第283页。

右。如果将市场流通总额与海外贸易额进行调整，即分别扣除税收等退出市场流通的部分，可得市场流通总额为34963万两白银，海外贸易额为4374.311万两白银，海外贸易额占市场流通总额的12.5%。

表3-2 清朝海关总税收及贸易总值的估算①

单位：两

阶段	年份	海关总税收	贸易额
第一阶段	1753	962264	16037736
	1754	9772264	16204403
	1777	1089728	18162130
	1778	1049406	17490094
第二阶段	1783	1505398	25089973
	1784	1411558	23525966
	1799	1954259	32570990
	1800	1768063	29467713
第三阶段	1810	2808758	46812637
	1811	2198610	36643495
	1820	2603957	43399279
	1821	2792113	46535223

2. 进出口商品数量与结构的变化

18世纪之前中西之间的贸易产品主要包括香料、丝织品以及棉布等。到了18世纪，茶叶成为中国最为重要的出口商品，瓷器与丝绸位居第二。进口产品也发生了变化。在19世纪之前，中国对外国产品需求较少，进口产品主要是一些奢侈品。随着西方殖民地的开拓，印度的棉布、棉花开始流入中国。由

---

① 计算各年收入，并从粤海关税收变化三个阶段中各选取部分年份进行计算，可得表3-2。

于西方长期以来对中国保持着巨大的贸易逆差，白银持续不断流入中国，导致白银短缺，于是从18世纪后期开始，西方国家利用鸦片弥补贸易逆差，鸦片逐渐成为中国进口产品中最为重要的一项。

(1) 主要出口产品的变化

18世纪之前，丝及丝织品是中国最为主要的出口产品，其次是其他手工业品。中国丝织品质优价廉，市场竞争力非常强。表3-3列出了万历二十八年（1600）广州经由澳门出口印度、欧洲的货物。从表3-3中可以看出，在1600年这一年里，主要大宗出口商品是丝和丝织品。《东西洋考》卷七《饷税考》中的"陆饷货物抽税则例"所列商品，也以丝织品、象牙、苏木等为主。中国的丝织品也有竞争对手，那就是波斯的丝织品。但是据估计，中国丝织品的利润达100%—150%，要远远高于波斯丝织品的利润率。①

表3-3　万历二十八年（1600）广州经澳门出口印度、欧洲货物表

货物名称	数量	货物名称	数量	货物名称	数量
白丝	1000担	水银	100担	樟脑	200担
各种丝线	大量	朱砂	500担	瓷器	大量
各种绸缎	10000—20000匹	黄铜手镯	2000担	床、桌	大量
黄金	3—4担	砂糖	200—300担	被单、蚊帐	大量
金炼	大量	麝香	6—7担	其他	大量
黄铜	500—600担	茯苓	2000担		

资料来源：陈柏坚、黄启臣《广州外贸史》上，广州出版社，1995，第300—301页。

从18世纪开始，茶叶成为清朝主要出口产品，其次才是丝织品和瓷器，所以18世纪又被称为"茶叶的世纪"。茶叶最先由荷兰

---

① 李金明：《明代海外贸易史》，第127页。

人引入欧洲，被作为贵重礼品在上层社会流传。1658年，英国伦敦的一家咖啡馆贴出茶叶广告，这标志着茶叶开始进入普通百姓生活。喝茶很快普及了欧洲的主要国家，英国、法国、荷兰、瑞典与丹麦等地都兴起了喝茶的风潮。表3-4是1750年从广州出口欧洲货物的一个统计，这份表格显示茶叶占据了出口的绝大多数，绸缎数量其次，生丝数量已经很少，瓷器在英国进口产品中的地位越来越重要。

表3-4　1750年中国从广州出口到欧洲的货物

出口货物	英国	法国	荷兰	瑞典	丹麦
瓷器（箱）	789				
茶（担）	21543	14944	9422	12629	12340
生丝（担）	586	200	198	13	
绸缎（匹）	5640	2530	7460	1790	809
土布（匹）	5740				
白铜（担）			3450		
大黄（担）		155	28	9	123

资料来源：姚贤镐《中国近代对外贸易史资料》第一册，中华书局，1962，第265页。

18世纪清朝主要的贸易对象是英国，而英国是中国茶叶的主要进口国，[①] 英国进口商品中茶叶地位的变化是清朝出口商品变化最为直接的反映。1716年，在英国对清朝的通商中，"茶叶已开始替代丝成为贸易中的主要货品"。[②] 之后，茶叶的地位继续上升。1722年，茶叶成为英国从中国进口的主要商品，占进口的比例达56%；到1750年已经高达72%。虽然比例有所波动，但是除了极少部分年份，比例都要高于70%，而在一半以上的年份里高于80%。19世纪初，一些年份的比例甚至达到100%（见表3-5），也就是说，

---

① 吴建雍：《清前期中西茶叶贸易》，《清史研究》1998年第3期，第12—22页。
② 马士：《东印度公司对华贸易编年史》卷一，第155页。

几乎全部进口商品都为茶叶。

**表 3-5　茶叶在英国东印度公司从中国进口货值中的比例
（1722—1833 年）**

单位：两，担，%

年份	总货值	茶叶		占总货值的百分比
		数量	货值	
1722	211850	4500	119750	56
1723	271340	6900	182500	67
1730	469879	13583	374311	73
1733	294025	5459	141934	48
1736	121152	3307	87079	71
1740	186214	6646	132960	71
1750	507102	21543	366231	72
1761	707000	30000	653000	92
1766	1587266	69531	1370818	86
1770	1413816	67128	1323849	94
1775	1045433	22574	498644	48
1780	2026043	61200	1125983	55
1785	2942069	103865	2564701	87
1790	4669811	159595	4103828	88
1795	3521171	112840	3126198	89
1799	4091892	157526	2545624	62
1817	4411340	160692	4110924	93
1819	5786222	213882	5317488	92
1822	6154652	218327	5846014	95
1825	5913462	209780	5913462	100
1833	5521043	229270	5521043	100

资料来源：庄国土《茶叶、白银和鸦片：1750—1840 年中西贸易结构》，《中国经济史研究》1995 年第 3 期，第 64—78 页。

同样增长的还有茶叶数量和货值。1722年茶叶进口为4500担，到了1750年增长了近4倍，到1785年则增长了22倍；货值则分别增长了2倍和20倍。1784年颁布《折抵法案》之后，英国进口茶叶更是大规模增长，1790年达到159595担，货值4103828两白银，分别是1722年的34倍和33倍。到鸦片战争前期，出口茶叶的货值占内销茶叶的55%①，这说明茶叶出口贸易十分繁盛。

　　瓷器也是出口增长最为迅速的产品之一。中国瓷器在技术上要远远领先于欧洲，所以中国瓷器输入欧洲后便迅速占领了市场，供不应求。荷兰最早将中国瓷器运往欧洲，在18世纪仅有记载的荷兰东印度公司运往欧洲的中国瓷器就达6000万件。②此后，英、法、瑞、丹、奥等国以及散商和衰落的葡、西两国都参与到瓷器贸易中来。据乔杜里的研究，1712年前中国瓷器占返航英商船所载中国货物总额的20%。③从1720年起，估计在25年内英国进口的中国瓷器就达3000万件。④再如1750—1755年欧洲实力一般的瑞典东印度公司进口华瓷就达1100万件，1760年丹麦第三贸易公司的华瓷订单有3284054件。⑤小公司进口数量尚如此之大，更别说大的公司了。据有关部门估计，1600—1800年，仅销往欧洲的有记载的瓷器就有约1.2亿件，考虑到其他市场，当时瓷器出口规模至少在2亿件，即平均每年1000000件。而景德镇瓷器年产量在明朝为1200000件，清朝为6000000件。⑥

---

① 许涤新、吴承明：《中国资本主义的萌芽》第一卷，第327页。
② 钱江：《十七至十八世纪中国与荷兰的瓷器贸易》，《南洋问题研究》1989年第1期，第80—91页。
③ K. N. Chaudhuri, *The Trading World of Asia and the English East India Company*, 1600-1760 (Cambridge: Cambridge University Press), p. 407.
④ Clare Le Corbeiller, *China Trade Porcelain: Patterns of Exchange* (New York: Metropolitan Museum of Art, 1974), p. 4.
⑤ 刘昌兵：《海外瓷器贸易影响下的景德镇瓷业》，《南方文物》2005年第3期，第70页。
⑥ 刘强：《中国制瓷业的兴衰（1500—1900）》，硕士学位论文，南开大学经济研究所。

(2) 主要进口商品的变化

清朝进口商品的种类繁多。根据海关资料，主要包括农产品、海产品、矿产品、手工业品和香料五大类。农产品包括大米、棉花、槟榔、牛皮和木材等；海产品包括燕窝、海参、鱼翅、珍珠等；矿产品包括银、铜、锡、铅等；手工业品包括白洋布、西洋布、漆器等；香料与药材也是主要的进口商品。从进口商品构成来看，农产品、香料和矿产品占有不小的比例，手工业品较少。至于海产品，消费者主要是皇室和达官贵人。例如燕窝就是一种奢侈品，每担价格高达1200—1400两，而当时大米的价格每担不过一二两白银。

胡椒等香料是清朝主要的进口商品之一。早在明朝时期，朝廷就常常将进口的胡椒作为俸禄发给官员。据统计，从1637年至1644年，明朝仅从爪哇输入的胡椒每年就达800吨至1200吨。① 在鸦片战争前夕，中国从东南亚各地每年进口的胡椒维持在1000担左右的水平。② 表3-6是1750年从广州口岸进口的主要商品统计，可以看出胡椒仍然是主要进口商品。

表3-6 1750年广州口岸主要进口货物

进口货物	布（匹）	羽毛（匹）	铅（担）	洋蓝（担）	铁（担）	人参（担）	棉花（担）	锡（担）	胡椒（担）
进口货值	3586	3069	24327	300	530	40	1859	9768	24696

资料来源：根据姚贤镐《中国近代对外贸易史资料》第一册，第265页相关资料整理。

造成这种状况的主要原因是欧洲及亚洲国家手工业非常落后，能够向中国出口的产品非常少。英国东印度公司曾规定，船只到广州贸易时，每艘船资金的1/10必须是英国产品，目的是打开英国

---

① 包乐史：《荷兰东印度时期中国对巴达维亚的贸易》，载《南洋问题资料译丛》1984年第4期，第93页。
② 姚贤镐：《中国近代对外贸易史资料》第一册，第295页。

产品的销路。① 但是公司职员发现，除了带去的铅的销路很好，本国产的毛织品很难销售出去。之后，英国东印度公司除了依靠垄断地位将毛织品卖给行商外，别无他径在中国卖出毛织品。由于欧洲自身拿不出有竞争力的产品，所以只能将从殖民地掠夺的产品运往中国。这些产品一方面包括上面所说的土特产，如来自印度的棉花、印度尼西亚的锡和香料群岛的胡椒，另一方面就是美洲的白银。

表 3-7 鸦片战争前夕中国进口商品估计平均价值

单位：元

货物	棉花	棉织品	呢绒	钟、表、千里镜	槟榔	鱼肚	洋参
货值	5000000	2090000	1039500	130000	56250	75000	65000
货物	胡椒	鱼翅	洋米、洋麦、五谷	珍珠	玛瑙	洋硝	洋铁
货值	50000	80000	500000	300000	100000	70000	48000
货物	洋铅	洋锡	皮毛	其他商品	走私进口之鸦片	各种金银钱币	进口总值
货值	120000	70000	100000	331620	13794630	1000000	25000000

注：此表数值为估算值，与实际有差异。

然而到了鸦片战争前夕，中国进口产品的结构再次发生了变化。由于西方国家长期的贸易逆差，出现了白银短缺。19世纪，英国东印度公司开始利用鸦片来弥补贸易逆差，以缓解白银危机。其他西方国家同样将鸦片输往中国，再用换来的白银购买中国产品到海外市场赚取高额利润。史料记载的首次鸦片贸易发生在雍正七年（1729），葡萄牙人将印度果阿和达曼的鸦片贩运至澳门换取白银。之后，英美等国为了弥补贸易逆差大量偷运鸦片潜入中国。走私鸦片的多为英国船、港脚船和美国船。史载，"嗣有将船囤贮鸦片洋

---

① 马士：《东印度公司对华贸易编年史》卷一，第3页。

货，冀图乘间走私者，人遂以趸船目之。大率英吉利、港脚、美利坚三处之船居多。历经随时驱逐，往往去而复来"①。英国自1773年取得印度鸦片贸易的独立权以后，输入中国的印度鸦片逐年增多，居欧美各国第一位。② 英国从鸦片贸易中获取了巨额的利润，在18世纪中后期，来自鸦片的收入增加了7倍，到19世纪中期则增长了65倍之多（见表3-8）。

表3-8 英属印度政府的鸦片收入

年度	卢比	折合银两
1773—1774	270465	77894
1775—1779	414822	119469
1780—1784	505010	145443
1785—1789	1504025	433159
1790—1794	1988156	572589
1795—1799	2261660	651358
1800—1804	4313382	1242254
1805—1809	6000748	1728215
1810—1814	8029534	2312506
1815—1819	8163204	2351003
1820—1824	15680081	4515863
1825—1829	19945436	5744286
1830—1834	14462756	4165274
1835—1839	18044062	5196690

资料来源：姚贤镐《中国近代对外贸易史资料》第一册，第321页。

美国是仅次于英国的鸦片走私国。美国最初主要用白银、毛皮和西洋参等换取中国产品，但是19世纪在白银短缺、毛皮产量锐

---

① 格林堡：《鸦片战争前中英通商史》，康成译，商务印书馆，1964。
② 马士：《东印度公司对华贸易编年史》卷一，第238页。

减和西洋参滞销的情况下,鸦片开始登上历史舞台。美国刚开始是贩运土耳其鸦片,土耳其鸦片质量较差,价格便宜,常常被掺杂在质量较高的鸦片中卖出。1817年开始向中国贩卖波斯鸦片;1821年又参与了印度鸦片的贩卖。美国出口到中国的鸦片具体有多少,并没有详细的数据。马士认为1805—1839年美国向中国走私鸦片共计9644箱。① 一些大规模经营鸦片的贸易商宣称,美国人每年销出的鸦片,自1200担到1400担不等。② 表3-9是对美商向华输出土耳其鸦片的估算,从数量来看,相当庞大,尤其是在1816年美国参与贩卖波斯和印度鸦片之后,贩卖土耳其鸦片数量仍高达年千箱以上,可估计总的贩卖鸦片数量当非常高。

表3-9 美国出口到中国的土耳其鸦片数量

单位:箱

年份	数量
1805	102
1807	150
1811	200
1816	488
1817	1900
1828	1256
1830	1420

资料来源:马士《中华帝国对外关系史》第一卷。

鸦片贸易再次改变了清朝贸易的结构。首先,合法的进口贸易额逐渐被非法的鸦片进口额赶超(见表3-10)。在鸦片贸易兴起之前,英国等国不断地企图以各种办法为本国产品打开在中国的市场;而在鸦片贸易兴起之后,欧美对中国进口数量没有增

① 马士:《东印度公司对华贸易编年史》卷一,第239页。
② 姚贤镐:《中国近代对外贸易史资料》第一册,第324页。

长，反而出现了下降趋势；与之形成鲜明对比的是向中国出口的鸦片数量却在递增。其次，中国由白银净流入国转变为白银净流出国。在16—18世纪，中国是世界白银的最后窖藏地，只有流入的白银而没有流出的白银。鸦片贸易彻底改变了这种状况。1817—1818年净流出白银量为1547942两，1833—1834年达到9635082两白银，增长了5倍。从输出白银币种来看，初期输出多系银圆，后几年输出的则以纹银为主。银圆主要是流通于国外的币种，因为白银含量较高，输入中国数量庞大，所以在沿海一带市场偶有流行，但多被重铸。初期输出银圆后输出纹银的状况表明，开始中国居民用流通性不好的银圆支付以换取鸦片，之后银圆渐少，只得动用本国的纹银了。

表3-10 广州对欧美海上贸易的鸦片与白银

单位：两

年份	合法进口总值	合法贸易出超	走私鸦片进口值	估计白银流出量
1817—1818	10449605	1460578	3008520	1547942
1818—1819	10002162	4412855	3416400	-996455
1819—1820	6708128	8278892	4172400	-4106492
1820—1821	7173709	6200381	6048576	-151805
1821—1822	8639688	6927964	6351840	-576124
1822—1823	6896615	8253533	5752081	-2501453
1823—1824	7869570	6007452	6224114	216662
1824—1825	9182859	6239486	5707800	-531686
1825—1826	9710322	6997199	5477904	-1519295
1826—1827	10284627	3450079	6957216	3507137
1827—1828	8380235	5403913	7506137	2102224
1828—1829	8805107	5096373	9899280	4802907
1829—1830	8626282	5196407	9124920	3928513
1830—1831	8462825	4853709	9895680	5041971

续表

年份	合法进口总值	合法贸易出超	走私鸦片进口值	估计白银流出量
1831—1832	8192732	6023104	9468000	3444896
1832—1833	9498107	6490097	10240056	3749959
1833—1834	10616770	-362779	9272304	9635082

资料来源：姚贤镐《中国近代对外贸易史资料》第一册，第342页。

银钱比价的变化间接反映出白银流出规模是相当庞大的。1789年，1两白银可兑换铜钱1090枚，到了1810年增长到了1132.8枚，1820年已达1226.4枚，鸦片战争这一年，也就是1840年则高达1643.8枚。① 银价的上涨给清朝商品经济运行带来了不稳定因素。首先是物价的上涨，许多史料反映由于纹银日益减少，造成"物价日益上涨，官民均受困窘"的状况。其次，影响税课征收。由于商人日常交易用钱，而缴纳税课则按规定必须用银，银价上涨意味着税收间接增加，许多商人不堪重负。农民缴纳税收时也因为同量粮食可换银两渐少而负担沉重。对此，一些官员反映，如果银价上涨趋势得不到遏制，"奏销如何能办？税课如何能清？"②

二 西方国家在亚洲的贸易布局

在亚洲传统商贸关系中，主导贸易的是中国商人和商船。中国商人将手工业品运到亚洲各国，再将当地的特产如香料等运回中国。许多"富家巨室，争造货船"，"通于山海之间……远而东西二洋"。为了贸易方便，一些华人还移居南洋各地，成为中外贸易往来的重要中介。然而，在18世纪之时，中国商人在海外的影响力却逐渐衰弱。这并非中国商人缺乏进取精神，而是因为大量南洋国家和贸易口岸被纳入西方商人控制之下。除前文已经论述的葡萄

---

① 姚贤镐：《中国近代对外贸易史资料》第一册，第346页。
② 文庆：《筹办夷务始末》卷二，上海古籍出版社，2008，第5页。

牙和西班牙，印度尼西亚和菲律宾群岛被荷兰人占据，马来西亚被英国人控制。亚洲本来的和平贸易方式被西方弱肉强食的竞争原则所取代，有利于西方商人利益的分工经济逐步建立。这对没有政府保护的中国商人来说，无疑是重大的打击。

1. 荷兰垄断印度尼西亚的贸易

首先，控制香料贸易。

荷兰人早就垂涎于亚洲香料，但此时亚洲香料群岛的许多地方属于葡萄牙人的势力范围。1560年，荷兰人首先进行了一次试探性贸易，以了解当地情况。当时，由胡特曼率领的船队到达了重要的香料贸易港口万丹，结果遭到爪哇人和葡萄牙人联合袭击。即使这样，这支商队仍然依靠幸存的几只商船上的少量胡椒发了大财。这刺激了其他的荷兰商人，就在荷兰政府还没有及时对亚洲市场贸易状况做出反应的时候，大量商人不顾生命危险自行赴亚洲贸易，仅1598年就有22艘船只赴香料群岛。

一贯支持商人的荷兰政府自然不能无动于衷，两年后就着手开始推行征服香料群岛的军事计划。1600年荷兰政府派出的军队到达了香料群岛。他们打探到虽然葡萄牙在当地很有势力，但与当地人有矛盾。于是荷兰人以帮助攻打葡萄牙人为借口，博得了希图岛人的信任，并与之签订条约。通过这个条约，荷兰人很快就垄断了希图岛的香料贸易。此后，荷兰人就以帮助当地人为借口不断攻击葡萄牙人。荷兰人的真实意图是在赶走葡萄牙人这个最大的敌人之后，独占马鲁古群岛的香料贸易。1605年，葡萄牙人被赶出安汶岛，但由于当地人的反抗，荷兰仅仅占据了德那第和蒂多雷两岛。1615年，荷兰击败了葡西联合舰队，于是终于可以大胆露出本来面目，放开手脚控制香料群岛了。

其次，控制重要的贸易港口，垄断商路。

控制香料群岛的贸易仅仅是第一步，荷兰人下一步的打算是继续控制重要的贸易口岸，垄断商路，排挤他国商人。1619年，荷兰人在巴达维亚建立起统治，之后又在苏门答腊西岸的望加锡、马辰、巨港、巴东等地建立据点，驻扎军队。站稳脚跟之后，荷兰人就开始了清除对手的活动。1619年，在东印度公司总督科恩（Coen）授意下，公司对班达岛居民大肆屠杀，并把当地居民的土地分配给公司职员，强迫当地居民按规定价格将土特产卖给公司。1620年，荷兰人为了防止班达岛居民走私香料，竟将该岛居民全部赶走和杀死，而用外来奴隶劳工代替他们。17世纪中期，荷兰人又违背与英国人签订的利益均分条约，将英国人赶出万丹市场。

在完成这些商业独占之后，荷兰人又将目光瞄向了马六甲。马六甲位于印度洋与太平洋的交通要道上，控制了马六甲就意味着荷兰可以顺利地将亚洲产品运到印度洋，再转运至欧洲和世界各地。这次，荷兰人又利用了当地居民与西班牙人之间的矛盾。1637年荷兰假借帮助柔佛攻打马六甲，1640年荷兰军队攻下马六甲之后，立即驱赶了柔佛人。乘着西班牙的失败，荷兰又趁机赶走了西班牙在香料群岛德那第和蒂多雷的贸易商人。

最后，向东南亚腹地推进。

在控制了东南亚岛国的贸易后，荷兰人继续向东南亚腹地推进贸易。他们打算将武装贸易的前线推进到中国的边境附近，从而更加便利与中国贸易。1634年，将贸易推进到缅甸沙廉，并在阿瓦设立了商站。1647年又以提供军事援助为条件，博得阿拉干国王的信任，得以在当地自由贸易。然而，此后贸易并不顺利。1665年在阿拉干的商馆被迫关闭，沙廉商馆经营陷入困境，在缅甸的扩张计划被缅甸政府打压，于是荷兰再度被迫退缩到印度尼西亚群岛。

2. 英国独占马来西亚的市场

英国在南亚的贸易扩张不仅要面对葡萄牙、西班牙的竞争，而且要与海上大国荷兰争夺势力范围。为减少阻力，英国采取了与葡萄牙合作的方式。1604年，英国与葡萄牙签订和约，英国东印度公司在1605年2月获得葡萄牙政府准许，在安汶岛进行香料贸易。

然而，葡萄牙在亚洲的势力已经开始衰弱，并不能阻挡荷兰的打压。不久荷兰就以武力夺取了安汶岛，1607年，德那第岛的统治者接受荷兰的统治和保护。1611年，荷兰首任驻东印度总督彼得抵达万丹，目的是确保马鲁古群岛、安汶、班达的商业属于荷兰东印度公司，其他国家不得分享。

看到与荷兰的对抗丝毫占不到便宜，英国转而采取与荷兰进行合作。1613年两国代表在伦敦会谈，商讨在亚洲的贸易。但从实际情况来看，显然谁也没有将这次会谈当做一回事，这也为双方再度走上战场埋下了伏笔。在会谈期间双方趁暂时的平静扩张势力范围。荷兰人在爪哇、苏门答腊和马来半岛扩大贸易，英国人趁机在望加锡、苏卡达纳、马辰以及暹罗的北大年和阿瑜陀耶设立商站。

1613年和1615年，英国公司获得荷兰人批准后，在暹罗南部的北大年和苏门答腊的亚齐分别设立商馆，作为同中国和日本进行贸易的基地。这样，英国终于获得能够在亚洲进行胡椒贸易的权利。但是这种合作注定是短命的，英国的目标绝非是亚洲贸易的残羹冷炙，尤其是荷兰人独占丁香、肉豆蔻等贸易的利润，让英国人羡慕不已。

为了打破荷兰人对丁香、肉豆蔻的贸易独占，英国人决心抢夺马鲁古群岛。1616年英国人强征班达群岛，并迫使班达的统治者割让瓦伊岛和伦岛，同时依靠武力支持，英国在苏门答腊的占碑和印德拉其里以及西爪哇的巴达维亚开设商站。

英国的行为引起了荷兰的强烈反应。1618年，荷兰人消灭了英国人设在雅加达的商站。荷兰人对巴达维亚的英国贸易设置重重障碍，造成英国东印度公司经费缺乏，无力支持印度尼西亚的驻军，于是在1623年英国人被赶出班达群岛。1628年公司在巴达维亚的商站也被迫关闭。

在香料群岛的贸易试探遭到荷兰人打击的情况下，英国人继续向其他地方探索，但都遭到荷兰人的阻击。1627年，英国商船在越南郑王允许下在海兴设立商行，遭到荷兰与葡萄牙的竞争，毫无贸易建树。1647 年英国人在缅甸的阿瓦和沙廉设立商站，但是在不到十年的时间里，都由于荷兰人的竞争被迫关闭。

至此为止，英国人在东南亚的贸易进展非常不顺利。直到占领槟榔屿之前，英国人在亚洲唯一的商站是苏门答腊的朋库。英国商船的贸易要处处受制于荷兰人。例如，英国人在印度尼西亚的贸易必须获得巴达维亚荷兰当局的许可，英国东印度公司只能购买东南亚胡椒，仍然无法染指丁香、肉豆蔻的贸易。

18 世纪国际形势再度发生了变化，英国实力全面超过荷兰，荷兰"海上马车夫"的地位逐渐失去，昔日大国风采不再。于是英国再度扩张亚洲势力，抢夺荷兰殖民地，终于打破了荷兰在亚洲的贸易垄断。

英国起初扩张步伐很小。1714 年英国东印度公司在朋库修筑了莫尔巴勒城堡，以保护英国在苏门答腊西岸的商站免受荷兰打击。这个城堡发挥了巨大的作用，帮助英国每年从朋库顺利运出胡椒 6000 吨。18 世纪中叶，与中国贸易的发展迫切需要在东南亚建立一个贸易基地。英国人选中了已经一百年没有染指的马来西亚半岛。为了不引起与荷兰人的直接冲突，1771 年，英国人小心翼翼地选择了婆罗洲北岸外的巴拉邦安岛建立商站。

但是很快，荷兰人的贸易垄断就被打破了。1780 年英国直接向荷兰宣战，在随后的一年里夺取了荷兰在锡兰的亭可马里以及苏门答腊巴东部的所有商站。1784 年荷兰人被迫签订条约，承认英国人在亚洲自由贸易的权利。

在解决了与荷兰人的矛盾之后，英国终于可以开始放手扩张。随后建立起的槟榔屿与新加坡成为对英国亚洲贸易影响最大的两个殖民地。槟榔屿本是暹罗的领土，暹罗与吉打矛盾日剧，急需外部的援助。英国同意向暹罗提供军事援助，但以获得槟榔屿统治权为条件。就这样，1786 年英国在马六甲海峡建立了第一个殖民地。槟榔屿的意义不仅在于它位于马六甲海峡要道上，有助于保护英国的海上贸易，而且成为英国进一步侵占马来半岛的桥头堡。英国将槟榔屿发展为一个重要的贸易港口，对其他国家货物征收5%的关税。1819年，英国采用军事威胁的办法迫使柔佛国王将新加坡租借给英国，英国每年付给柔佛3000元。这样英国又在新加坡建立起了另一个殖民地。1826年，英国东印度公司将槟榔屿、马六甲和新加坡合并为海峡殖民地，首府设在槟榔屿。

1824年3月17日，英荷两国在伦敦签订了划分东南亚势力范围的《英荷伦敦条约》。条约内容为：荷兰承认英国对马六甲以及新加坡的占领，而英国同意将在苏门答腊西岸的朋库以及莫尔巴勒城堡让与荷兰。根据这一条约，英国占领了整个马来西亚（包括新加坡、槟榔屿和马六甲），而荷兰占有整个印度尼西亚。

三　仗剑经商笼罩亚洲国际市场

一般认为，荷兰、英国等新兴资本主义国家在亚洲的贸易方式与葡萄牙和西班牙不同。葡萄牙等老牌资本主义国家多采取武力抢夺等暴力方式，而新兴资本主义国家采用公司的方式开展贸易。然而，仔细分析荷兰与英国在亚洲的贸易，其每一步的进展无不是以武力为前导，开拓市场，排挤他国商人。同时在统治区强制推行种植园制度。从这方面讲，新旧资本主义国家开拓贸易的方式并没有多大区别。

荷兰在东南亚采取的贸易方式是对西班牙和葡萄牙贸易方式的继承。葡萄牙、西班牙采取军事力量垄断贸易。例如葡萄牙为了垄断马鲁古群岛的香料贸易，于1521年在德那第岛修筑了炮台来打击其他国家商船。西班牙在菲律宾建立军队，打击竞争者。荷兰人在占领马六甲之后，采取的措施如出一辙。荷兰东印度公司对锡和纺织品实行贸易管制，胡椒、丁香只准出口到澳门和马尼拉，这一切是为了保证公司在印度尼西亚的利益。为了垄断黄金和胡椒，荷兰不允许别国商船经过马六甲，不断地在海峡巡逻，炮击别国商船，或者强迫他国商船缴纳巨额税收。

除了打击商业竞争对手，荷兰与葡萄牙等国一样强制推行有利于自己的经济发展模式。首先是迫使当地居民和华侨充当劳役。为修筑巴达维亚城，荷兰东印度公司到中国东南沿海劫掠当地居民到巴达维亚充当劳工，还通过在爪哇万丹扣留华侨船只等手段，迫使万丹等地居民与华侨移民到巴达维亚，使巴达维亚华侨人数迅速增多。由于贸易资金短缺，公司于1620年规定华侨缴纳人头税以取代劳役。后又为诱惑更多华侨移居巴达维亚，于1648年宣布将人头税减少，1650年又宣布免除华侨人头税。

殖民统治稳固之后，荷兰开始推行强制种植制度，将东南亚的经济纳入西方贸易分工体系中。强制种植制度的具体内容是，当地居民必须划出一定量的土地，按照荷兰当局的要求种植欧洲市场需要的产品；收获的产品必须出售给荷兰东印度公司。强迫种植制度刚开始仅仅涉及靛蓝和甘蔗，后来推广到咖啡、茶叶、烟草、胡椒、棉花等作物。

对荷兰人来说，最大的问题也许不是对当地居民的统治，而是如何控制中国商人和华侨。当时东南亚贸易非常发达，主要的贸易力量是中国商人，为了贸易便利，大量中国商人还移居东南亚，成为东南亚重要的经济力量。对于这些华侨，荷兰人同样沿用了葡萄牙人的办法。

荷兰人继承了葡萄牙的"甲必丹"（Captain）制度。所谓"甲必丹"就是在华人居住区中选择华侨富商，负责管理华侨事务。"甲必丹"直接向荷兰殖民当局负责，"甲必丹"有处理诉讼案件、征缴税收、提供物资供应等义务。这种制度实际上是利用华人治理华人。

此外，荷兰人制订了严格政策控制华人的商业贸易，以达到"为我所用"的目的。由于华人长期从事东南亚贸易，深得当地居民信任和欢迎，荷兰人需要华商充当公司和当地土著居民之间的中介商，所以对华商实行了利用与控制的措施。例如公司规定华侨只能在公司势力未能达到的小岛和小港口经商，而且不准经营香料、咖啡、锡、鸦片等关系到公司利益的产品。华侨在当地生产的产品必须卖给公司。例如，巴达维亚华侨的制糖厂，必须按照规定的价格将全部产品卖给公司，甚至华侨出行旅游也受到限制。

  英国在亚洲的商业也没有从根本上脱离征服与被征服的贸易本质。英国东印度公司加入亚洲的贸易是从对印度的入侵开始的，其大体经过了两个步骤，首先是在军事上打破葡萄牙对印度海上的控制权，然后运用武力从印度的莫卧儿帝国取得贸易垄断权。从1612年至1615年，英国东印度公司在西印度沿海同葡萄牙进行了两次海战，打倒了葡萄牙。1622年，英国联合波斯王，占领了葡萄牙人占据了一百多年的霍尔木兹岛。通过这场战争，英国不但大大削弱了葡萄牙人在东方海上的势力，还把霍尔木兹岛变为英国在波斯湾的重要贸易据点。从此，葡萄牙人在东方的势力逐渐衰弱，在印度的许多据点被英国夺走。在印度建立起贸易据点之后，英国人在一些战略要地建立城堡，修筑工事，建立防卫设施，建立粮仓、兵营哨所，从而为建立贸易扩张指挥中心做准备。

  英国东印度公司并非单纯的贸易机构，早在成立初期，英国国王就赋予了公司军事权、行政权和垄断权，公司拥有国家机器能力，这种能力正是保证英国东印度公司顺利贸易的关键。从这一点来说，其与葡萄牙等老牌资本主义国家的贸易相比，并不是不同，而是采取了公司这种更加灵活多样的贸易方式，从而更好地将国家权力与商人贸易结合起来，能够更好地维护商人的利益。1789年，印度代理总督肖尔（Shore）说："东印度公司既是印度统治者，又是商人。以商人身份出现，他们就垄断贸易；以统治者的身份出现，他们就攫取赋税。"[①] 自普拉西战役之后，英国在印度的势力超

---

① 杜特·罗梅什：《英属印度经济史》上，陈洪进译，三联书店，1965，第73页。

过了荷兰。当时，克莱武于1759年在向英国首相的密函中建议："东印度公司作为一个商业机构，恐怕无法行使管理和统治的权力，我建议政府把对孟加拉的统治权接收过来。"① 之后，东印度公司在印度不断占有土地，扩大田赋收入，成为名副其实的军事统治者。

虽然不可否认，英国在占领新加坡和爪哇之后，实行了宽松的政策，例如废除封建徭役，实行土地税；鼓励私人开辟种植园；取缔奴隶制，禁止奴隶买卖。但是这种政策需要放在当时东南亚贸易环境下来看，对英国来说，在亚洲贸易顺利进行的关键是熟悉亚洲的地理和贸易环境，而这需要华侨作为中介。英国在爪哇和新加坡新建立的殖民地并非东南亚传统上的重要港口，所以如何吸引到其他国家的商人，同时又不与荷兰人产生冲突十分重要。故而实行宽松的贸易政策，建立一个便利和稳定的贸易环境十分重要。但即使英国贸易政策较为开明，贸易的主动权和控制权还是掌握在英国东印度公司手中。

---

① 汪熙：《约翰公司：英国东印度公司》，上海人民出版社，2007，第118页。

第二节　清朝贸易政策的调整

在描述了中西贸易新形势之后，反过来再看清政府的反应。康熙二十三年（1684），清朝皇帝重申开海贸易的重要性：

> 向令开海贸易，谓于闽、粤边海民生有益，若此二省民用充阜，财货流通，各省俱有裨益。且出海贸易非贫民所能，富商大贾，懋迁有无，薄征其税，不致累民，可充闽粤兵饷，以免腹里省份转输协济之劳。腹里省份钱粮有余，小民又获安养。故令开海贸易。①

康熙的这段话表明其认识到了贸易的客观性。清朝已经不同于明朝，客观形式不支持海禁，海外贸易发展已经逐渐将海外市场和沿海经济紧密联系起来；单纯以朝贡贸易作为中外唯一的联系也不现实，且不说这种形式是否能够对"夷国"产生吸引，单是亚洲朝贡国在西方国家的军事侵略下，已经今非昔比了。

那么清朝面临这样一个问题：该以何种方式处理中西方之间的关系。朝贡体系已经衰落，变成了一种有名无实，对实际关系无法

---

① 《清实录》圣祖仁皇帝实录卷一百一十六"康熙二十三年九月"，第1555页。

产生影响的制度。① 中西贸易的迅速发展将原有的朝贡关系冲击得七零八落,清朝必须处理大量中西国家之间的各种冲突,而不是处理与朝贡国家之间的传统关系。而这种新的冲突只有一个起因,那就是国家间的贸易。然而,清朝根本不承认这种国家之间的贸易,西方的贸易通商请求屡次被拒,然而中西之间的大规模贸易却是客观存在的。清政府对国家间贸易的拒绝意味着清政府不愿充当中西贸易交流的中间主体。这样一来,一旦中外贸易的发展对清政府视野中的秩序造成了挑战,清朝政府只能限制贸易发展,而不是主动开放性地扩展贸易或采取其他管理手段解决问题。如果限制性措施无效,便会走向更加封闭。这便是清朝贸易政策调整的内在逻辑。

清政府贸易政策包括三个方面:对本国商人的管理、对商品的管理和对外商的管理。由上述逻辑即可预知,随着贸易的发展,贸易政策必定会趋向越来越严,而同时也会越来越难以适应贸易管理之需要。

一 对本国商人的管理

清朝对出海商人实行严格管理。按照规定,出海贸易需要在地方官处进行登记审核。登记的内容十分详细,包括姓名、年龄、籍贯以及出海人员状况等,以备汛口查验。登记内容审查合格后,要有邻右保结,才能获得出海执照,官方要在出海船身上烙号刊名,令守口官验查,准其出入贸易。② 此外,政府还发明了腰牌制度,商、渔各船户、舵工、水手、客商人等,各给腰牌,刻明姓名、年龄、籍贯,并将商船与渔船严格区分,船身各刻商、渔字样。

清朝对本国商人出海登记的规定并无可非议之处,对贸易商民进行严格登记审查是一国的基本职责,腰牌制度也有助于打击

---

① 庄国土:《略论朝贡体系的虚幻》,《南洋问题研究》2005年第3期,第1—8页。
② 《光绪大清会典事例》卷六百二十九,商务印书馆,1908。

海盗。① 但是清朝唯恐私人贸易发展脱离自己的控制，对出海船只大小进行限制，这对商业来说犹如釜底抽薪，从根本上限制了中国的远洋贸易。康熙二十三年（1684）开海之初，清政府规定，华商只许用500石以下船只出海贸易，商船禁用双桅。② 远洋航行全靠双桅船只，禁用双桅杆实际上是禁止了远洋贸易。康熙四十二年（1703）规定有所放宽，商贾船可以用双桅，但梁头不得超过一丈八尺，舵手等不得过28名。③ 限制政策造成海外经商的中国船只吨位难以提高，直到道光朝，载重量一般仅仅维持在200吨上下。

随着私人贸易的发展，大量沿海居民投入到贸易中，常常越年不归。朝廷将商人留居海外的行为看做是对自己控制能力的威胁，于是贸易政策从对商人严格审查登记的制度转向严格控制商人出海的制度。

清朝贸易政策趋向严格控制源于康熙皇帝南巡时发现大量沿海船只出海不归。康熙皇帝曾对大臣们发表过对此事的看法：

> 朕南巡过苏州时，见船厂问及，咸云：每年造船出海贸易者，多至千余，回来者不过十之五六，其余悉卖在海外，赍银而归。官造海船数十只，尚需数万金，民间造船何如许之多？④

> 朕访闻海外有吕宋、噶喇吧两处地方，噶喇吧乃红毛国泊船之所，吕宋乃西洋泊船之所，彼处藏匿盗贼甚多。内地之民希图获利，往往于船上载米带去，并卖船而回，甚至有留在彼处之人，不可不预为措置也。⑤

这两段史料表明，康熙并非对东南沿海贸易局势一无所知。他

---

① 《清文献通考》卷三十三《市籴考》，第511页。
② 《光绪大清会典事例》卷一百二。
③ 《光绪大清会典事例》卷一百二。
④ 《清实录》圣祖仁皇帝实录卷八十五"康熙五十五年十月壬子"，第18页。
⑤ 《清文献通考》卷三十三《市籴考》，第519页。

对中国商人与"红毛国"的贸易往来持警惕的态度，认为内地百姓受到了利润的诱惑，这不是一件好事。更让他吃惊的是，发展起来的民间造船业规模如此庞大，甚至超过政府的承受力，这也是他不愿看到的。贸易发展所带来的变化从华夷关系的角度来讲显然难以获得朝廷的认同。

康熙皇帝对商民出海不归如此敏感，体现了他在贸易政策方面的某种态度与倾向，这种态度在许多研究中被称为"过于保守"，且被用来证明清朝封闭国家的证据。但是也有研究认为这是出于国防安全的考虑，是政府履行国家职能的正常表现，有利于保卫国家。实际上没必要将康熙的这段话从这样两个角度分开解析。"国家安全"是一个内涵很广的概念，朝廷所维护的政治目标受到威胁也常常被看做是安全受到挑战。因此，对康熙的话不如从这个角度，即贸易发展造成商民不归与船只外流来理解，但是康熙不愿对这种贸易的兴盛予以承认，而传统的朝贡体系与华夷关系又难以合适地处理这种情况，于是使得清朝的对外关系陷入一种危机状态，即传统华夷关系的失范。这种危机引起了康熙的焦虑，在传统处理华夷关系方式中找不到合适方法的情况下，走向限制贸易的政策便是唯一可能选择的方式了。

此后，清朝从三个方面制订了限制贸易的政策。首先是出台了禁止前往南洋贸易的禁令。康熙五十六年（1717）规定，凡商船照旧东洋贸易外，其南洋吕宋、噶喇吧等处，不许商船前往贸易。于南澳等地方截住，令广东、福建沿海一带水师各营巡查，违禁者严拿治罪。其外国夹板船照旧准来贸易，令地方文武官员严加防范。[①]但是夷船到南洋贸易不在禁例。清朝规定：例禁商船往南洋贸易。以两广总督杨琳言，澳门夷船往南洋，及内地商船往安南，不在禁例。[②]这样一来实际上直接将南洋贸易市场让给了西方商人，即澳

---

① 《清实录》圣祖仁皇帝实录卷二百七十一"康熙五十六年正月"，第658页。
② 《清文献通考》卷三十三《市籴考》，第521页。

门葡萄牙商人。

其次,对商人出海携带粮食进行限制,从而约束商人出海的期限,防止出海不归。清朝当政者认为海路不过七八更,至多二十更,所带的粮食应该适可而止,多带表明必有异心,应受惩罚。① 此后,这条政策被清朝一直延续下来,未做根本变动。

最后,加强了对出海百姓的审查与控制。新增加的规定包括增加了连带责任的范围,包括船户、商人与舵手都必须负连带责任;增加了对商船开往地点、开船日期与出海贸易详细情况的登记审查。② 这种规定大大减少了商船的机动性,对海上贸易并不有利。贸易地点的选择当以利润为指向,利润受到市场变化的影响,清朝对出海的控制大大降低了贸易获利的可能性。

康熙的禁南洋贸易政策不仅打击了中国的海外贸易,而且给沿海百姓生活带来巨大的困难。沿海省份与南洋贸易关系本十分紧密,百姓依靠贸易才得生存,海禁之后,"百货不通,民生日蹙……其惨目伤心可胜道耶"③。这种形势下,雍正五年(1727),清朝皇帝同意"开洋禁,以惠商民"④。在这种禁而不能开又不宜的情况下,清政府唯一能够选择的就是进一步加强对商民出海的控制。

既然海禁的目的之一是防止商民出海,那么被迫再度开海后,清政府的政策首要是解决商民出海不归的情况。

第一,雍正采取措施吸引海外华人回归。康熙曾规定在康熙五十六年(1717)前出洋者,不再允许回国,而雍正对已出海商民实行宽容的措施,出洋三年之内者允许回国。该措施确实取得了效果,据福建等省报告,"回籍者几二千余人,是出洋之人皆已陆续返棹,

---

① 《清文献通考》卷三十三《市籴考》,第520页。
② 《光绪大清会典事例》卷六百二十九。
③ 王德毅主编《鹿州初集》卷三,台北新文丰出版公司,1997。
④ 《清文献通考》卷三十三《市籴考》,第523页。

而存留彼地者，皆甘心异域，及五十六年以后违禁私越者也"①。

第二，对船只出入口进行严格把关。为了便于盘查，清政府将闽粤商船出入限制于厦门、虎口停泊，"闽、粤洋船出入，总在厦门、虎门守泊，嗣后别处口岸，概行严禁"②。不仅商船要严格盘查，渔船也得接受审查。"嗣后商、渔船照票内，舵工、水手各年貌项下，将本人箕斗验明添注，均于进口出口时按名查验，一有不符，即行根究。"③ 对出洋不按期回归的情况，不仅有关商户要受到连累，当地官员也得接受惩罚。

第三，对船只外形进行统一规定。清朝对一般商船、渔船和外洋商船的外表进行区分。"出海商、渔船，自船头起至鹿耳梁头止，大桅上截一半，各照省分，油饰白色巨字。"④ 各省船只的颜色不同，浙江用白油漆饰，绿色拘字；广东用红油漆饰，青色拘字。船头两披，刊刻某省、某州县、某字、某号字样。到外洋贩运的船只，用头巾插花，并添竖桅尖，以示区别内洋船只。

二 对商品进出口的规定

清朝对商人管理愈加趋于严格有其内在演变的逻辑，而对商品的管理则纠缠于市场原则与政治目标之间，最终不得不逐步向市场退让。商人是商品所有权转移的中介人，而商品的转移则直接取决于市场的需要，所以对商人与商品的管理往往不同。清朝统治者认识到，在某些商品的管理上不得不采取市场原则，某些方面清朝还需要国际市场。

清朝中后期一直面临的一个问题是生齿日繁，粮价愈贵，尤其是江浙等沿海省份表现得十分明显。当时都察院佥都使劳之辨

---

① 《清文献通考》卷三十三《市籴考》，第524页。
② 《清文献通考》卷三十三《市籴考》，第524页。
③ 《光绪大清会典事例》卷七百七十六。
④ 《光绪大清会典事例》卷六百二十九。

向皇帝报告，江浙米价很高，其主要原因是内地商贩将米运出外洋之故。于是康熙规定，各海口加强巡察，不许商人私贩米粮出洋，①之后历代皇帝屡次规定禁止米谷出口。在乾隆朝，将粮食控制范围扩大，除了米，"偷运麦豆杂粮出洋者，照偷运米谷之例科断"。②

清政府也意识到可以利用东南亚国际市场来增加国内粮食供应，所以屡次运用税收政策鼓励粮食进口。乾隆八年（1743）规定，"嗣后凡遇外洋货船来闽、粤等省贸易，带米一万石以上者，免其船货税银十分之五；五千石以上者，免十分之三。其米听照市价公平发粜，若民间米多，不许籴买，即著官为收买，以补常社等仓"③。这个规定当初仅仅涉及国外商人，目的在于招徕外商。之后再度将免税政策扩大到中国商人，鼓励进口粮食。④

但即使这种从经济目的出发的贸易政策却也被掺杂了许多政治意图。清朝免税的目的虽然在于鼓励粮食进口，但是政府却希望其他商人能从免税这一事件中体会到天朝上国的"怀柔之心"。为此，他们在免税之外还规定，凡运米到天朝的外国商船，回程时不得携带其他货物，以示与其他船只的差异。在当政者看来，这种差异就是优待。但是，海上风浪时有，空船回程有很大危险性，而且商人本为利润而来，不携带货物会降低运输粮食的利润率。所以这个规定大大降低了免税的有效性。

最终朝廷不得不向市场原则退让，取消了这一规定，但这已经

---

① （康熙）四十七年，禁商贩米出洋。都察院佥都使劳之辨言：江浙米价腾贵，皆由内地之米为奸商贩往外洋之故，请申饬海禁，暂撤海关，一概不许商船往来，庶私贩绝而米价平。户部议：自康熙二十二年开设海关，海疆宁谧，商民两益，不便禁止。至奸商私贩，应令该督抚提镇，于江南崇明、刘河、浙江乍浦、定海各海口，加兵巡察。除商人所带食米外，如违禁装载五十石以外贩卖者，其米入官；文武官弁有私放者，即行参处。得旨：如议；并著部院保举贤能司官，前往巡察。见《清文献通考》卷三十三《市籴考》，第519页。
② 《光绪大清会典事例》卷二百八十九。
③ 《清文献通考》卷三十三《市籴考》，第529页。
④ 《清实录》高宗纯皇帝实录卷四百二十四"乾隆十七年十月上"，第545页。

是道光四年（1824）的事情了。广东总督阮元上奏，具体分析了上述规定的不合理性，"近年以来，洋米罕到。询之洋商，据称外夷运米远来，难免完纳船钞，而放空回国，远涉重洋，并无压舱回货抵御风浪；该夷等既惮风浪之险，又无多利可图，是以罕愿载运"①。之后，朝廷更改了规定，允许进口粮食的船只回程之时携带其他货物。②

对丝与丝织品的管理也体现了朝廷在市场规则面前不得不退让的过程。与粮食一样，丝及丝织品价格日贵也是清朝面临的一大问题，清政府将这一状况的原因归结于大量丝斤出洋，于是采取了禁止出口的办法。乾隆二十三年（1758）规定，"江、浙等省丝价日昂，以该地方滨海，不无私贩出洋之弊，令江浙各省督抚转饬滨海地方文武各官，严行查禁"③。由于丝织品是清朝大宗出口产品之一，朝廷又将禁令扩展到以丝斤为原料的丝织品，"查绸缎等物，总由丝斤所成，自应一体严禁，请嗣后绸缎棉绢，如有偷漏私贩者，亦按斤两多寡，分别科罪"。④

对于一个有着压制贸易传统的政府来说，当市场引起社会问题或者政府认为市场引起麻烦的时候，往往会实行禁止措施，因为这是最为简单而且有效的方法。在清政府看来，对丝和丝织品的禁止是一种最好的解决价格上涨的方法。但是清朝的经济并非与国际市场相孤立，在这样一个全球经济紧密联系的世界里，一项产品的政策就会引起一系列连锁反应，客观需要用经济的方法解决经济问

---

① 梁廷枏：《粤海关志》卷八，第40—41页。
② 奉上谕：阮元等奏请定洋米易货之例一折。广东粤海关向准洋米进口粜卖，免输船钞，粜竣回国，不准装载货物，近年以来，该夷等因空时无货压舱，难御风涛，且无多利可图，是以米船来粤少。自应将成例量为变通，著照所请，嗣后各国夷船来粤，如有专运米石并无夹带别项货物者，进口时照旧免其丈输船钞，所运米谷，由洋商报明起贮粜卖，粜竣准其原船装载货物出口，与别项夷船一体征收税课，制册报部，以示体恤。见梁廷枏《粤海关志》卷八，第40—41页。
③ 《光绪大清会典事例》卷六百三。
④ 《清实录》高宗纯皇帝实录卷六百零三 "乾隆二十四年十二月下"，第766页。

题。但清政府显然没有转换过思路来，以政治办法应对经济问题的后果便是政府不得不再度以自己的行为来宣布自己的无知。

丝及丝织品是清朝换取国外铜的主要商品，而铜是清朝制造货币的重要材料。丝和丝织品禁止出口直接造成清朝铜的不足，各地普遍反映由于铜不足造成币值上升引起社会混乱。江苏巡抚陈宏谋等上奏报告了这一状况，"采办洋铜，向系置办绸缎丝斤并糖药等货，前往日本易铜回棹，分解各省，以供鼓铸。今丝斤已禁，若将绸缎一概禁止，所带粗货不敷易铜"①。于是改禁止丝斤出洋政策为配给政策。当时规定一个商人每年办铜200万斤，准予每船配搭绸缎33卷。各关口官员需要对这些配搭丝斤出洋易铜的商人详细盘查。②

配给制度只是向市场退让的第一步，第二步是逐步取消配给制度。乾隆二十九（1764）年，闽浙总督杨庭璋、福建巡抚定长等在向皇帝的奏折中分析了丝斤管理政策的经济效果：第一，禁止丝斤出洋以来，丝斤价格不但没有下降，而且日益昂贵；第二，禁止丝斤出洋直接影响到了沿海百姓的生计，依靠丝斤出口的百姓生活贫困，内地所需洋货价格上涨；第三，丝斤价格上涨的根本原因是人口增多。

> 乾隆二十九年闽浙总督杨廷璋、福建巡抚定长奏：伏查丝斤一项，数年以来，价值原极昂贵。乾隆二十四年，仰蒙圣主俯准一臣李兆鹏等条奏，将丝斤严禁出洋，并准部议，将绸缎绢一律严禁，节年实力遵行在案。原使留有余于内地，俾物多价平，于民生日用有裨。臣等于奉文饬禁后，窃意从此丝价自必日减，乃自二十四年禁止出洋以来，迄今五载，不特丝价依然昂贵，未见平减，且遇值蚕事收成稍薄，价值较前更昂。推其原故，总由国家承平日久，百数十年生齿日繁，民间需用日

---

① 《清文献通考》卷三十三《市籴考》，第533页。
② 《清文献通考》卷三十三《市籴考》，第537页。

多,物价有不得不长之势。诚如圣谕,生齿衍繁,取多用宏,盖物情自然之势也。

查向来贩洋丝斤,均不过土丝及粗糙之丝,只堪供织土绸,而不足供纱缎绫罗之用。只应粗丝价昂,而细丝价减,今无论粗细丝斤,一律昂贵,其非并贩洋已可概见。且不特此也,即以产地而论,浙省之杭、嘉、湖及绍属之诸暨,产丝最盛,每届新丝出后,江、浙、粤、闽贩丝客民挈本而来者甚多,所产粗丝顷刻得价售卖,农民转觉生计裕如。今奉禁之后,丝价未见其平,而粗丝销售转滞,于农民反有转售不速之苦。再查外番船只载货挟货远赴内地,原欲以其所有易其所无,而各番首重者丝斤,今因禁止贩洋,近年粤、闽贸易,番船甚觉减少。即内地贩洋商船,亦多有停驾不开者,在外番因不能置买丝斤,运来之货日少,而内地所需洋货,价值亦甚见增昂,是中外均无裨益。①

这份奏折受到乾隆的重视,于是配给制度逐渐放宽。乾隆二十九年(1764)规定,除了办铜船只,一般商船也可携带丝斤出口。乾隆二十九年覆准:江苏省往闽、粤、安南等处商船,浙江省内地商船,都可携带丝斤出口。② 将允许商人出口丝斤已经扩大到所有贸易口岸。

粮食政策是将"怀柔"的目标贯穿其中,最终不得不向市场退让;与之不同的是,禁止丝斤出洋政策被取消后,清政府却以能够让海外诸国同沐皇恩为自己找台阶下。一篇奏折这样说道,"内地丝斤,外洋势所必需,而海外铜斤可资内地应用。应照商船秉办铜斤之例,准其配买丝斤绸缎,随带出洋易铜,既使海外属国同沐皇

---

① 席裕福:《皇朝政典类纂》卷一百一十八,台北文海出版社,1982,第4页。
② 《光绪大清会典事例》卷二百三十九。

仁，而于内地鼓铸亦有俾益"①。

三　对外商的管理政策

清朝的外商实际上是指西方商人，因为大部分规定都是针对西方商人做出的。外商管理政策的演变分为三个阶段：开海之后，康熙皇帝对外商"保育维殷"，并积极招徕外商贸易，到康熙五十六年（1717），贸易政策转向严格控制，开始防范外商；乾隆时期，开始制订了全面的贸易政策管理外商；"一口通商"之后，全面管理的政策演变为严格防范。总之，清朝对外商的管理政策也经历了一个由宽松到严格限制的过程。

（一）康熙、雍正年间的外商管理：由"御寰区，抚万国"走向防范

开海之初，康熙对西方商人来华贸易持积极鼓励态度。1685年，清廷就允许英国公司在广州、厦门和台湾设立商馆。②此外，清廷还设立"红毛馆"，专门接待西方商人来华贸易，"初，浙之海关，设于宁波，舟山尚未置县，商船出入宁波、往还百数十里，水急礁多，往往回帆径去。迨定海即设监督，张圣诏始请移关定海，部议从之。乃于定海城外特建红毛馆一区，以为番舶来往之逆旅"③。

康熙皇帝还主动邀请西方商人来华贸易。康熙三十六年（1697），康熙派在华的耶稣会士白晋回国，赠送路易十四许多礼物，邀请法国商船来华经商。为此，路易十四特别批准建造"昂菲德里特"号来华贸易。为招徕外商，康熙皇帝一连几次降低关税。康熙三十七年（1698）再发上谕，决定降低粤关税，招徕外商：广东海关收税人员，搜检商船货物，概行征税，以致商船稀少，关税

---

① 《清文献通考》卷三十三《市籴考》，第537页。
② 马士：《中华帝国对外关系史》第一卷，第58页。
③ 刘鉴唐、张力：《中英关系系年要录》第一卷，第226页。

缺额，且海船亦有自外国来者，如此琐屑，甚觉非体。著减额税银30285两，著为令。①

对于此时康熙皇帝的对外措施可用"御寰区，抚万国"六个字概括。康熙五十年（1711）十二月，康熙帝颁布上谕，可作为其在位期间对外商贸易政策态度的一个总结。"戊寅，谕礼部：朕统御寰区，抚绥万国，中外一体，保育维殷，惟期遐尔咸宁，共享升平之福。至于藩邦，有能仰体此心，修明厥职者，朕尤加意优待之。"② 在这句话中，康熙认为自己要"御寰区，抚万国"，故而采取"保育维殷"的措施，如果外商能够体会到其怀柔之心，必然受到优待。

当以西方标准或者现代眼光来看积极的贸易政策时，一定会认为康熙皇帝富有远见卓识。然而，事实却是当时的历史条件下需要鼓励外商来华贸易。朝廷鼓励贸易并不意味着支持和重视贸易，鼓励贸易的目的是通过其他国家来华贸易以显示清朝开海和允许私人贸易政策的有效性，在贸易的兴盛中体现出天朝上国被需要的荣耀。在康熙皇帝的诏书中，强调的不是贸易的重要性，而是要"统御寰区，抚绥万国"。在几十年的海禁之后，康熙唯恐造成中外关系的断绝，新的贸易政策如何显示其威信与效力，这只能通过重开贸易才能得以证明。就如同长期实行海禁的朱元璋，在建国之初也曾鼓励私人贸易，因为当时的条件下他需要私人贸易，康熙皇帝也是如此。一旦随着形势发展，贸易超出朝廷控制，那么康熙皇帝同样需要禁止贸易，这也是为什么在 30 年后，同样是这个康熙帝，颁布了禁止赴南洋贸易的禁令。

西方国家在东南亚开展武装贸易活动引起了清朝的警惕。康熙帝曾说，"中外一体，保育维殷，惟期遐尔咸宁，共享升平之福"。这显然是西方的贸易体系所不能接受的。西方贸易体系中，只有你

---

① 《清实录》圣祖仁皇帝实录卷一百八十八"康熙三十七年五月"，第1000页。
② 《清实录》圣祖仁皇帝实录卷二百四十八"康熙五十年十二月"，第450页。

多我少的利害关系，所以不惜动用军事武力，排挤他国商人，中国正是西欧国家垂涎的目标。康熙皇帝曾派总兵陈昂调查西洋人情况，陈昂用"奸宄莫测"来形容西洋人，并要求"督抚关部诸臣，设法防范"。① 两广总督杨琳在奏章中也报告，"红毛一种，奸宄莫测，其中有英吉利、干丝蜡、和兰西、荷兰、大小西洋各国，名目虽殊，气类则一。惟有和兰西一族，凶狠异常，且澳门一种是其同派，熟悉广省地形。请敕督抚关差诸臣，设法防备"②。这些奏章中提出的防范建议都得到了康熙的认可，于是清朝贸易政策由鼓励走向了防范。当时清廷禁止赴南洋贸易是这种防范措施中的一种。

澳门不在禁止南洋贸易的范围之内，但是清政府对澳门夷人的管理也实行了严格控制措施。这些措施包括限定澳门外洋商船数量、控制外国人口、严格盘查广东与澳门的外商船只。雍正二年（1724），两广总督孔毓调查之后，要求朝廷限制澳门外洋商船数额获得批准。"臣拟查其现有船只仍听贸易，定为额数，朽坏准修。此后不许添置，以杜其逐岁增多之势。至外国洋船每年来中国贸易者，俱泊省城黄埔地方，听粤海关征税查货，并不到澳门湾泊，报可。"③

雍正三年（1725），兵部奏准澳门限定商船数量，同时要求无故前来的夷人仍令回国，以便控制人口。广东香山澳，向有西洋人来贸易，居住纳租，逾二百年。今户口日繁，总计男妇多至三千五百六十七名。大小洋船，近年每从外国造船回澳，共有二十五只，恐致日增，请将现在船数，作为定额，除朽木重修之外，不许添置。西洋人头目，自彼处来更换者，许其存留，其无故前来之人，仍令随船归国，不许客留居住。另外，加强了对广东、澳门西洋人出洋船只的盘查，采取了与盘查中国商人类似的制度。规定，无论

---

① 《清朝文献通考》卷二百九十八《四夷考六》，浙江古籍出版社，1988，第326页。
② 《清实录》圣祖仁皇帝实录卷二百七十七"康熙五十七年正月"，第713页。
③ 王之春：《国朝柔远记》卷三，第58—59页。

是出口入口，海关关口要登记西洋船只的船号、人数、姓名，然后申报督抚存案，出口与入口相比照，如果出现问题，要查办地方官员。

（二）乾隆初期的宽松政策到"一口通商"的转变

许多史书将乾隆皇帝描述为一个虚荣的人，这样一个人自然希望在华夷关系中做出一番成就来。他认为，当时的问题主要是西方国家不遵守秩序。而根据马士的《东印度公司对华贸易编年史》记载，广州中外贸易中最主要的纠纷就是因为双方在海关税收上面的争议。乾隆认为出现这种状况的主要原因是海关关税不合理和地方官员的徇私舞弊。因此，乾隆在1736年即位之后，即着手革除前朝遗留下来的海关弊病，其中最为重要的是革除不合理与非法的税收。

当年八月，浙江总督嵇曾筠在向乾隆的奏折中将海关关税陋弊归纳为四个方面，这篇奏折成为乾隆改革海关的一个纲领。四个方面如下：（1）查量木植，不许以大盖小；（2）收纳关税，应照部法弹兑；（3）从前滥设关口，一概禁止；（4）两关蠹役，严行驱逐。①

乾隆在批复中以"宽严得宜，无过偏之弊，甚属妥协"来形容这篇奏折，这是一个很高的评价。之后，乾隆以登极恩诏天下为名，将外商10%的附加税取消。不久，再度下谕广州海关，降低税收，以"加惠远人"。② 乾隆二年（1737），广东海关副监督郑伍赛将执行裁革陋规情况上奏时称："奴才已于文到之日为始，免其加一抽收，裁革交送各色，宣示圣主怀柔德化。外商莫不感戴悦服。"③

乾隆皇帝显然错误地估计了当时的贸易形势，中西商人在广州因税收发生的贸易冲突仅仅是一种表象，根本的原因仍然是中西贸

---

① 《清实录》高宗纯皇帝实录卷十二"乾隆元年二月上"，第262页。
② 《清实录》高宗纯皇帝实录卷二十八"乾隆元年十月上"，第316页。
③ 《清实录》高宗纯皇帝实录卷二十八"乾隆元年十月上"，第316页。

易秩序之间的冲突。对于西方国家来说，重要的是打开中国贸易的大门，取消他们认为不合理的一切贸易限制。一时的税收改革确实能够让一些商人体会到皇帝的仁慈之心（据史料，许多英国商人包括东印度公司认为皇帝是公正而仁慈的，地方官员则贪污暴虐）。①但是，他们需要的不是仁慈，而是贸易利润。不久，国际贸易中一系列事件的发生就彻底宣告乾隆皇帝努力的失败。

1740年，巴达维亚发生了史上著名的"红溪惨案"，一万多中国人被荷兰殖民者残忍地杀害。消息传到中国，引起了朝廷的重视，当时许多大臣纷纷上奏以陈述对此事的意见与看法。从留下来的史料看，观点大致分为三类：第一类观点主张再度禁止南洋贸易，例如两广总督策楞在奏折中说："恐番性贪婪，并有扰及商船，请禁南洋贸易"；第二类观点主张开放南洋，但是禁止噶喇吧（即巴达维亚）贸易，如闽浙总督那苏图奏，"商船出洋十之八九，其中有至暹罗、柔佛等国者，宜加分别"；第三类观点仍然坚持开放，但要"加意抚慰周旋"，主要以两江总督德沛为代表。

"红溪惨案"是在中西贸易秩序冲突背景之下发生的。由于南洋贸易兴盛，巴达维亚华侨积聚越来越多，这引起了荷兰当局的恐惧，他们害怕不能完全控制巴达维亚的商业。"红溪惨案"之后，大量在巴达维亚从事帆船贸易的中国商人被残杀，在巴达维亚的中国商人组织也被破坏殆尽。

"红溪惨案"在乾隆刚刚改革海关关税陋弊之时发生，这对虚荣的乾隆来说是一个很大的打击，这也使得朝廷怀柔政策陷入一种失范状态。究竟该如何处理这件事情？令人惊讶的是，堂堂一个大清帝国，花了整整三年的时间才对此事有了一个明确的交代。事件发生后，面对朝臣的纷纷议论，乾隆要求两广总督庆复详查议奏。两广总督庆复在反复思索之后，这样回复："该原因内地违旨，不

---

① 马士：《东印度公司对华贸易编年史》卷二，第673页。

听招回，甘心久住之辈，在天朝本应正法之人，其在外洋生事被害，咎由自取，番目本无扰及客商之意。嘎喇吧一处，洋面相通，在彼国已将夷目诘责，深怀悔恨，尤当示以宽大，若一禁止，致启外域傅疑。"① 后经过议政王大臣合议，认为"令海外远夷，悔过自新，均沾德泽，应请将南洋诸番，仍准照旧通商"②。这样，朝廷自己给自己了一个台阶下，认为已让夷人悔过自新；对被屠杀的华商，则认为他们是"咎由自取"。

"红溪惨案"标志着乾隆宽松贸易政策的失败，与此同时发生了英国军舰擅闯广州的事件，于是乾隆朝的贸易政策再度转向严格防范。1741年（乾隆六年）11月，在英国海军司令安逊（Anson，又译作晏臣）带领下，兵船"百夫长号"（Centurion）在中国海域捕获了一艘葡萄牙商船。之后"百夫长号"因为粮食缺乏驶入虎门要求接济。军舰擅自闯入本是一件敏感事件，而且海军司令安逊还趁机向广州当局提出减免海关规费的要求，这引起了朝廷强烈的不满。为此，乾隆特降旨申斥粤省督抚，③ 认为没有处理好这件事。之后，广东府设立海防军民同知，加强对船舶进出口的管理，印光任被委任为第一任广州海防同知。④

乾隆朝对贸易实行严格限制的另一个标志是"一口通商"政策的实行。"一口通商"政策的直接起因是英商洪仁辉擅闯宁波进行贸易，然而洪仁辉擅闯宁波绝非一个孤立的历史事件。英法战争后和平恢复，欧洲各国对亚洲贸易竞争日趋激烈，英国商人加强了贸易的努力。⑤ 为了用更低的价格购买中国的手工业品，同时为英国毛纺织品打开销路，英国分别于1727、1734、1735和1736年派遣

---

① 《史料旬刊》，乾隆朝通外洋商案，第803—804页。
② 《清实录》高宗纯皇帝实录卷一百七十六"乾隆七年十月上"，第841页。
③ 《清实录》高宗纯皇帝实录卷一百九十八"乾隆八年八月上"，第956页。
④ 梁廷枏：《粤海关志》卷七，第141页。
⑤ 马士：《东印度公司对华贸易编年史》卷二，第297页。

商船到厦门、宁波等地试探贸易。① 另外，广州保商制度在1750年正式成立，东印度公司一直担心保商作为垄断组织会影响到公司利益，所以在试图破坏这个组织的同时，也在寻找其他的贸易可能性。1753年，洪仁辉前往宁波贸易，正是在上述背景下发生的。

按照规定，宁波关税要低于广州，因为当时来宁波贸易的外国船只较少，朝廷考虑到外商到宁波较远，故以低关税体现朝廷怀柔之心。然而，洪仁辉率船频繁到来（洪仁辉分别于1755、1756和1757年多次赴宁波，1757年还携带枪炮来宁），使得朝廷意识到怀柔远人的安排反而被出于利润动机的英国商人所利用，如果不调高关税，只会更加鼓励外商的到来。于是乾隆加重浙海关关税。② 在加重关税无效的情况下，于乾隆二十二年（1757）宣布"一口通商"。一口通商不久，乾隆二十四年（1759），第一个全面管理外商的正式章程颁布，即《防范外夷规条》。这种调整表明，清政府怀柔远人的措施在新的贸易形势下逐渐失效，所以不得不加强对外商的控制。

（三）"一口通商"时期对外商的管制

"一口通商"之后直到鸦片战争之前，清廷出台了一系列专门针对外商的管理措施。其中，产生影响较大的是下述四个防夷章程：乾隆二十四年两广总督李侍尧制定的《防范外夷规条》，嘉庆十四年（1809）两广总督百龄提出的"防夷六条"，道光十一年（1831）二月两广总督李鸿宾、监督中祥奏报的八条"防夷办法"，以及道光十五年（1835）正月两广总督卢坤、监督中祥提出的新八条管理办法。清廷企图通过上述一系列规定来维护贸易秩序，但是仔细分析上述规定的具体内容，会发现清廷政策制定者根本没有寻找到贸易冲突的根源。

① 马士：《东印度公司对华贸易编年史》卷二，第298、299、230页。
② 梁廷枏：《粤海关志》卷八，第151页。

乾隆朝对外夷态度的转变发生于"红溪惨案"之后,红溪事件发生的根本原因是西方国家企图通过暴力达到控制贸易的目的,而此后英国商船一系列拓展贸易口岸的行为也是在政府支持下进行的商业扩张。但是,乾隆二十四年两广总督李侍尧制定的《防范外夷规条》仅仅是对中西贸易过程中一些涉及具体交易行为的规范,而根本不是针对如何防范西方国家贸易扩张制定的措施。《防范外夷规条》包括五部分,其主要内容如下:

一、夷商在省过冬,应请永行禁止也;

二、夷人到粤,宜令寓居行商,管束稽查也;

三、借领外夷资本,及雇请汉人役使,并应查禁也;

四、外夷雇人传递信息之积弊,宜请永除也;

五、夷船进泊处,应请酌拨营员弹压稽查也。

这些措施涉及外商居住期限、居住地点、雇用人员、资金往来以及船舶停靠。从许多史料来看,在具体的交易过程中,上述方面的疏漏确实常常引起中外贸易的冲突,但是这些方面的冲突本是任何贸易中所常有的现象,即使是朝贡制度最为成熟的明朝,也会发生争贡事件。本书在前面已经指出,造成朝廷贸易政策转变的关键是西方国家的武装贸易扩张,这是根本原因。在这个背景下,西方国家必然会对华商采取打击、侵略与排挤的政策,"红溪惨案"仅是其中之一。而《防范外夷规条》针对的贸易冲突,根本不重要。所以,清廷制定的《防范外夷规条》没有抓住中西贸易问题的关键,其具体措施大都只是涉及细枝末节的问题。"红溪惨案"等一系列事件本应使清朝统治者认识到,清朝的商人必然遭到西方商人武装贸易的侵犯,而缺乏中国政府保护的商人面临失去东南亚贸易市场的危机。然而十分遗憾的是,李侍尧的《防范外夷规条》对这些贸易危机毫无认识,或者说他根本无视南海贸易利益。

其他三个防夷规定都是在 19 世纪颁布的。19 世纪中西关系再度发生了变化。19 世纪英国工业化使得社会价值观发生了转变,18

世纪的"中国风"被逐渐滋生的民族沙文主义所代替,19世纪的英国知识分子都将中国描述为裹足不前的落后国家。而使用中国产品被看做低俗的表现。另外,英国棉纺织业发展起来,棉纺织业急需开拓国际市场。英国一位驻外公使宣称,"贸易与我们国民生活的关系,犹如空气之与人体生活——是生死攸关的因素,是必需的","倘若我们得不到足够的贸易,那就必须用战斗赢得它"。1836年曼彻斯特商会上首相迈尔本与外交大臣巴麦尊曾说,中国为英国制造业提供了一个销量庞大而又迅速扩张的市场,其数达三百万镑。① 工业革命后,英国生产力迅速提高,英国在全球范围内掠夺原材料和推销商品,并逐渐建立起了全球范围的殖民体系,而中国广阔的市场和巨大的手工业生产能力自然使其成为英国下一步进行商业征服的目标。

19世纪刚刚到来,就发生了英国殖民侵略事件。1808年,英国海军少将路利(Drury)率三百多名士兵到达虎门外鸡颈洋面停泊,在没有获得中国官方同意的情况下,擅自占领澳门东望洋、娘妈阁和伽思兰三炮台。两广总督吴熊光把这件事当作普通贸易冲突事件,只派出行商前去劝告英军离开,然而路利却乘虚驶进虎门,停泊靠近省城的黄埔,而且印度总督还派来兵舰13艘、陆军760名前来增援。最后在朝廷的干涉下,吴熊光采取强硬措施,率兵驻扎黄埔与澳门,才迫使英军离开。此件事情引起清政府极大的震动,朝廷一方面将吴熊光等广东官员予以罢免,另一方面再派得力官员加强广东的领导和监督。新任广东总督百龄结合当时的情况,于嘉庆十四年(1809)颁布了新的防夷六条。

新的防夷六条规定是对《防范外夷规条》的完善和修改,其中针对上年发生的英军入侵事件,增加了关于禁止兵船擅入十字门及虎门各海口的规定,其他五条都是关于具体交易过程的规定,与

---

① 严中平:《近代史资料》,1958,"英国资产阶级利益集团与两次鸦片战争的史料下"。

《防范外夷规条》大同小异。很显然，朝廷仅仅把英军的这次入侵当作单纯的军事事件，而忽略了其背后的经济动因。他们根本没有看到，商业扩张才是这次事件的本质。朝廷官员的这种忽视，造成百龄的措施再次如《防范外夷规条》一样只能对一些贸易细节进行单纯的修改与规定，而根本不能解决中英之间根本性的冲突。

虽然英国工业革命促进了英国经济的发展，但是在19世纪初期中英贸易中，中国仍然处于出超地位，中国自给自足的经济对英国工业品需求较少。英国国力的增强和贸易需求的高涨，使得英国人在19世纪开始公然挑衅清政府的贸易规定。1830年广州盼师事件就是英国商人专门策划以抗拒广州当局。1830年英国东印度公司驻澳大班盼师（Baynes）公然违背清朝规定，将妻子从澳门带到广州省城，并公然坐着轿子进入公司商馆。总督李鸿宾通过行商勒令番妇退回澳门。但是盼师毫不示弱，反而指责清朝官员妄用权势，并且示意英国海军司令调兵进入商馆。最终在行商调解下，双方互相退让才让事件平息。

盼师事件之后，道光十一年（1831）二月两广总督李鸿宾、监督中祥奏报的八条防夷办法颁布，专门对番妇出入进行了严格规定。道光十五年（1835）正月两广总督卢坤、监督中祥提出的新八条管理办法又是因为1834年英国商务监督律劳卑擅自闯入广州后再次制定的措施。1834年，英国政府派出使臣律劳卑到中国进行贸易通商谈判，律劳卑企图以平等的方式与清政府打交道，但是广州方面不但对这种方式予以拒绝，而且谴责律劳卑未经许可擅自闯入广州。最终矛盾不可调和，双方发生炮兵互击事件。另外，英国东印度公司解散之后，英国商人缺乏统一管理，纷纷赴广州贸易。所以，地方官员也觉得有必要重新申明章程，以便管理。新的规定与前述几种规定相比虽然更加详细和严格，但是本质上并无不同。

面对英国的挑衅，清政府始终以一个更为严格、具体的防夷章程的出台作为事件的了结。如前已说明，这些规定大都是关于贸易细节的管理，而根本没有切中冲突要害。中西贸易冲突的根源在于贸易秩序的根本不同，但是正如本节开头所言，清政府拒不承认国家之间的贸易，这样一来自然会造成对商业的管理由宽松趋向严格，由允许趋向限制。一旦政策向这种方向变化，西方国家便又以"闭关锁国"之类的言语对清政府进行诟病。

  由于清朝的政策调整不保护商人，中国国际贸易已被置于危机的边缘。随着英国的强大和军事进攻中国获胜的可能性加大，英政府已经改变了原有策略，准备将在世界其他地方采取的仗剑经营的方式推行到中国内陆。1832年大鸦片贩子马奇班克斯向外交大臣巴麦尊谈论道，英国的海军司令是最好的大使，因为海军司令在几小时就可以收到外交用几周、几个月才能得到的效果。[①] 同时，广东的英商要求政府动用武力，确保他们在华鸦片走私的利益。1836年曼彻斯特商会和与中印贸易有关的伦敦东印度和中国协会，多次向英国政府请求帮助打开中国市场。这一切使得英国政府在决定对华政策时不得不把武力夺取中国市场作为目标，最终制定了对中国的"炮舰政策"，即以炮舰打开中国的大门，迫使清政府签订了许多不平等条约，使中国沦为半殖民地。这样，不但中国海上商人要遭到西方国家的不平等竞争，而且内陆商人也将沦为西方商人的"鱼肉"，从而最终造成中国国内大商帮的衰败。

---

① 武汉大学鸦片战争研究组等编《外国学者论鸦片战争与林则徐》上册，福建人民出版社，1989，第129页。

第三节 十三行制度

在经济学理论中,垄断是商业组织攫取高额利润的重要方式之一,商业组织总是通过产品差异化、设置市场进入门槛来加强企业垄断力量、保持市场地位。但是十三行的历史表明,垄断仅仅是企业强大的必要条件,政府与企业的关系将决定垄断在企业发展中的作用。

在18世纪到19世纪初期的广州贸易中,存在着两大具有垄断地位的商人集团。第一个是中国的十三行,第二个是英国的东印度公司,这两大集团的贸易几乎垄断了广州贸易的全部。这两大商人集团背后都有政府的支持。清政府将中外大宗商品贸易特权授予十三行;而英国政府也将军事、政治等权力赋予东印度公司,东印度公司在18世纪就是英国政府在海外殖民地的代表。然而,同样是政府的支持,两大商业垄断集团却在国际贸易中扮演着不同的角色。十三行逐渐演变为清政府控制外商、怀柔远人的工具;而东印度公司却成为英国政府开拓国际贸易市场、掠夺殖民地的工具。

与东印度公司不同,十三行是清政府用来牵制外商的工具,十三行获得贸易垄断权是以负责贸易秩序为条件的。清政府之所以需要十三行代为管理贸易,是因为清政府不承认国家之间的贸易,所以自然不可能设立专门的机构来管理;但是又不得不面对中西贸易的客观事实,于是本已存在的十三行便进入了政府的视野。清政府既然不能充当国际交流的中间主体，那么可以通过管理本国商人的办法达到牵制国际贸易的目的。

清政府与十三行的关系犹如委托人与代理人之间的关系。作为委托人的政府与十三行之间目标毫无一致性，委托人只需为代理人是否能够实现政府贸易秩序而承担责任，而无须关心代理人的效益；代理人不但要维护政府的贸易秩序，而且必须为自己企业的效益买单。这样一来，双方处于一种权利与责任极不对等的状态。所以政府可以任意干预十三行而不用考虑十三行的效益。英国政府与东印度公司的关系与此不同，作为委托人的英国政府和作为殖民开拓代理人的东印度公司，二者的目标是一致的，都是为了扩大市场增加贸易利润。所以政府不但不会不顾代理人的效益任意干预公司，而且会帮助公司提高效益。所以同样是垄断，会出现不同的经济后果。

一 政府缺位情况下：行商成为官员牟利的工具

清代十三行是在明代行商基础上发展而来的。明朝时期已经产生了行商制度，又被称为"三十六行"。李金明的研究认为明代广东"三十六行"是由官方制定的专营进出口货物的三十六个行铺。按照官方规定，三十六个行铺仅仅起到充当进出口媒介的作用，而没有代替市舶司盘验纳税等之事。清朝的十三行是在明朝"三十六行"基础上产生的，对此，梁廷枏在《粤海关志》中有定论："国朝设关之初，番舶入市者仅二十余柁，至则劳以牛酒，令牙行主之，沿明之习，命曰十三行。舶长曰大班，次曰二班，得居停十三行，余悉守舶，仍明代怀远驿旁建屋居番人制也。"①

清初虽然实行海禁，但是十三行仍然在贸易中发挥重要作用。屈大均《广东新语》中有一首诗《广州竹枝词》写了十三行的情

---

① 梁廷枏：《粤海关志》卷二十五，第491页。

况。"洋船争出是官商，十字门开向二洋，五丝八丝广缎好，银钱堆满十三行。"又有，"东粤之货，其出于九郡者曰广货；出于琼州者曰琼货，亦曰十三行货"①。据历史考证，屈大均生于1630年，卒于1696年，49岁之时写成《广东新语》，大约在1679年，即康熙十八年，此时尚属于海禁时期。而近年发现的《广东新语》初刻版本，证明其确实在开禁之前已经写成。②这表明海禁时期十三行已经在国际贸易中发挥着重要作用。

在海禁的情况下，十三行得以存在，是因为受到平南王尚可喜、靖南王耿继茂等控制。在这些番王控制下，南部沿海私人贸易十分兴盛。史载，"海禁甚严，人民不得通澳；而藩王左右阴与为市，利尽归之"③。他们"潜引海外私贩，私行无忌"④。尚可喜的参将沈上达"乘禁海之日番舶不至，遂勾结亡命，私造大船，擅出外洋为市。其获利不赀，难以数记"⑤。1659年，清政府下令"迁海"，然而广州贸易不但没有停止，反而官府派船收税。当时西班牙传教士记载，"澳门商人，在广州做完了生意以后，便由十只或二十只有十株巨桨的护航船和二十名弁兵伴随而行"，"船队停泊于舟山，华人来此交易，并缴纳税钞"。⑥据李士桢《抚粤政略》介绍："自康熙元年奉文禁海，外番船只不至，即有沈上达等勾结党棍，打造海船，私通外洋，一次可得利银四五万两。一年之中，千舻往回，可得利银四五十万两，其获利甚大也。"可见在当时二王的控制下，贸易照常进行，二王从中获利甚大。因此可以判断，当时的十三行实际上受制于广东二王，并且可能成为二王获利的工具。据马士的《东印度公司对华贸易编年史》记载，开海之初，英

---

① 李育中：《使人和志士屈大均》，《广州研究》1984年第2期：第17—28页。
② 赵立人：《清初海禁时期广东的海外贸易与十三行》，《海交史研究》2004年2期，第49—51页。
③ 屈大均：《广东新语·地语》"澳门"条。
④ 《平定三逆方略》卷一，宗青图书出版有限公司，1997。
⑤ 黄佐：《广东通志》卷六十二《文艺志》。
⑥ 姚贤镐：《中国近代对外贸易史资料》第一册，第5页。

国商人到达厦门，发现该地已有包揽一切贸易的组织，由当地官府指派一商人与英船贸易。① 这也可佐证十三行可能早已受到地方官员的控制。

开海之后，广东十三行成为各种权势的逐利工具，从而形成了不同官方背景的行商。当时有四种官方势力支持的行商：第一，"王商"，财力雄厚，贸易经验丰富，受广东藩王尚之信的控制；第二，"总督"商人，受总督控制；第三，受将军控制的"将军商人"；第四，受巡抚控制的"抚院商人"。除了这四大商人，其他商人无法染指海上贸易。

不同官方背景控制的行商相互争夺贸易利润，给广州贸易带来了巨大的混乱。马士《东印度公司对华贸易编年史》一书中记载了这样一件事。1699年，英国商船"麦士里菲尔德"号到达澳门，大班道格拉斯在进行详细考察之后，决定与洪顺官贸易。这桩贸易引起了其他行商的垂涎，也要求插手，结果遭到洪顺官的拒绝。很快，在总督的操作下，洪顺官遭到羁押。洪顺官被迫贿赂各方势力，并且同意与将军商人、总督商人和抚院商人合作，共同与"麦士里菲尔德"号展开贸易。然而在贸易过程中，将军商人、总督商人与抚院商人任意更改合同，最终造成洪顺官巨大的损失。②

据英商反映，广州在继上述四种商人之后，又出现了皇商，参与到广州贸易争夺中。这位皇商本是盐商，因为瞒报盐税被逐，后获得皇太子的支持，以4.2万两白银取得了包揽广州所有对外贸易的特权。但是这位皇商既无货物资金，也无赊购信用，所以外商很不愿意与其贸易。1704年，英商到达广州贸易，没有选择皇商，而是与其他商人达成了交易，皇商为此申诉到总督，最终在其他行商付给皇商一定补偿后，英商才得以与其他商人达成贸易。可见当时形势之混乱。

---

① 马士：《东印度公司对华贸易编年史》卷二，第56页。
② 马士：《东印度公司对华贸易编年史》卷二，第99—100页。

各种官方势力对行商的控制造成了广州贸易的混乱，影响到了行商的利润，而且行商还要不断遭受各种势力的盘剥与勒索。在这种情况下，行商决定相互联合，企图摆脱各种政治势力的控制，建立公行以改变现状。于是在康熙五十九年（1720）十一月二十六日，缔结十三条行规，正式成立公行组织。

康熙五十九年（1720）十一月二十六日，广州十三行的洋商集中起来，举行隆重仪式，在祭坛前杀鸡歃血宣誓，制定了十三条行规：①

（一）华夷商民，同属食毛贱土，应一体仰戴皇仁，誓图报称。

（二）为使公私利益界划清楚起见，爰立行规，共相遵守。

（三）华夷商民一视同仁，倘夷商得买贱卖贵，则行商必至亏损，且恐发生鱼目混珠之弊，故各行商与夷商相聚一堂，共同议价，其有单独行动者应受处罚。

（四）他处或他省商人来省与夷商交易时，本行应与之协订货价，俾卖价公道；有自行订定货价或暗中购入货物者惩罚。

（五）货价既经协议妥贴（帖）之后，货物应力求道地，有以劣货欺瞒夷商者应受处罚。

（六）为防止私贩起见，反落货夷船时均须添册；有故意规避或手续不清者应受惩罚。

（七）手工业品、漆器、刺绣、图画之类，得由普通商家任意经营贩卖之。

（八）瓷器有待特别鉴定者，任何人得自行贩卖，但卖者无论赢亏，均须以卖价百分之三十纳交本行。

---

① 梁嘉彬：《广东十三行考》，广东人民出版社，1999，第87页。

（九）绿茶净量应从实呈报，违者罚款。

（十）自夷船卸货及缔订装货合同时，均须先期交款，以后并须将余款交清，违者处罚。

（十一）夷船欲专择某商交易时，该商得承受此船货物之一办（半），但其他一办（半）须归本行同仁摊分之；有独揽全船之货物者处罚。

（十二）行商中对于公行负责最重要及担任经费最大者，许其在外洋贸易占一股，次者占半股，其余则占一股之四分之一。

（十三）头等行，即占一全股者，凡五，二等者五，三等六；新入公行者，应纳银一千两作为公共开支经费，并列入三等行用。

由上述十三条规定可知，行商开始相互订立盟约，统一行动，从而形成一个垄断组织。所有行商与夷商交易中的价格等事项须一致行动。个别行商经营，其他行商要均分部分利益。这种规定直指之前行商之间由于政治势力造成相互打压、秩序混乱的状况。在规定中，要求各行商不得有欺骗行为，要保证商品质量，这也是针对广州恶性竞争之下产生的种种欺诈行为而定的，有助于树立行商的信誉。从此之后，在大部分时间里，来广州贸易的外国商人面对的都是一个有着一致行动的行商组织。

但是事情并非一帆风顺，新成立的行商组织在英商和行外商人联合反对下被迫解散。1721年英船"麦士里菲尔德"号抵达黄埔，他们发现行商实质上是由海关监督及广东提督所控制，监督命令一切非公行以内的散商不得与外商接触，若有欲从事瓷器贸易者须缴纳20%货价予公行，茶叶买卖须缴纳40%。[①] 这引起了英商和其他

---

① 梁嘉彬：《广东十三行考》，第87页。

中国商人的反对。当时英船大班以停止贸易相威胁，而同时钦差也在广州，并准备到英船上为皇帝挑选进贡商品。海关害怕英商威胁会影响到皇帝进贡物品的置办，最终在两广总督的调解下，允许其他商人参与到贸易中来才平息此事。于是行商制度一度陷入有形无实的境地。

二 政府对行商贸易的介入：行商成为政府约束外商的工具

18世纪的广州贸易中，频频发生事端，尤其是西方商人屡次反对海关索取"规礼"，从而不断引起贸易纠纷。形势变化迫切需要政府能够有效地约束外商行为。清朝贸易政策制定之初，其着眼点是贸易有利于解决民生问题。但是现实中对外贸易早已超出了这种预期。中外贸易中的大量问题需要政府解决，尤其是西方商人屡次要求谒见广东官员，改革贸易陋弊，并且要求能够与清朝在平等的国与国关系上进行贸易协商，贸易的发展需要政府充当中外贸易的桥梁。但是在清廷的眼里，中外贸易的往来是中国体恤外夷经济需求才允许的，不是平等国家之间的正常贸易往来。在这种情况下，官府不适合充当中外经济贸易的中间人。于是政府的政治权力开始介入行商的经营，行商逐渐成为政府约束外商的工具。

雍正六年（1728），也就是在取消南洋禁令的第二年，广州、宁波分别设立商总，加强对外商控制，这标志着政府权力正式介入行商组织。商总由各行商推举，经粤海关监督批准建立，负责管理对外贸易、评定货价。此外，商总还要对外商进行管理，对违犯中国法律者及时向官府报告。如果外商违禁，商总要负连带责任。首任广州十三行的商总由秀官、唐康官、廷官及启官组成。

乾隆十五年（1750）保商制度建立，此后又出台了一系列政策完善保商制度。乾隆十五年，清政府下令将本由通事缴纳的船钞及规礼等银两，全部改为由"官府选择的殷实富户承保"缴纳，这标志着广东十三行保商制度开始形成。乾隆十九年（1754），清政府规定将洋船税、贡银、各种手续费等统一由行商负责，禁止非行商团体参与对外贸易。当年七月二十九日，两广总督宣布，由十三行总揽一切对外贸易，向清政府承担洋船进出口货税的责任，外商所需其他商品，由行商统一购买；外商违法，洋行负连带责任。

保商制度实际上就是行商被迫为其他商人的行为担保。担保责任分为内保与外保。外保是行商为外商作担保，内保为行商之间相互担保。外保方面，行商要担保外商按照规定缴纳货税，缴纳数目与行商负责的进出口货物销售和收购相挂钩。乾隆二十四年（1759）以后，清廷对外商在中国的行为严加限制，这些限制都由行商去担保，为外商行为负责。外商有违法者，唯行商是问。外船有伤人掳掠者，限行商定期交出凶手。例如，嘉庆初年，外国兵船驶入黄埔，有关行商就被治罪。然而对外国兵船以及外国犯罪行为，行商又有何能力控制？

内保责任即行商之间相互保证，一行亏损破产，全体行商受累。例如乾隆四十五年（1780），行商颜时英、张天球欠英商债务无法清偿，被革去官衔充军，家产清偿债务，不足部分由原保商潘文严等分十年清偿。① 内保责任给行商带来极大的财务负担，因为一家行商并不能约束其他行商的行为，却要为其他行商的行为负责。由此造成只要一家行商亏损，就会削减全行的利润。结果是保商制度建立之后，行商经营日益困难，大量行商破产。行商破产过多直接影响到朝廷税赋的缴纳，于是在嘉庆十八年（1813）朝廷改革了商总制度。即从所有行商中选择一两家行商总理贸易事务，其他行商为这一两家行商作保。这不但没有减轻行商责任，反而将全部责任集中于富裕行商。

清朝对外贸易的重要目标之一是"怀柔远人"，一旦行商成为政府管理外商的工具，行商自然也要承担起"怀柔远人"的责任。

---

① 梁廷枏：《粤海关志》卷二十五，第452页。

而"怀柔远人"的目标往往与商业往来原则相互冲突,"怀柔"的原则在于天朝要通过贸易让外商体会到朝廷的体恤与恩惠,而商业往来是利益的角逐,如何在讨价还价中追逐利润才是根本。这种冲突充分体现于清廷对商欠事件的处理中。1772年,乾隆皇帝在处理倪宏文拖欠外商债务事件时,曾道:"将拖欠之人,从重究治,庶免夷人羁滞中华,而奸徒所知惩儆。今倪宏文拖欠夷商货银,数至盈万,实属有心诓骗远人,非内地钱债之案可比。……若竟朦胧照覆,则是地方官庇护内地奸商,而令外夷受累,屈抑难伸。其事实乖平允,殊非体恤远人之道。"① 贸易中的债务纠纷,本属正常现象。但是乾隆却将内地钱债与国际贸易中的钱债相区分看待,并将债务事件上升到"体恤远人"的高度,可见在政府的意识中,商人的行为已非个人行为,其承担着维护天朝大国形象的重任。倪宏文事件后,朝廷规定,对于欠外商的债务,所有行商需负连带责任,摊赔钱款。这种规定非常不利于商业往来,造成许多行商必须承担不必要的负担。

综上所述,从表面上看行商似乎从朝廷那里获得了贸易垄断权,但是本质上政府是强迫将中国商人的贸易利益作为抵押品,要求商人压制外商,承担不必要的责任。第一,政府要求行商承担部分本属于政府的职能,但是却没有制度保证行商能从这种职能中获取相应的收益,这必然造成行商的责任与收益不对等;第二,商业组织需要承担政府职能,而且要负连带责任,但是行商没有政府相应的权力来保证职能的顺利履行,这必然造成行商只能利用停止贸易的方式来挟制外商遵守规定,这样的规定实际上是政府置商人利益于不顾。

三 十三行制度的缺陷

清政府将广州对外贸易的垄断权授予行商,其他商人无法染

---

① 《清实录》高宗纯皇帝实录卷一千零二十一"乾隆四十一年十一月",第24237页。

指。虽然不乏潘有度这样的成功商人，但是大部分行商不仅没有依靠对市场的垄断发展壮大，反而出现了行商频频倒闭的现象。即使是潘有度这样的大商人，也几欲解甲归田，后来甚至通过贿赂广东总督来达到卸任的目的。种种现象表明，垄断没有为行商带来巨大利益，反而成为行商的负担。

产生上述现象的一个重要原因是表面上垄断贸易的行商实质上既受制于清政府的压制与盘剥，而且还得面对外商胁迫，不得不在清政府与外国商人之间的夹缝中求生存。行商的这种生存状况可以从其与政府和与英国东印度公司的关系中得到反映。行商除了不时遭受地方官员的勒索之外，还需承担采办皇帝的贡礼以及名目繁多的捐输。此外，行商还要为对外贸易中外商不端行为负连带责任。每有此类事情发生，政府首先拿行商是问。例如雍正六年（1728），英国公司大班向总督禀请自由贸易，保商亨官因此受到连累，被政府羁押。此类事件不胜枚举。

由于具有垄断地位的行商数量由清政府指定，而不是根据贸易需求而产生，因此贸易规模往往超出被指定行商资金能力之外，从而不断陷入资金流动的困境。① 然而行商又必须完成当年外商的贸易要求，以便能够缴足清政府规定的赋税。因此，借贷以保证流动资金充足成为行商维持贸易必需的一种途径，行商最大的贸易对象英国东印度公司就成为行商最为重要的债权人之一，这造成行商为了完成贸易又不得不依赖于英国东印度公司的支持。

同样是受到政府的支持，行商与英国东印度公司在广州的贸易中却处于如此不同的地位。

根本原因是作为委托人的政府与作为代理人的商人之间目标是否相同。英国政府支持东印度公司是为了扩展贸易、抢夺市场、从殖民地掠夺财富，这与东印度公司的商人之间利益是相一致的。相

---

① 陈国栋：《东亚海域一千年：历史上的海洋中国与对外贸易》，山东画报出版社，2006，第286页。

反清政府与行商之间在贸易上却没有一致的利益。清政府开海是为了解决沿海百姓的基本生存需要，而中外贸易发展的状况已经超出了清朝最初的制度设计，尤其是广州贸易中屡屡发生的外商违规事件，清政府需要利用行商钳制外商。正是在这种状况下，清政府将垄断权赋予行商，而行商则需要负责税收和管理外商的责任。

清政府规定中外贸易中的大宗商品只能由行商经营，其他商人不能染指；外商来中国贸易，必须由行商作保，外商购入茶、丝等物品必须由行商代办。这个规定保证了行商在中外贸易中的垄断地位。但是行商必须承担三个方面的责任：第一，行商对外商及其船员、水手之一切事务须负完全责任，船员水手违反清朝法律也须负责；第二，各行商连带负担对外债务及政府课税之责任，对于各国船只应纳税额，须负连带支付之责任；第三，行商要充当政府与外商之间的媒介，政府的一些事项要由行商通知外商，同时监视外商，使其服从法令。

从上述规定中可以看出，政府将垄断权授予行商的目的是为了要行商负责在对外贸易中管理外商和税收。清政府管理外商的目的不是为了商人贸易的便利，而是为了使外商遵守清廷的贸易秩序，以维护天朝上国的威严。贸易对清政府来说并不重要，贸易垄断权的授予仅仅是为了能够将行商当作实现上述目标的工具。在这种制度安排下，当政府目标实现会有风险时，其总会首先牺牲贸易而威胁到商人的利益。对于具体执行政策的地方政府来说，他们关注的是能够保证税收，同时在贸易中不会违反清朝的对外限制规定。官员同样不关注行商的利益，他们的目标与行商追逐商业利润的动机无关。政府与商人目标的差异，造成在具体贸易过程中，政府官员总会为了自己目标的实现而屡屡干涉商人的贸易，甚至是牺牲商人利益。再加上行商由于资金周转问题，需要外商债务资助，所以行商最终不得不在政府与外商的夹缝中生存。

与此相反，英国政府与东印度公司在海外利益上是一致的。东印度公司成立初期，英国政府赋予东印度公司在非洲好望角以东地区的贸易享有独占权，并赋予公司在这一带区域有制定法律、行政管理和建立贸易据点的特权。同时英国政府还派出兵力帮助东印度公司拓展贸易。所以，同样是垄断，中国商人为此付出的是频频破产的代价，而西方商人为此得到的是全世界的市场。

第 四 章

从国际贸易竞争的角度看明清对外贸易政策的成败

第一节　明中期之前：受压制的中国民间贸易
第二节　中西初遇：海外市场、民间贸易与中西商人关系
第三节　中西贸易新阶段：贸易发展与商业主导权丧失
第四节　中国商人遭到西方商人的竞争与打压

前三章主要通过分析中西贸易政策差异与互动来揭示明清贸易政策的缺陷。结论表明中国政府不保护商人，从而将中国商人置于西方仗剑经营的危局之下，这是贸易政策最大的失误之处。与前三章不同，第四章将从经济自身的变化反观贸易政策的成败。从贸易自身发展来说，贸易环境决定了中国商业与商人客观上需要政府的保护，然而政府却没有履行这一职责，最终造成中国商人无法摆脱被排挤、被剥夺与被控制的商业命运。

在这一章对商业的考察中，始终贯穿两个主线：贸易量与商业主导权。贸易量是数量概念，单纯从贸易量上讲，中国对外贸易规模一直在扩大。但国际贸易绝非单纯的经济问题，商业主导权的引入就是为了揭示量背后质的变化，谁控制了商品产地、市场和商路，谁就拥有了商业主导权。两条主线的变化表明：明初以来，贸易量在不断扩大，商业主导权却在逐步丧失。

第一节讲述中西相遇之前，朝贡原则取代市场原则对商业的影响；第二节分析中西初识阶段，海外白银流入带来中国民间海上贸易发展，以及中西方商人关系的变化；第三节分析中西贸易新阶段，海外贸易逐渐恢复，并带动了茶、丝与瓷器的发展，但东南亚贸易主动权却已丧失；第四节讲述中国商人遭到西方商人打压的过程。

第一节　明中期之前：受压制的中国民间贸易

以中国为核心的亚洲贸易圈不是朝贡制度开创的，在明朝构建朝贡体系之前，就已经存在着以中国为核心的私人贸易体系。只不过明朝硬生生地将朝贡制度植入其间。再加上海禁制度的实行，使得私人贸易畸形发展。

一　朝贡贸易对市场运行原则的破坏

虽然明朝构筑了支配亚洲贸易的朝贡体系，就如滨下所说，以中国为核心的与亚洲全境密切联系存在的朝贡关系即朝贡贸易关系，是亚洲而且只有亚洲才具有的唯一的历史体系。① 但是不能认为是朝贡开创了亚洲贸易网络。在朝贡体制全面建立之前，亚洲就已经存在着频繁的民间贸易往来，朝贡体制的建立只是政府将权力渗透到这个体系当中，用政治性取代原有贸易的经济性，来"怀柔远人"。

滨下认为是由于朝贡体制才得以形成以朝贡关系为基础的贸易网络，这实际上是忽略了亚洲本已存在的私人贸易网络。即使在朝贡体系建立之后，许多贸易也不是通过朝贡贸易渠道才发展起来

---

① 〔日〕滨下武志：《近代中国的国际契机：朝贡贸易体系与近代亚洲经济圈》。

的。虽然朝廷在不断地企图扩展朝贡体系的范围，但是这种扩张方式与贸易扩展遵循的市场原则截然不同。贸易扩展总是遵循着利润原则，只不过在遇到朝贡制度之后要改变自己运行的道路与方式。正是因为如此，朝贡与贸易才一度呈现负相关关系，以及在朝贡所不能影响到的范围内私人贸易发展迅速。

早在明代之前，就存在着以中国为核心的海外华商贸易网络。宋元时期，北自朝鲜、日本，南至爪哇和苏门答腊，东起香料群岛，西至阿拉伯和东非，都有中国商船的频繁活动，郑和下西洋的活动范围并没有超过宋元时期民间商船业已开辟的庞大交通网络。[①]在这个广大的贸易范围内，中国商船是最为主要的商业力量。14世纪初，伊本·巴图塔在印度喀里克脱（今卡利卡特）港口，看到13艘中国商船，他认为，印度与中国的交通贸易，皆操之于中国人之手。[②] 庄国土的研究也表明，在宋元时期由于贸易的发展逐渐形成了海外华商的贸易网络，这个网络北起日本，南到东南亚各国，菲律宾也在这个时期进入华商贸易区域。海外华商贸易网络形成的标志有三：南洋地区由于华商海上贸易航线的系统化成为华商活动的范围与基地；与贸易活动相联系的移民活动也在宋代以后逐渐进行；海外华商聚集地出现。[③]

到了明朝，政府推行朝贡贸易体制，企图将早已存在的贸易网络纳入朝廷控制之下。朝廷通过海禁与朝贡制度相配合，形成非入贡没有贸易的局面。获得中国朝贡国的资格是海外国家与中国进行经济交往的前提，郑和下西洋将这种朝贡体制推广到极致。据记载，当时郑和下西洋历经30多个国家，航程远达非洲。有研究强调这种远航的政治性，认为促进经济交流的意义不大；但是也有研

---

① 陈希育：《中国帆船与海外贸易》，厦门大学出版社，1991，第56页。
② 陈希育：《中国帆船与海外贸易》，第56页。
③ 庄国土：《中国封建政府的华侨政策》，厦门大学出版社，1989，第14页。

究拿出很多证据表明，远航之后中外交流加强。从本书的视角来看，郑和下西洋是明政府通过巨大努力推广朝贡体制，将原本早已存在的贸易网络纳入朝廷控制之下的举动。

明朝为了将朝贡体制植入原本存在的贸易网络中，从贸易船只的建造、贸易路线的规定、产品的交流和人员的往来等各个方面进行了贸易控制。

对于海上贸易来说，最为重要的是运输工具。明朝控制贸易网络的第一步是控制造船业。首先，朝廷下令改造民间船只使其无法出海航行。"近海违式商船，皆令拆卸，以五六尺为度，官给印照，听其生理。"① "时福建濒海居民，私载海船，交通外国，因而为寇，郡县以闻。遂下令禁民间海船。原有海船者悉改为平头船。所在有司防其出入。"② 其次，取缔民间造船业，将许多造船工匠纳入政府官手工业。在继承民间造船业的基础上，官方造船业却在洪武和永乐年间进入发展的黄金时期。据不完全统计，洪武三年（1370），沿海各个卫所共计战船已达 2700 艘，洪武二十二年（1389）战船总数达 3002 艘，永乐年间明廷再度诏令福建、浙江、江苏、广东、湖北和江西等省建造和改造海船 2758 艘，③ 可见官方造船业的规模之庞大。

政府控制的好处是可以集中力量办大事，所以才有了郑和下西洋的壮举，以及下西洋在船队规模与技术上举世瞩目的成就。根据史料记载，郑和第一次下西洋时共有海船 208 艘，第二次有 249 艘，每次下西洋的人数都在 27000—28000 人，④ 最大船只达到 44 尺左右，载重量达 1000 多吨。⑤ 而在几十年后，即公元 1492 年，意大利航海家哥伦布首次美洲航行只拥有三四艘船，人数一二百

---

① 陈希育：《中国帆船与海外贸易》，第 76 页。
② 《明实录》太宗实录卷二十七，第 498 页。
③ 陈希育：《中国帆船与海外贸易》，第 73 页。
④ 《明实录》太宗实录卷二十七，第 491—492 页。
⑤ 陈希育：《中国帆船与海外贸易》，第 68 页。

人，最大船只的载重量不超过120吨。[①] 海航技术也十分落后，为了确定航海的方位，哥伦布命令船只只能在海岸线附近航行，以保证能够随时登陆以确定方位。有史学家后来曾这样取笑欧洲初次大航海时技术的落后：航海家一只手握着船舵，一只手拿着《圣经》，一看情形不对，就紧握《圣经》祈祷上帝保佑。

与官方造船业大发展形成鲜明对比的是，民间造船技术在政府的垄断下发展迟缓。明后期出洋商船，"舟大者广可三丈五六尺，长十余丈。小者二丈，长约七八丈"[②]。据推算，大船载重量约为10700石（约为700吨），比宋代5000料商船还要略小一些。至于中等船载重量约为330吨，比起宋朝的中型船略大一些。[③] 与郑和下西洋巨大的"宝船"形成鲜明对照的是，民间自造商船反而出现了载重量减少的趋势。

其次，制定勘合等朝贡贸易制度规定，欲与中国贸易须有朝廷颁发的勘合，取得勘合须是朝廷的朝贡国。勘合就是礼部制作的半印勘合文簿，凡是客商货物需要在勘合上写明白，到中国来之后，要比对朱墨字号。[④] 通过这种类似措施将朝贡体制覆盖的范围逐渐推广到原已存在的民间贸易范围之内。朝贡国的范围涵盖了东北亚与东南亚的大部分国家，其中朝鲜、琉球、安南、暹罗等国与明朝的关系较为密切，虽然朝廷对贡期有规定，但是这些国家常常超过限制，频繁来贡，因为这些国家离明朝较近，朝贡带来的经济效益较大。相应的爪哇等国较远，贡期并不完全按照规定。在郑和下西洋之后，许多国家积极来贡，但是随着时间的推移，来贡国逐渐减少。

再次，对移居海外的商民施行招徕政策，招徕无效的情况下进

---

① 〔日〕上杉千年：《郑和下西洋：1421中国发现世界》，大陆桥翻译社译，上海社会科学院出版社，2003，第2页。
② 张燮：《东西洋考》卷九《舟师考》，中华书局，1981，第173页。
③ 陈希育：《中国帆船与海外贸易》，第78页。
④ 《明实录》太祖实录卷二百三十一，第3375页。

行剿杀。明成祖即位之后，对南洋华侨进行招诱。永乐元年（1403），明成祖诏称："尔本国家良民，或困于衣食，或苦于吏虐，不得已逃聚海岛，劫掠苟活。朕念好生恶死，人之同情。帝王体天行道，视民如子，当洗涤前过，咸俾自新。故已获罪者悉宥其罪。就俾赍敕往谕尔等：朕已大赦天下，可即还复本业，安土乐业，共享太平。若执迷不悟，失此事机，后悔无及。"① 永乐四年（1406），明成祖再次诏令华侨归国，"尔等本皆良民，为有司虐害，不得已逃移海岛劫掠苟活，流离失所，积有岁年。天理良心，未尝泯灭。思还故乡，畏罪未敢。朕此闻之，良用恻然。兹特遣人赍勒谕尔：凡前所犯，悉经赦宥，譬如春水，涣然消逝。宜即还乡复业，毋怀疑虑，以取后悔"②。隔年既有八百多海外流民应谕而返。③ 郑和下西洋的一个重要任务就是贯彻朝廷的上述侨民政策。郑和在第二次下西洋时，遣人招谕陈祖义，陈祖义不从，郑和整兵大破陈祖义部众，"斩获无算"，"械（携带）祖义至京伏诛"。④ 朝廷政策施行的结果是流寓海外的华人要么被迫接受招诱，放弃海外回国，要么终老他乡。海外华人与祖国的联系也被迫中断。

最后，在正常贸易受到阻止后，民间贸易中流通的货物被朝贡体制中贡物赏赐和附进物贸易所取代，而贸易商品也被朝廷用来补充政府的经济需要。在原来的民间贸易中，中国输出瓷器、绸缎等商品，而换回来胡椒、香料、染料等产品。⑤ 这些商品仍然是朝贡贸易交流的主要商品，只不过是通过贡赐以及附进物的贸易达成交流。以胡椒为例，据估计15—16世纪中国在东南亚地区收购的胡椒年达5万包，或者250万斤。⑥ 在永乐年间，胡椒也是朝贡贸易

---

① 谭希思：《明大政纂要》卷十三，文海出版有限公司，1988，第75页。
② 《明实录》太宗实录卷四十一，第787页。
③ 《明实录》太宗实录卷四十八，第823页。
④ 张燮：《东西洋考》卷三《西洋列国考》，第21页。
⑤ 温斯泰德：《马来亚史》，姚梓良译，商务印书馆，1958，第65—68页。
⑥ J. C. Van Leur, *Indonesian Trade and Society*: *Essays in Asian Social and Economic History* (The Hague: W. van Hoeve, 1955), p.125.

中最为重要的贸易产品之一，并被纳入朝廷的控制范围之内。这些胡椒被朝廷用来作为文武官吏折俸禄的工具。用胡椒折俸的规模很大，例如永乐五年（1407）用胡椒折俸禄所牵涉的士兵达20万人以上。① 永乐二十二年（1424），朝廷明确规定，"在京各卫军士该赏布三匹、棉花一斤半者，与绢二匹，胡椒一斤；该布一匹，棉花一斤半者，与绢一匹，胡椒半斤。其南京卫所军士，止赏布匹。该三匹者内二匹折绢一匹，一匹折胡椒一斤，该一匹者胡椒一斤"②。

由于民间贸易受到禁止，朝贡贸易成为中外经济交流的主要渠道。朝贡中的赏赐变成中国产品流入外国的重要方式。通过官手工业满足对海外国家赏赐的需要是朝廷控制贸易的另一种方式。当时对海外赏赐的大宗商品主要是丝织品、瓷器等手工业品。而这些商品都依靠官手工业提供。明代的官手工业包括极其庞杂的内容，从宫殿建造到纸张都包括在内。这个官手工业自然承担起了制造赏赐海外产品的功能。由于要承担制造大量赏赐物品的任务，往往给朝廷带来巨大的财政负担。对此明朝有大臣反映："虽曰厚往薄来，然民间供纳有限。况今北虏及各处进贡者众，正宜撙节财用。"③

从经济自身的变化反观朝贡体系的构建，本书认为明朝的贸易制度实际上是用朝贡贸易的逻辑代替市场运行的逻辑。从运输工具到贸易路线，再到贸易产品和人员往来，明政府将其权力渗透到原本早已存在的整个贸易网络。以此来看，就很容易理解为什么大量关于朝贡体制以及郑和下西洋的研究文献要纠结于开关或闭关的争论。明朝企图用朝贡体系的原则代替市场原则，自然会压制市场的正常发展，故而似乎是闭关；而要在原本存在的市场网络内推广朝贡体系，那么必然会顺着贸易商路逐渐扩展朝贡范围，这样又使得朝贡体系有很大的开放性。

---

① 《明实录》太祖实录卷二百二十三，第2200页。
② 申时行：《大明会典》卷二十六《互补十三》，第311页。
③ 《明实录》英宗睿皇帝实录卷二百三十六，第5144页。

二　海禁制度下畸形的民间贸易

明廷通过种种努力企图将所有贸易纳入控制之下，民间贸易只能在这种制度压制下曲折发展。明代初期，施行严格海禁，将违禁出海贸易商民皆视为海寇盗贼而予以打击，这是从太祖到成祖一直施行的政策。除了再三强调海禁之外，又采取釜底抽薪的办法，"禁民间用番香番货"。洪武二十七年（1394），朝廷明令严禁私下诸番互市。帝以海外诸国多年，绝其往来。惟琉球、真腊、暹罗许其入贡。"而沿海之人，往往私下诸番贸易香货，因诱蛮夷为盗，命礼部严绝之，凡番香番货不许贩卖"。①明朝对商品流通的禁止无异于割断海内外的经济联系，这种政策一度造成只有朝贡贸易，民间贸易完全衰落的后果。

然而，中国沿海有着很长的海岸线，政府并不能完全监督民间船只出海的情况。而且，随着朝廷政策在执行中的逐渐荒弛，地方官员也逐渐放松了监督，于是私人贸易再度暗中发展起来。此时私人贸易的发展完全不同于海禁之前私人贸易的情况，主要呈现两个特征：

第一，平民百姓贸易规模减小。

由于明朝海禁非常严格，沿海省份"设卫所城五十有九"，大规模出海贸易自然不可行。为了不引起注意，一些商人大都分散进行，没有大的海上集团。许多史料有这样类似的记载：例如，成化八年（1472），福建龙溪县有29人下海贸易，结果遭海上风浪，浮上岸后被捕，其中14人被杀，其余人死于狱中。②《明实录》记载正统九年（1444）二月曾有55人的贸易团体出海，"广东潮州府民濒海者，纠诱傍郡无赖55人私下海"，赴爪哇贸易。当时这种几十人出海贸易的团伙居大多数，而55人已经是规模不小的团伙了。

---

① 《明实录》太祖实录卷二百三十一，第3375页。
② 《明实录》宪宗实录卷一百三，第2643页。

第二，与地方官员勾结的豪门大贾成为出海的主力。

在本书的第二章，曾论述了明朝朝贡制度的内在缺陷，即难以监督地方政府行为，为地方官员牟利留下了巨大空间。在这种情况下，普通百姓不能获得出海贸易的机会，但是一些有着权势背景的地方豪门大贾往往能够利用制度漏洞出海贸易。如成化年间，广东番禺县的王凯父子就是地方豪右，也是经常到海外走私的人。他们"招集各处客商，交结太监韦眷，私出海洋，通番交易"。① 这些客商实际上是投靠王凯父子的商人，企图寻找庇护。有些豪门大户还私造船只，史载，"成化、弘治之际，豪门巨室间有乘巨舰贸易海外者"。这些豪门依靠和官府的关系，如果出海贸易被发现，就暗中活动进行化解。这样，"闽广奸商，惯习通番，每一舶推豪右者为主"，地方豪门逐渐控制了海外贸易。

可见，由于政府对贸易的控制，带来寻租空间，于是民间贸易通过对地方官员寻租而采取一种非正常的形式发展。但是这种民间贸易已不同于原本存在的民间贸易，它是在明朝制度缺陷中发展起来的新的民间贸易形式。其特征在于政府与地方豪右的勾结，普通百姓只有攀附豪右才能获得贸易机会。这是权力压制下贸易的畸形发展。

---

① 《明实录》宪宗实录卷二百七十二，第 4587 页。

第二节 中西初遇：海外市场、民间贸易与中西商人关系

明中后期美洲白银大量流入中国，明朝财政改革推动了白银货币化，朝贡贸易与权力压制下畸形发展的民间贸易已经不能满足市场需要，于是私人海上贸易再度繁荣起来，并兴起了海商集团。另外，西方商人来到亚洲海域，并与中国商人展开商业竞争。

一 海外白银大量流入

明代中后期国际贸易的一个重大变化是海外白银大量流入中国。由于社会经济发展，明朝对白银产生了巨大需求。据相关研究，从洪武至建文时期，民间白银货币化的趋势已经非常明显，到了正统、成化时期，白银逐渐成为实际主币，流通于全国范围内。[①] 但是中国国内产银严重不足，难以满足市场需要，缺口很大。[②] 从海外输入白银成为解决国内白银市场供应不足的一个重要方法。从海外流入中国的白银主要有两个源头：日本和美洲，这两个地方是当时世界上最主要的白银产地。

---

① 万明：《明代白银货币化的初步考察》，《中国经济史研究》2003 年第 2 期，第 39—51 页。
② 王裕巽：《明代白银国内开采与国外流入数额试考》，《中国钱币》1998 年第 3 期，第 18—25 页。

日本白银开始大量流入中国当在16世纪中后期。在此之前，白银流入是小规模与分散的，在朝贡贸易物品中也很少见到关于白银的记载。但是到了16世纪中叶，日本银矿开发出现激增，直到17世纪前半叶的一百年里，是明治以前金银产量最多的年代，在16世纪后半叶日本输出品中，白银是最为大宗的产品。① 这些白银大都通过换取中国的丝绸等手工业品流入中国，因为16世纪后半叶正是中国白银货币化加剧进行，对白银需求日益增加的时期，而日本对中国丝绸的需求则是日本银产量激增的直接原因。当时日本白银流入中国主要有两条渠道：第一是日本商人或者中国商人从事中日之间的产品贸易；第二是葡萄牙人从澳门将丝织品等贩运到日本，再到澳门，用从日本换取的白银购买运往欧洲的中国货物。

美洲白银同样从16世纪后半叶开始流入中国。1545年和1548年，秘鲁波托西和墨西哥萨卡特卡斯的银矿被相继发现，白银被大量开采和向外输出。据英国学者威廉（William）的估计，仅波托西一处，1571—1595年的25年中，共产白银773.648吨。② 随着银贡混合提纯生产技术的运用，美洲白银产量大幅度提高。据沃德估计，美洲白银在16世纪产出约为17000吨，17世纪约为42000吨，到了18世纪约为74000吨，总计约为13.3万吨，其中75%的产量直接流入欧洲。③ 白银流入欧洲，加强了欧洲在世界市场上的购买力，于是利用白银购买了一张三等车厢的车票，从此登上亚洲贸易列车。④ 欧洲人将大量白银带到亚洲，再度满足了中国国内市场对白银的需求。

美洲白银通过多种渠道流入中国。部分白银经过西班牙的大帆

---

① 全汉升：《明清间美洲白银流入中国》，见全汉升《中国经济史论丛》，稻禾出版社，1996，第435—450页。
② William S. Atwell, *International Bullion Flows and the Chinese Economy Circa：1530 - 1650* (Past and Present, 1982), p. 95.
③ 〔德〕安德烈·贡德·弗兰克：《白银资本：重视经济全球化中的东方》，第203页。
④ 〔德〕安德烈·贡德·弗兰克：《白银资本：重视经济全球化中的东方》，第379页。

船，通过马尼拉贸易流入中国，马尼拉大帆船贸易存在了两百多年。流入欧洲的白银通过英国、荷兰等国逐渐辗转流入中国。美洲白银流入中国的通道主要包括下面三种：①

（1）西班牙—欧洲—波罗的海、摩尔曼斯克—斯堪的纳维亚、俄国—波斯—亚洲；

（2）西班牙—黎凡特—亚洲；

（3）自葡萄牙、荷兰、英国—好望角航线—亚洲。

已有大量研究对来自各个渠道的白银流入量进行估计。首先，是中国学者的研究。全汉升认为崇祯年间（1628—1644）每年从马尼拉流入中国的白银为 144 万两；②梁方仲认为，自万历元年（1573）至崇祯十七年（1644），共有 7200 万两白银自菲律宾输入中国；③彭信威保守估计，自 1571 年到明朝灭亡，菲律宾流入中国的白银量为 4320 万两。④ 其次，外国学者对白银流入量也进行了大量估计。表 4-1 是麦迪逊根据其他学者的研究对流入中国的白银来源与数量进行的统计，此表反映出日本是中国白银的重要供给地，从菲律宾和澳门流入中国的白银主要是美洲白银和从欧洲辗转流入的白银。格兰（Glahn）估计 1550—1650 年约有 2304 吨白银从菲律宾流入中国；⑤沃德估计 1600—1800 年经过马尼拉流入中国的白银数量为 3000 吨，从日本至少流入 10000 吨。⑥

---

① J. J. Te Paske, "New World Silver, Castile, and the Philipines, 1590 - 1800," in *Precious Metals in the Late Medieval and Early Modern World* (Durham: Carolina Academic Press, 1983), p. 433.
② 全汉升：《明清间美洲白银流入中国》，见全汉升《中国经济史论丛》，第 435—450 页。
③ 梁方仲：《明代国际贸易与白银的输出入》，见梁方仲《梁方仲经济史论文集》，中华书局，1989，第 178—179 页。
④ 彭信威：《中国货币史》，上海人民出版社，1965，第 710—719 页。
⑤ Richard Von Glahn, *Fountain of Fortune, Money and Monetary Policy in China, 1500 - 1700* (Berkeley, 1996), p. 140.
⑥ W. Barrett, "World Bullion Flows, 1450 - 1800," J. D. Tracyed. *The Rise of the Merchant Empire* (Cambridge: Cambridge University Press, 1990), pp. 224 - 254.

表4-1 中国白银进口量及来源（1550—1700）

单位：吨

	1550—1600	1601—1640	1641—1685	1685—1700	1550—1700 合计
日本	1280	1968	1586	41	4875
菲律宾	584	719	108	137	1548
葡萄牙贩之澳门	380	148	0	0	528
合计	2244	2835	1694	178	6951

资料来源：麦迪逊《世界经济千年史》，北京大学出版社，2003，第55页。

本书从各种数据中选取沃德的估计，认为自1493年到1800年，世界白银产量的43%—57%都流向了中国。[①] 这个估计与弗兰克的估计较为接近，即从1545年到1800年，世界有记录的白银产量的一半流入了中国。[②] 那么这个数目具体是多少呢？7世纪约有13000吨白银从欧洲流入中国，另外有3000吨到10000吨甚至高达25000吨白银直接从美洲流入中国。如果再算上日本所产的9000吨白银，那么在1800年以前的两个半世纪里，中国从海外获得了大约60000吨白银。平均下来，合每年226吨或6026667库平两白银[③]。也就是说，从1545年到1800年，欧洲人平均每年从中国购买走价值大约为226吨白银的货物。

二 海外市场需求刺激下中国商人纷纷出海贸易

全世界白银向中国流动是在需求与供给双方作用推动下发生的。首先是中国经济需要大量白银，同时能够向中国供给白银的日本和欧洲国家需要中国的手工业品。在这种双重作用下，大量国际

---

① W. Barrett, "World Bullion Flows, 1450 – 1800," J. D. Tracyed. *The Rise of the Merchant Empire* (Cambridge: Cambridge University Press, 1990), pp. 224 – 254.
② 〔德〕安德烈·贡德·弗兰克：《白银资本：重视经济全球化中的东方》，第257页。
③ 1吨白银 = 26667库平两（2000÷1.2×16）；226吨 = 6026742两；60000吨 = 1600020000两。

上的白银通过换取中国手工业品的方式流入中国。白银刺激下的巨额国际市场需求为中国手工业品创造了巨大的利润空间，正是在这种利润的刺激下，大量沿海商人纷纷出海贸易，并逐渐突破了原本受到豪门大贾掌控的私人贸易的范围。

私人出海贸易的情况可以从当时私商云集的海港大量出现得到反映，这些海港主要集中于政府难以控制的浙江宁波府和福建沿海的海岸线上。

宁波府所属的双屿港、烈港、岑港等地私商云集，形成了重要的私人海上贸易港口。聚集在这里的私商"大群数千人，小群数百人，比比猬起。每年夏季，大海船数百艘，乘风挂帆，蔽大洋而下"①。在明朝的某一天，航行在舟山洋面的商船竟达1390艘。② 葡萄牙人托宾在他的游记中说，当时双屿港每年进出口贸易额达300多万葡币，其中很大一部分是用日本银锭作货币的。③

对于福建等沿海地区来说，出海贸易是百姓谋生的重要手段。早在洪武初年，福建沿海居民"往往交通外番，私易货物"。明成祖永乐年间，经常"私自下番，交通外国"。宣德年间，由于漳、泉一带的商民违禁下海者日众，明政府不得不"复敕漳州卫同知石宣等严通番之禁"，但是效果不佳。据正统十四年（1449）福建巡海佥董应轸的报告，"比年民往往嗜利忘禁，依旧通番不绝"。④

成化、弘治年间（1465—1505），以漳州、泉州二府居民为首的海商，纷纷冲破朝廷禁海规定，贸易发展空前。由于走私商贩集聚，位于漳州城南50里的月港成了重要的贸易港口。史料这样记

---

① 陈子龙：《明经世文编》卷一百四十七《张文定甬川集》第1283页。
② 陈子龙：《明经世文编》卷二百零五《朱中丞甓余集》，2160页。
③ 张天泽：《中葡早期通商史》，第77页。
④ 谷应泰：《明史纪事本末》卷五十五《沿海倭乱》，清文渊阁四库全书，中国基本古籍库，第845页。

载月港贸易盛况："闽漳之人与番舶夷商贸贩番物，往往络绎于海上。"① 崇祯《海澄县志》生动详细地描写了从明初至成化、弘治年间由海外贸易给月港带来的变化。月港本来是一个十分贫瘠的地方，物产缺乏，土地产量也不高。百姓辛苦一年还不能解决温饱问题。于是一些胆大的人开始出海从商，贸易利润非常高，常常达到十倍以上。这吸引了大批渔民也弃渔从商，逐渐形成了出海的风潮，即使是朝廷严令也无法禁止。最后发展到其他地方的商人也来到月港从事海上贸易。作者这样评价贸易给月港经济带来的变化，"成弘之际，称小苏杭者，非月港乎"②。

到了正德、嘉靖之际（1506—1565），福建海商的对外贸易又进一步发展起来，这可以从遍布福建沿海各地的走私港口得到体现。之前福建仅有漳州月港一个贸易口岸。之后除了月港之外，梅岭、海沧、龙溪、嵩屿、南澳以及惠安的蓬城、崇武、同安的浯屿等地也成为漳州商人出海的港口。在嘉靖年间，泉州晋江的安平港发展成为仅次于月港的贸易港口，"近年番舶连翩径至，地近卸货物皆有所倚也"③。

漳、泉两州是当时福建最为重要的港口。其他如兴化、福州两府略次于漳泉，但也"实繁有徒"。以及福宁、福州等地商人，"恃水洋七更船之便，贪小物三倍利之多，莫不碗毡绒袜，青袄皮兜，叉手坐事，耻向耕钓。其黠者，装作船主"④，纷纷出海贸易。

私人贸易的发展使得市场逐渐突破了朝贡贸易体系控制的范围，并逐渐恢复了原本存在的贸易网络。

首先是与中国贸易的国家越来越多，这些贸易都不是朝贡贸易，而是民间贸易。据张燮《东西洋考》的记载，仅与漳州月港一

---

① 陈子龙：《明经世文编》卷二百四十三《处置平番事宜疏》，第2222页。
② 转引自傅衣凌《明清社会经济变迁论》，中华书局，2007。原文见崇祯《海澄县志》卷十一《风土志》。
③ 胡宗宪：《筹海图编》卷四，清文渊阁四库全书本，中国基本古籍库，第432页。
④ 董应举：《崇相集》卷六《闽海事宜》。

地有贸易往来的就有东、西两洋的40多个国家和地区，这些国家中除了原本的亚洲国家，还有欧洲的葡萄牙、西班牙、荷兰、英国等国。许多沿海百姓在从事贸易的过程中发了家，"夏去秋来，率以为常，所得不赀，什九起家，于是射利愚民，辐辏竞趋，以为奇货"①。《东西洋考》序中描写了贸易盛况："熙熙水国，剞舻艎，分市东西路，其捆载珍奇，故异物不足述，而所贸金钱，岁无虑数十万，公私并赖，其殆天子之南库也。"②这表明贸易不仅帮助沿海百姓致富，而且增加了政府的财政收入。

贸易网络逐渐恢复的第二个特征是商业移民的增多。商业移民是商业贸易的主要传播者。当时的商业移民可分为船商和商贩。船商是将中国产品运往海外的海上贸易商人，他们往往为了贸易的便利而移居海外；华人商贩是将中国产品从海外各地港口再度输送到各国各地角落，或采取长途运输的方式或者采取脚力的方式。Houtman 在《航海日记》中记述万丹华人小商贩说："当地的中国人多是向农民收购胡椒的小商贩。他们手提一杆秤和两个布袋，渗入到农村各地收购"，货郎们则"整天背着沉重的包袱，从一条巷子走到另一条巷子去叫卖"。

明中后期，移民数量最多的是菲律宾的马尼拉和印度尼西亚的巴达维亚，其次是日本的长崎，其他如马来西亚的北大年以及暹罗的大城等地也有相当数量的华人。据统计，至万历十六年（1588），在菲律宾定居的华人已超16000人。③ 万历三十一年（1603），菲律宾华人增长到30000余人，当年遭到西班牙殖民当局屠杀的华人就达2.4万—2.5万人。④ 但是到了崇祯十二年（1639），也就是红溪

---

① 谢肇淛：《五杂俎》，http://www.eywedu.com/biji/mydoc434.htm，最后访问日期：2010年1月15日。
② 张燮：《东西洋考》序，中华书局，1981，第23页。
③ Eufronio M. Alip, *Ten Centuries of Philippine-Chinese Relations*（Manila, 1959），p. 36.
④ Gen. J. P. Sanger, *Census of the Philipine Islands*（Taken Under the Direction of the Philippine Commission in the Year 1903），Vol. I, p. 319, Washington, 1905.

惨案前夕，数量再次增长到40000人。① 其次是长崎，在万历四十六年（1618），华人高达2.3万人。巴达维亚等地华人也不少，万历四十七年（1619），华人已占巴城居民人数的40%。② 马来西亚的北大年华人数量达到数千，③ 暹罗华人在4000—5000之间。④

三 海上贸易集团兴起

随着海外贸易的发展，一些中国南部沿海的商人，不甘心于中国封建政府打压封锁与西方商人排挤竞争，相互联合、自我武装，组成了武装贸易集团，纵横南部海域上百年。据林仁川等人的研究，明朝所谓的海盗与倭寇实际上就是当时最为主要的海上武装贸易集团，"寇与商同是人，世通则寇转为商，市禁则商转为寇"⑤。对中国海上贸易具有重大影响力的海商集团主要包括江浙皖海商集团、闽广海商集团和后来垄断沿海贸易的郑氏海商集团。

江浙皖海商集团形成较早，主要活动时期在16世纪40年代和50年代，嘉靖时期的一些重要倭寇首领如许栋、王直、徐海，就是这个集团的主要首领。倭寇被镇压之后，这个集团就衰落了。明代中叶，闽广也出现了大的海商集团，规模较大的有何亚八、林国显、许西池、洪迪珍、张维、张琏、吴平、林道乾、曾一本、林凤等贸易集团。最终这些海商集团在政府的镇压下也逐渐走向没落。唯有郑氏家族投靠政府，并吞并其他海商力量，从而成为南部沿海势力最为强大的贸易集团。

江浙皖海商集团与闽广海商集团主要从事中日之间的走私贸易和南洋贸易。

---

① Gen. J. P. Sanger, *Census of the Philipine Islands* (Taken Under the Direction of the Philippine Commission in the Year 1903), Vol. I, p. 319, Washington, 1905.
② 黄文鹰：《荷属东印度公司统治时期巴城华侨人口分析》，厦大南洋所，1981，第38页。
③ 张燮：《东西洋考》卷三《吉兰丹》，清文渊阁四库全书，中国基本古籍库，第35页。
④ Viginia Thompson, *Thailand: The New Siam* (New York, 1941), p. 104.
⑤ 陈子龙：《明经世文编》卷四百《疏通海禁疏》，第4333页。

例如江浙皖的徐氏兄弟以及李光头在中日贸易过程中逐渐强大,并联合起来成为"海上寇最强者"。著名海商首领王直在日本淞浦津建立贸易基地,从事中日之间的走私贸易。徐海集团也从事中日之间的贸易,史书记载徐海到日本后,"日本之夷,初见徐海,谓中华僧,敬犹活佛,多施与之,海以所得,随缮大船",进行海上贸易活动。①

史书中关于南洋贸易也多有记载。万历元年(1573),林道乾曾赴彭亨国贸易,史载林道乾"既行至甘埔寨(即柬埔寨),乃出囊中装五百金,帛五十吨,因杨四送奉寨王,乃以乾为把水使,属翁十、苏老、林十六等所部,而四亦得蒲履绤绨诸物"。② 后来为了贸易方便,林道乾匿名海外从事贸易,"乾,今更名曰林语梁,所居在臣国海澳中,专务剽劫商贾,声欲会大泥国,称兵犯臣国"。③ 这段史料表明林道乾武装能力相当强,可以侵犯东南亚一些国家。著名海商林凤就曾在东南亚一带与西班牙人展开贸易据点的竞争。海商林凤本来主要在福建、江浙沿海一带贸易,后遭到政府的镇压,被迫远赴南洋。为了夺取南洋重要的贸易港口马尼拉,林凤于万历二年(1574)冬率领62艘大船进军吕宋,11月30日在巴拉拿克(Paranaque)登陆,争夺贸易据点过程中打死了西班牙驻菲律宾总指挥戈伊特(Mltin Gorri)。12月,林凤再度向马尼拉发起进攻,但是由于西班牙准备充分,林凤只得撤到冯加施兰,筑寨修堡,建立了定居地。这件事情表明,其实以当时中国的势力,完全能够将西方国家在亚洲的势力消灭殆尽,从而为中国商人扫除贸易障碍,但是政府完全没有这个意识。

势力最为强大、持续经营时间最长的是郑氏家族海上贸易集团,郑氏家族的成功是因为其与明朝政府的联合。由于明朝面临内

---

① 林仁川:《明末清初私人海上贸易》,华东师范大学出版社,1987,第93页。
② 林仁川:《明末清初私人海上贸易》,第109—110页。
③ 林仁川:《明末清初私人海上贸易》,第109—110页。

忧外患的局面，需要利用郑氏家族的力量消灭海上的不稳定势力，而郑氏家族也需要利用朝廷的力量打败贸易上的竞争对手，于是这样一次特殊情形下的联合便造就了郑氏海商集团垄断南海贸易达半个世纪。①

天启五年（1625），郑芝龙在继承和接纳了李旦、颜思齐海商集团的资产之后，势力逐步强大起来。史载："芝龙之初起也不过数十船耳，至丙寅（天启六年）而一百二十只，丁卯（天启七年）遂至七百，今（崇祯初年）并诸种贼计之，船且千矣。"② 这段史料说明，在崇祯年间，郑芝龙已有上千艘船只，可见其势力已经非常庞大。崇祯元年，郑芝龙接受朝廷招抚，并借助政府力量逐一消灭或者兼并竞争对手。在击败刘香海商集团之后，势力达到顶峰。当时郑芝龙海商集团"雄踞海上"，"独有南海之利"，"海舶不得郑氏令旗，不能往来，每一舶列（例）入二千金，岁入千万计，芝龙以此富可敌国"。③

郑芝龙的儿子郑成功在贸易经营方面更具才能。1650年，郑成功委派经验丰富的郑泰和洪旭专管对外贸易。并且下令采办木材，建造航海大船，远赴各国展开贸易通商，与日本、吕宋、暹罗、交趾等各国建立了良好的贸易关系。此外，郑成功还将原本的贸易组织进行改革，创建了一个组织严密、分工细致的商业集团。郑成功将贸易集团分为陆商与海商，陆商以金、木、水、火、土命名，海商以仁、义、礼、智、信命名。陆上五商主要在杭州及其附近地区活动，负责采购贩运到海外的货物，货物备齐后交付海上五商。海上五商主要在厦门及附近地区的海上接货，一旦取得货物，即运往海外销售。此外，郑成功还派遣军舰在海上巡逻，其他国家贸易船

---

① 张丽、骆昭东：《从全球经济发展看明清商帮兴衰》，《中国经济史研究》2009年第4期，第102—110页。
② 《台湾文献史料丛刊》第八辑，大通书局，1987年。
③ 《台湾文献史料丛刊》第八辑。

只须向台湾缴纳税收才能进行贸易，即使是西方国家也不例外。

中国海商自我武装、相互联合纵横于海上贸易上百年，这些海商又被称为海盗。在西方贸易扩张中，也同样存在着海盗，例如英国著名海盗霍金斯、德雷克等。但是中国海商与西方海盗却有着截然不同的命运。中国海商被政府冠以海盗之名，然后逐个被绞杀；西方名副其实的海盗却受到政府的支持，明火执仗地抢夺他国商人。这其中的根本原因是商人与政府的关系不同。

西方政府鼓励本国商人海外贸易，海盗行为也是政府大力支持的，因为有利于打击别国商人。例如，英国女王伊丽莎白就曾参与著名海盗霍金斯的奴隶贸易和抢劫活动（投资了霍金斯贸易船只中的两只，一共三只）。除了直接资助海盗活动，还发放"私掠许可证"，鼓励海盗进行海外掠夺。由于伊丽莎白的这些政策，她曾被称为"海盗女王"。相比之下，中国的海商就没有这样好的机遇了，许多人是在正常贸易得不到保证的情况下，背负海盗骂名，走上私商道路。《海澄县志》就记载了这样一个典型的例子，洪迪珍在闽广一带从事海上贸易，积累起了一定的财富。当时偶有倭寇掳掠沿海百姓，洪迪珍都以钱财帮其赎回，所以颇得百姓爱戴。但是一些官员为了完成缴获倭寇的任务，竟然屡屡捕获中国商船以充海盗，洪迪珍的贸易因此屡受打击，最终被迫走上海盗贸易的道路。① 这类例子不胜枚举。

明政府不仅不支持商人，而且还利用商人从事贸易的愿望，将商人逐一剿灭。著名的海商集团首领王直虽然从事非法贸易，但是一直没有放弃寻找正常贸易的努力，为此王直多次请求朝廷允许其贸易。嘉靖三十四年（1555），王直向胡宗宪表达了"成功之后，他无所望，惟愿进贡互市而已"的愿望。胡宗宪趁机利用王直的这种心理，先以允许贸易诱惑，然后背叛许诺，将王直抓捕入狱。

---

① 《海澄县志》卷二十一，书目文献出版社，1992。

明政府也有支持商人的例子，但明政府支持郑氏海商集团是一种迫不得已的选择。明朝后期，内忧外患，"东南海氛围之炽，与西北之虏，中原之寇，称方会三大患焉"①，"时方征天下兵，聚辽东，不能讨芝龙，用抚羁縻之"②。因此才出现了政府与商人合作的特例。这种合作，很难说有利于中国海上贸易的发展。因为郑芝龙获得政府的支持只是一方面，另一方面是大量海商遭到剿灭。郑芝龙为了自己垄断贸易，先后将刘六、刘七、李魁奇、钟斌以及刘香等海商集团击溃。郑氏一家获得了南海贸易的垄断权，天下海商却失去了南海贸易的权利。

由于明朝政府与商人的这种关系，所以大量海商实际上沦落到流亡海上、无国可投的境地。虽然一些海商在海外建立贸易基地，但是要么是外国需要利用海商获得中国产品，要么是外国政权一时难以用武力铲除而暂时得以生存下去，这些贸易基地最终都没有摆脱被西方商人剿灭的命运。就如海商首领林凤，虽然在冯加施兰建立了贸易据点，但是由于影响到了西班牙的贸易，所以最终被西班牙所驱逐。这样一群无国可依、到处受到排挤的海商集团自然难以发展壮大，更不用说与西方商人抗衡了。

四　中国商人与西方商人的关系

虽然欧洲商人将白银带到亚洲刺激了中国海上私人贸易，但是中国商人发现他们必须要与欧洲商人竞争争夺亚洲贸易市场。弗兰克说欧洲商人利用美洲白银购买了一张亚洲贸易列车上的三等车票，③ 除了拥有白银外，欧洲商人还表现出与传统亚洲商人截然不同的特征，他们有国家力量的支持，贸易船只往往携带大炮等武器，商人一面携带白银购买亚洲产品，一面紧握武器准备抢夺。然

---

① 中研院历史语言研究所编《明清史料》巳编，中华书局，1987。
② 邵廷寀：《东南纪事》卷十一，古籍出版社，2002。
③ 〔德〕安德烈·贡德·弗兰克：《白银资本：重视经济全球化中的东方》，第379页。

而欧洲商人也发现，中国商人不同于世界其他地方的商人，首先是中国商人贩卖的商品价格十分便宜，对欧洲商人形成了巨大的竞争力；其次是欧洲商人的许多生活必需品需要中国商人的供应。因此欧洲商人在这个阶段没有肆无忌惮地使用武力，而是对中国商人采取了竞争加利用的方式。

西方商人初到亚洲，便发现他们的贸易受到中国商人的激烈竞争，根本无法打开局面。16世纪末，到达巴达维亚的西班牙人就发现，中国商人在他们到来之前就已经从事了多年的贸易。中国帆船运来的商品物美价廉，不仅受到当地人的欢迎，而且很受西班牙人的喜爱。当时，西班牙总督非常诧异，他说：他们卖得这样便宜，以至于我们有这样的想法，要不是他们国家生产这些东西不需要劳动力，要不就是弄到这些东西不要钱。① 荷兰航海家范鲁特记录了荷兰商人在加里曼受到中国商人的竞争，他们发现荷兰人带去的纺织品根本无法销售出去，因为中国船只带来的纺织品价格便宜，质地优良。②

在《荷兰文件》与《亚洲杂志》中分别记载了荷兰东印度公司与中国商人在鹿皮与金刚钻生意上的竞争，这些事件表明当时中国商人在与荷兰人的竞争中还占据着绝对优势。

据记载，明朝时候暹罗是亚洲重要的鹿皮产地，这些鹿皮主要被贩运到日本市场。从事鹿皮贸易的主要是中国商人，他们用一些中国的手工业品换取暹罗的鹿皮，再贩运到日本换取白银。荷兰东印度公司到来后也参与到鹿皮贸易中来，但是贸易量无法与中国商人抗衡。然而明末日本争贡事件造成中国一度关闭了对日本贸易的通道，东印度公司趁机占领市场，独占鹿皮贸易达七年之久。然而在中日贸易恢复后的1640年，突然出现了一个中国商人企图夺回鹿皮市场。这个中国商人采用高价购买的方式大肆收购暹罗的鹿

---

① E. H. Blair and J. A. Robertson, *The Philippine Island*, *1493–1898*, Vol. 25 (Cleveland, 1903), p. 302.

② 引自赫里斯《航程总汇》卷一，第35页。

皮，东印度公司进行反击，然而这个中国商人对皮革不问质量不问价格一律收购，价格抬得更高，仿佛想买光所有的皮革似的。① 中国商人不仅在鹿皮产地与荷兰人争夺，而且还在销售市场争夺销售渠道，以至于荷兰人发现他们的日籍收购代理人竟将公司收购的有限的鹿皮转卖给了中国商人。结果在很短的时间内，暹罗与日本之间的鹿皮贸易便再度被中国商人垄断。

17世纪初，中国商人联合当地居民破坏荷兰东印度公司掠夺金刚钻的计划。1604年东印度公司船长范瓦伟克（Van Warwyk）在加里曼丹西部苏加丹那发现了蕴藏的金刚钻，于是计划开采。在做好了充足的准备后，东印度公司在1608年武装占据了加里曼丹地区，并分别在马辰、若那和苏加丹那等地设立了代理处，企图用缔结条约的方式直接掠夺金刚钻。因为中国商人已经从事当地金刚钻生意多年了，荷兰人的这一行为必然损害华人的利益，于是中国商人与当地居民联合起来抗拒荷兰的殖民行径，最终迫使荷兰取消了当地的代理处。1664年，也就是50多年之后，荷兰人再度入侵马辰，再次企图夺取金刚钻生意，但是这也未能阻止苏丹与"更擅长经营的中国人之间的贸易"。② 直到17世纪末，荷兰人才在金刚钻生意中打败中国商人。

在上述的贸易竞争实例中，为什么一贯采用武力的荷兰人没有直接使用武力排挤中国商人？这是因为中国商人在当时的东南亚贸易中非常重要，荷兰人需要依靠中国商人的贸易与经营活动才能维持在亚洲的继续存在。

其实荷兰人并非没有考虑过使用武力。荷兰东印度公司成立后的最初20年，公司为了挫败中国帆船在东南亚商业上的优势，曾

---

① 转引自田汝康《中国帆船贸易和对外关系史论集》，浙江人民出版社，1987，第11页。原文见《荷兰文件》（Dutch Papers Extracts from the "Dagh Register" 1624–1642），1915，第67页。
② 圣约翰：《印度群岛》卷一，1853，第33页。

三番五次训令公司总督用武力阻止，只是公司总督有所顾忌不敢付诸行动。① 在鹿皮生意败给中国商人之后，东印度公司也曾建议使用武力，但是遭到台湾总督的劝阻，因为他们怕因此使得与华人之间的贸易受到影响。

公司总督顾及的正是他们在贸易上以及基本生存方面都要依靠中国商人。荷兰人之所以能够长期占据万丹，全靠中国商人的物品供应。万丹是个比较贫瘠的地方，仅仅产少量的米谷、胡椒与木棉，依靠当地这些东西，荷兰人根本无法在当地生存。中国帆船运去的陶器、铁锅、瓷器等是荷兰急需的物品，荷兰人通过一些胡椒和白银从中国商人那里换取所需商品和生活必需品。1640年，当中国的六艘帆船运来大量米谷时，荷兰天主教父认为这是"上帝的恩赐"。② 此外，由于荷兰人不能直接与中国贸易，所以大量在欧洲畅销的中国手工业品也需要中国商人卖给他们，例如中国的丝绸、棉布与瓷器等。

除了贸易与基本生存资料上要依赖中国商人，在殖民地的建设中也要依靠华人。由于东南亚一些国家手工业十分落后，即使是基本建设的工匠也极度缺乏，所以荷兰人尽量招徕中国商人，依靠他们建设殖民地，例如华商杨昆（Jan Con）和林六哥（Lim Lacco）就是巴达维亚最大的建筑承包商。巴达维亚的城堡、城墙和房屋以及建筑材料都由华商负责。③ 马尼拉建设中，渔夫、园丁、猎人、织匠、砖匠、烧石灰匠、木匠、铁匠、修鞋匠、蜡烛匠、油漆匠、银匠等都是由招徕的华人充任，④ 工种之细表明荷兰人在亚洲生活

---

① 转引自田汝康《中国帆船贸易和对外关系史论集》，第9页。原文见弗勒凯（B. H. Vlekke）《千岛之国》（*Nasantara*），1944，第115页。
② 转引自田汝康《中国帆船贸易和对外关系史论集》，第6页。原文见何伯特（Sir Thomas Herbert）《菲亚洲旅行记》（*Some Years Travels into Africa and Asia the Great*），1677，第264页。
③ Leonard Blusse, *Strange Company: Chinese Settlers, Mestizo Women and the Dutch in VOC Batavia*（Leiden: 1986），p. 53.
④ E. H. Blair and J. A. Robertson, *The Philippine Islands*, Vol. 7（BiblioBazaar, 2007），p. 34.

的方方面面都需要中国人照顾。

中国商人的优势仅仅是从经济角度来说的,只有在平等竞争的基础上才能得到体现。如果加入政府支持的因素,那么中国商人实际上处于劣势地位。因为荷兰商人有政府的保护和武力支持,而中国商人只是孤军奋战,丝毫得不到政府的任何支持。荷兰人需要中国商人只是因为一时还未站稳脚跟,一旦殖民统治得到稳固,他们就不需要什么商业竞争优势,只需稍微动用武力就可将中国商人赶出东南亚市场。

中国商人在亚洲的贸易地位是通过平等的贸易竞争取得的。中国的产品不仅价格便宜,而且深得亚洲各国消费者的喜爱。然而,西方国家是以征服者的姿态出现的。中国商人在亚洲的贸易优势依靠的是廉价的中国产品、帆船运输和商业移民建立起的贸易网络,而西方商人依靠的是武力在亚洲强制垄断贸易。在这种条件下,中国商人虽一时在贸易中能够占优,但从未来发展看却处于一种弱势地位。

首先,中国商人海外移民聚集地由于缺乏政府的保护,很容易受到西方殖民政权的控制。虽然在开始阶段,西方商人出于经济原因的考虑而没有实行武力侵犯,但是随着西方商人逐渐站稳脚跟,他们必然会从中国商人手中夺取贸易机会。例如,西班牙占据马尼拉之后,刚开始还对中国商人采取招徕政策,之后由于害怕华人势力的增长会影响到自己的商业利益,就开始限制华人商业。巴达维亚的荷兰商人就曾写信给荷兰国会,认为中国商人的贸易过于发达以致影响了他们的利益,要求限制华人商业。[1] 1589年8月9日,西班牙国王训令新任总督,禁止华人行商和摊贩住留菲岛,[2] 1603年,西班牙总督规定马尼拉的华人数量应限定在4000人,[3] 1606年

---

[1] 黄文鹰:《荷属东印度公司统治时期巴城华侨人口分析》,第39页。
[2] E. H. Blair and J. A. Robertson, *The Philippine Islands*, Vol. 7 (BiblioBazaar, 2007), p. 154.
[3] E. H. Blair and J. A. Robertson, *The Philippine Islands*, Vol. 12 (BiblioBazaar, 2007), p. 295.

又规定为6000人,①类似的禁令不断颁布。

其次,中国商船得不到本国政府的保护,频频受到西方商人的打劫。当时,中国商人的帆船技术还是比较先进的,但是缺乏防卫能力。相反,西方商船航海技术并不先进,但武器装备十分齐全,"安放炮位十余门,鸟枪三四十枝,器械甚精"。②西方商船的这种装备就是为了在方便的时候劫掠中国商船。葡萄牙占据马六甲之后,就不断抢劫中国商船,造成中国商船赴马六甲数量急剧下降。据1510年阿劳乔的记载,以前每年有8—10艘华船到达马六甲,然而在葡人攻占马六甲之后,即1513年,驶抵马六甲的华船下降到了4艘,③从西亚到亚齐则已经见不到华船的踪迹。④

中国商人面临的竞争局面表明,虽然中国商人在贸易中仍具有竞争优势,但是却已经开始失去贸易的主动权。西方商人在亚洲虽然没有在贸易上立即取得优势地位,甚至无法与中国商人竞争,但是他们在亚洲建立起了殖民政权。由于西方商人与国家政权是合为一体的,所以在正常的贸易竞争之外,可以依靠武力将中国商人纳入控制之下。例如,西班牙在菲律宾建立起殖民政权之后,即对华人实行严格控制,在马尼拉划定专门的范围供华人居住,这一范围又被称为八连市场(Parian,明代史书称为"涧内")。八连市场被安排在西班牙城堡大炮射程范围之内,目的就是在需要的时候可以控制华人。随着一些海岸港口被西方国家占据,中国商船到这些地方贸易不但要缴税,而且要听任殖民政权的摆布。

---

① 昊景宏:《西班牙时代之菲律宾华侨史料》,南洋大学南洋研究室,1959年第8期,第36—38页。
② 周凯:《厦门志》卷五,玉屏书院刊本,1839。
③ M. A. P Meilink-Roeloyse, *Asian Trade and European Influence* (The Hague, 1962), p. 142.
④ M. A. P Meilink-Roeloyse, *Asian Trade and European Influence* (The Hague, 1962), p. 143.

第三节　中西贸易新阶段：贸易发展与商业主导权丧失

清朝开海后，中外贸易进入一个新阶段，大量商人纷纷出海贸易，华人移民海外贸易再次出现高潮。华商、华侨深入东南亚，形成了一个广泛的华人贸易网络。随着海外需求的增加与大量中国手工业品通过这个网络流入海外，中国长途贸易与中国商帮逐渐兴盛起来，商帮将大量茶叶、瓷器等运往海外。有人将这种贸易发展的状况看做中国的商业革命。

然而，这种表象上的贸易发展仅仅是问题的一个方面，另一方面是中国海上商业主导权逐渐丧失。因为西方商人是通过武装贸易登上亚洲贸易历史舞台的，他们的产品与中国相比毫无竞争力，但是他们在用武器进行贸易方面的能力远远高于中国商人。故而中国产品的海外市场需求越大，就会有越来越多的西方商人企图垄断亚洲贸易商路，对亚洲贸易据点的争夺与控制就会愈加激烈，中国海上贸易力量就会遭到更大程度的剥夺。

一　海外贸易网络的恢复与发展

清朝开海之后，对外贸易得到迅速恢复。禁锢已久的贩洋船，"无论大小，络绎而发"，[①] 商船交于四省，遍于占城、暹罗、真

[①] 贺长龄：《清经世文编》卷三十三《论开海禁疏》，中国基本古籍库，第2164页。

腊、满剌加、渤泥、荷兰、吕宋、日本、苏禄、琉球诸国。① 根据地区的不同，可以将清朝商船出海贸易地点划分为三大区域，各个不同的区域内形成了多条贸易航线，不同航线组成了一个巨大的海上贸易网络，通过这个网络，大量中国产品被输送到海外。

首先是东亚日本、朝鲜与琉球的贸易区域。日本虽然闭关锁国，但仍允许中国商人赴长崎贸易，所以贸易很快得到恢复。日本所产的铜、银与金是清朝急需的币材，清政府也鼓励商人赴日本办铜。据估计，开海之后，每年赴日船只不下百艘。朝鲜与琉球是清朝关系最为密切的朝贡国，清朝在这两个国家受灾之时曾多次派出商船接济，故而贸易关系十分密切。

其次是暹罗、越南等亚洲大陆海岸国家贸易区。与这些国家的贸易形成了三条较为固定的航线，分别是到越南、柬埔寨和暹罗。史料载，商船向西南经过七州洋、陵水，见大花、二花、大洲各山，顺东北风四五日便过越南会安顺化界，即越南王建都之所也。② 过了越南海域，南行二三日到新州，再南行三四日就到龙亭，由龙亭顺风可到柬埔寨。此外一条是到暹罗的航线。

再次是东南亚菲律宾、印度尼西亚岛屿等贸易区。从中国沿海向这个区域有四条较为固定的航线。其一是至爪哇的航线，这条航线上的商船从广东港口出发，出万山向西南航行，经琼州至昆仑，再向南行三四天可达地盆山，由地盆山过三洲洋，航行三天就可到达爪哇。其二是至苏门答腊的航线，苏门答腊位于中西交通的要道上。其三是至吕宋，商船经过昆仑后转向东航行即可到达。其四是至柔佛的航线。商船经过昆仑向东南方向航行，几日即可抵达柔佛。在这四条航线上，又可分出多条其他航线，如从苏门答腊可至马鲁古香料群岛，由吕宋可至渤泥，到达柔佛的商船还可转口至吉打兰。

---

① 《台湾文献史料丛刊》第二辑，第1984页。
② 清高口述，杨炳南笔录《海录校释》，《安京校释》卷中，商务印书馆，2002。

开海后清朝与这三大区域之间的贸易各有特点。与东亚和亚洲大陆海岸国家的贸易，主要是由中国商人出海将货物运到这些地区；而与东南亚岛国之间的贸易主要由欧洲商人直接赴中国沿海贸易，中国商船已经很少到达。

第一，由于受到贸易利润的影响，清朝与东亚之间的贸易关系已经并非单纯的朝贡贸易关系。朝鲜、琉球与清朝朝贡关系保持的时间最长，直到19世纪末朝贡关系才得以解除。但是这样忠实的朝贡国与清朝的民间贸易也随着开海而获得了发展。例如琉球与清朝朝贡次数就由原本规定的两年一贡变为现实中的六年五贡，这表明琉球也开始利用朝贡关系行贸易之实。① 清朝与朝鲜之间在鸭绿江畔的边境贸易十分发达，当时的江界、义州、楚山、昌城等都是著名的国际贸易中心。

日本与中国的贸易关系比较特殊。日本一度实行锁国政策，不允许本国船只出海，只允许中国人和荷兰人到日本长崎贸易，所以中日之间的贸易主要依靠中国船只维持，荷兰人到来之后也逐渐成为中日贸易的主要中介者。康熙二十四年（1685），日本规定中国赴日贸易商船年贸易总额不得超过6000万贯，康熙二十七（1688）年，又限令驶日的中国商船为70艘。② 但是从实际情况看，贸易额与商船数量远远突破了这个限制。在开海后的40年内，仅福建赴日商船就有640艘，其中从福州发船的有219艘，其次，厦门170艘，台湾则为130艘，康熙三十七年至五十三年（1698—1714）间，年均赴日船只达到71.3艘。③ 这些船只大都躲过日本官方检查从事非法贸易。

第二，清朝与暹罗、安南等国在原已存在的朝贡贸易体系上发

---

① 杨雪芹：《略论清朝的朝贡制度》，《龙岩师专学报》1995年第2期，第65—69页。
② 〔日〕木宫泰彦：《日中文化交流史》，第640—641页。
③ 陈希育：《清代福建的外贸港口》，《中国社会经济史研究》1988年第4期，第75—81页。

展起繁盛的民间贸易。清朝开海后的第一年，就有15艘中国商船赴暹罗贸易，此后这个数量大体保持在每年10艘以上。中国的丝绸、瓷器、铁、铜和土布等都是暹罗需要的产品，这些贸易主要还是由中国商人把持。例如，乾隆四十六年（1781），有46艘外洋船从暹罗使入厦门港，其中除了一艘暹罗的船只外，其他全是中国船。① 暹罗还是清朝进口米谷的主要国家，由于清朝生齿日繁，粮食价格上升，所以一度采取鼓励暹罗船只出口米谷的政策。除了这种双边贸易之外，中、暹、日之间发展起了三角贸易。每年从暹罗的曼谷、北大年、宋卡和六坤都有前往日本贸易的船只，这些商船在中国江浙、福建沿海港口停留，补充货物之后再驶往日本。② 因为日本只准中国船只贸易，所以这些暹罗船只往往配备有中国船员。

中国与安南的贸易也十分兴盛。开海之始，每年赴安南贸易的船只"多不过六七艘"。到了康熙四十三年（1704），"已增至十六七艘"，在安南港口有一个大唐街，都是福建的商人在此开设店铺，"国用饶益，咸赖福庇也"。③ 此后，贸易又有所增长。根据长期居住广南的克弗拉在1740年的估计，每年约有80艘中国船来此贸易，法国商人波武尔在1749年估计这个数量是60艘左右，④ 虽然两个人所说的数据有所差异，但是这个数量却也大概反映了贸易的增长情况。

第三，清朝与东南亚国家之间的贸易主要由欧洲商船负责。虽然也有一些中国商人远赴这些地区，但是已经难以与西方商人抗衡。由于这些内容与本章第四部分内容相关，所以集中放在第四部分论述。

---

① 《宫中档乾隆朝奏折》，第816页。
② 《华夷变态》，秀光社，第1916页。
③ 释大汕：《海外纪事》卷三，中国基本古籍库，第42页。
④ 陈荆和：《十七、八世纪之交会安唐人街及其商业》，《新亚学报》，Vol.3，第1页。

二 海外贸易与茶、丝、瓷等产品生产的变化

从清朝四海关进出口总值的估算中可以发现，清朝贸易额是非常庞大的。这样巨大的贸易量主要是通过茶叶、瓷器与丝织品这三种大宗产品的出口实现的。这三大商品的生产因为海外市场的变化而产生了巨大的变化。海外市场的需求，引起了产品产地以及生产结构乃至技术的变迁。除了这三大产品，沿海部分地区还出现了外向型经济，专门针对海外需求生产产品。这表明海外贸易促进了国内经济的发展。

茶叶是海外贸易最大宗的出口产品。表 4-2 统计了英国东印度公司进口茶叶占总进口产品贸易值的比例。在近一半的年份里，茶叶出口占到 90% 以上，其他年份茶叶出口比例也达到了 60% 以上。其他国家进口商品也大致保持了这种状况。吴承明估计的茶叶国内产品流通额为 2708.2 万两，出口为 1126.1 万两，占国内商品流通量的一半左右。①

表 4-2　东印度公司自中国输出主要商品中茶叶的比例

单位：%

年度	茶叶占出口商品总值	年度	茶叶占出口商品总值
1760—1764	91.9	1790—1794	88.8
1765—1769	73.7	1795—1799	90.4
1770—1774	68.1	1817—1819	86.9
1775—1779	55.1	1820—1824	89.6
1780—1784	69.2	1825—1829	94.1
1785—1789	82.5	1830—1833	93.9

资料来源：姚贤镐《中国近代对外贸易史资料》第一册，第 275 页。

当时西方国家进口茶叶的品种主要有以下 16 种：功夫、屯溪、

---

① 许涤新、吴承明：《中国资本主义的萌芽》第一卷，第 284 页。

熙春、小种、广东武夷茶、福建武夷茶、雨前、园珠、花香、红梅、珠兰、芝珠（江浙）、白毫、皮茶、安溪、拣焙。① 由茶叶品种可知，向西方出口的茶叶产地包括了沿海的福建、广东，南方的江浙以及广西、云南，还包括江西和两湖地区。可以说，中国产茶的大部分地区都同时生产以供出口的茶叶。

由于茶叶海外市场需求巨大，一些产茶区的经济结构发生了变化，呈现外向型经济的特征。福建茶叶经济结构的变化是海外市场对国内经济影响的典型例子。福建当地所产外销茶叶主要是武夷茶，产自武夷山一带。武夷茶的红茶味道浓烈，比较符合外国人的口味，成为主要出口茶叶品种之一。由于中国市场畅销的主要是绿茶，武夷茶原本产量并不高，但是由于西方市场需要，武夷茶的产量增长很快。据马士记载，1739年公司与广州"合约订购大量的武夷茶，这种最便宜的黑茶构成茶叶投资的较大部分"。② 随着武夷茶生产规模的扩大，茶叶品种逐渐出现了更新，1735年之后，相继出现了功夫茶、白毫和色种。这都是由武夷茶改良出来的上等红茶。功夫茶刚刚出现的时候，价格较高，欧洲市场消费量并不大。但是18世纪中叶之后，欧洲人生活水平大大提高，更好的功夫茶出口数量开始超过武夷茶。例如在1793年英国东印度公司签订的合约中，购买武夷茶8400箱，而功夫茶则为99000箱。③ 这样，武夷茶的贸易就逐渐衰落了，生产也逐渐萎缩。据马士的编年史反映，在1785年，公司购买武夷茶仅仅是因为行商将难以销售的武夷茶作为出售生丝的条件。④

瓷器是清朝另一种主要出口商品。刚开始瓷器仅仅是欧洲上层社会的消费品，一些皇室、贵族上层人物将瓷器作为收藏品。之

---

① 姚贤镐：《中国近代对外贸易史资料》第一册，第282页。
② 马士：《东印度公司对华贸易编年史》卷一，第268页。
③ 马士：《东印度公司对华贸易编年史》卷二，第448页。
④ 马士：《东印度公司对华贸易编年史》卷二，第432页。

后，瓷器进入寻常百姓家，一度出现"居家无一中国瓷器则不为风雅"的风潮，市场需求猛增。在康熙、雍正和乾隆三朝，瓷器贸易逐渐进入鼎盛。据估计，1600—1800年，仅销往欧洲有记录的瓷器数量大约为1.2亿件，如果再加上出口到其他地方的，数量至少在2亿件。①

在如此大的市场需求刺激下，清朝的瓷器生产地之间出现了市场分工。景德镇主要生产青花瓷，出口市场主要是欧洲、东亚、南亚和非洲上层社会，这类市场消费的瓷器比较高端。海外贸易促进了景德镇的瓷器发展，"其所被自燕云而北，南交趾，东际海，西被蜀，无所不至，皆取于景德镇，而商贾往往牟大利"②。自此景德镇代表了中国制瓷技术的最高水平。其次是东南沿海的瓷器生产，主要供应东亚、南亚和非洲的低端市场，品种主要是粗瓷。由于海外需求量很大，景德镇的瓷器生产难以满足，所以在沿海出现了仿制景瓷的生产。③

广东彩瓷是东南沿海瓷器生产的一个代表，主要供出口。广东彩瓷又被称为广彩瓷，是在市场需求拉动下市场分工日益深化所诞生的产品。史料载，海通之初，西商之来中国者，先至澳门，后则径广州。清代中叶，海舶云集，商务繁盛，欧土重华瓷，我国商人投其所好，乃于景德镇烧造白器。运至粤垣，另雇工匠，仿照西洋画法，加以彩绘，于珠江南岸之河南，开炉烘染，制成彩瓷。然后售之西商。④ 这表明由于市场需求大，一些商人看到利润可观，就通过分工的方式，在景德镇烧制白器，再运至广州绘制成彩瓷。这样既避免了瓷器在成品运输中因破损而造成的成本浪费，又加快了

---

① 刘强：《中国制瓷业的兴衰（1500—1900）》，硕士学位论文，南开大学经济研究所。
② 冷东：《中国瓷器在东南亚的传播》，《东南亚纵横》1999年第1期，第32页。
③ 王新天、吴春明：《论明清青花瓷业海洋性的成长》，《厦门大学学报（哲学社会科学版）》2006年第6期，第61—68页。
④ 转引自吴建雍《清代外销瓷与早期中美贸易》，《北京社会科学》1987年第1期，第91页。

外销瓷输出的周期。

广彩瓷是适应西方市场需求的产物。为了迎合西方消费者口味，瓷器彩绘融合了西洋油画的技法，色彩华丽，华人评之为"可厌"，但却受到了西方人的追捧。① 美国旅行者 Witliam Hickey 于 1769 曾参观广州珠江南岸的广彩加工工场，他描述道："在一间厂厅里，约有二百人正忙着描绘瓷器上的图案，并润饰各种装饰，有老年工人，也有六七岁的童工"，这种工场当时有 100 多个。②

丝和丝织品也是当时出口的重要产品之一。中国丝和丝织品的出口在一口通商前后有所变化。一口通商之前，主要出口丝织品，生丝出口值较低；之后，由于西欧本土丝织工业的兴起，中国丝织品出口要低于生丝出口。如 1701 年输往英国的生丝为 200 担，价值 39000 元，丝织品 7350 匹，价值 163800 元；1722 年输往英国的生丝 200 担，价值 30000 元，丝织品 10500 匹，价值 53700 元；1730 年输往英国的生丝 150 担，价值 23250 元，丝织品 9420 匹，价值 54170 元。③ 丝织品的出口带来了广州植桑的高潮，许多地方出现了稻田改作鱼塘、废稻植桑的现象，一些地区成为蚕丝专业区。在这个过程中，广东丝织品中出现了粤缎、剪绒和苋丝绸等誉满天下的品种。但是到了一口通商之后，广州丝织品出口数量有所下降，生丝出口量开始上升。如相比 1833 年，生丝出口近 10000 担，价值 300 万元。

三 海外贸易与内陆商帮的繁荣

国际贸易的巨大需求和手工业品的持续流出，促进了国内长途贸易发展和国内商帮的兴盛。18 世纪大量出口的主要商品是茶叶、

---

① 袁胜根、钟学军：《论清代广彩瓷与中西文化交流的关系》，《中国陶瓷》2004 年第 6 期，第 79—80 页。
② 冯先铭等：《中国陶瓷史》，文物出版社，1982，第 453 页。
③ 马士：《东印度公司对华贸易编年史》卷一，第 242 页。

瓷器和丝织品，而这些商品正是商帮在兴盛阶段的主营产品。另外如此大量的产品运出国外也不可能依靠小商小贩的单独经营。以当时广州的贸易来说，与中国最大的贸易商是英国东印度公司，公司商船大约在秋季来到广州，然后与行商谈判，在一个月之后就将货物运出。这样的经营如果依靠散商显然效率非常低。东印度公司的商船曾经到过宁波，就因为缺乏大的贸易商无法及时集中货物而影响了贸易的进展。只有从事长途贩运的商帮才有能力将茶叶、瓷器等从原产地长途运销到广州海岸。其实，当时从事行商的许多人就是徽州商人，与徽州商帮有着密切的联系。

清朝开海之后，海外贸易的兴盛促进了沿海商帮进入发展鼎盛期。康熙二十三年（1684），清朝开放海禁，海外贸易迅速扩张，沿海的宁波、广东和福建商帮进入了迅速发展期。1688年，仅开赴日本的中国商船就达193艘。如果加上赴南洋的商船，估计每年出洋商船数量可达300艘之多。① 宁波商人也大批出海贸易。道光十年（1830），上海、宁波驶往暹罗、安南、菲律宾等地通商的远洋帆船有45艘，加上驶往其他地区的船只，估计有七八十艘至一百艘。每艘以三四千石至五六千石不等，即二百余吨至三四百吨，载货量2万吨至3万吨。巨大的海上贸易带动了宁波商帮与内陆贸易的繁荣。道光初，每年由山东、辽宁来宁波的海船约600余艘，从福建、台湾来的约500余艘，从广东来的约20余艘。此外，还有从内河开来的内地河船近4000艘，合计每年运量约有20万吨。② 宁波商帮将内地货物卖给海外商人，再将白银与进口货物输往内地。

广东商帮的兴盛得利于广州贸易的中心地位。广州在16—19世纪，可称为全球贸易的中心。而在康熙二十三年之后，贸易更是上升到一个新的阶段。据不完全统计，从康熙二十四年至乾隆二十

---

① 陈希育：《中国帆船与海外贸易》，第222页。
② 张海鹏、张海瀛主编《中国十大商帮》，黄山书社，1993，第112，113页。

二年（1685—1757）的 72 年间，到广东贸易的西欧、美洲各国商船有 312 艘；乾隆二十三年至道光十八年（1758—1838）有 5107 艘，平均每年 63.8 艘。① 广州是当时茶叶、生丝、丝织品、瓷器等主要商品出口地。据相关数据，从 17 世纪开始，广州贸易额年均增长率为 40% 左右。②

不可否认，商帮兴衰与其自身经营有关，但是没有一个充足的潜在市场需求支持，很难相信会有商帮经营的传奇，这一点从诸商帮主营商品的变化就可看出。考察商帮主营商品的变化，发现茶、瓷器和丝织品在商帮经营中的位置越来越重要，而且商帮鼎盛时期正是这三大产品经营取得巨大效益的时期。③ 之所以发生这种变化，主要原因就是海外市场的变化，只有适应这种变化才能进一步发展。

晋商以贩卖军需品起家，盐业曾是其第一大产业。但茶叶出口贸易彻底改变了这一状况。晋商在成为武夷茶垄断商之时经营达到顶峰，这不是偶然现象，而是因为茶叶贸易与其经营密切相关。

晋商每年贩运到恰克图的茶叶贸易量为 700 多万斤，价值 500 万—600 万两白银，这是仅仅销售到俄罗斯的茶叶，不包括销售到蒙古的茶叶。④ 还有研究认为数量更高，例如道光二年（1822），晋商销售到俄国的茶叶贸易额达到 1176.76 万两白银。⑤ 相比之下，晋商的盐业贸易额又为多少呢？清朝有四大盐场：长芦盐场、两淮盐场、两浙盐场与河东盐场。两淮、两浙由江南商人垄断，晋商垄断了河东盐场，并参与了长芦盐场。乾隆年间，河东晋商盐业贸易

---

① 张海鹏、张海瀛主编《中国十大商帮》，第 112，113 页。
② 原始数据见张晓宁《天子南库：清朝前期广州制度下的中西贸易》；陈尚胜《开放与闭关》；黄启臣《清代前期的广州对外贸易》等。
③ 张丽、骆昭东：《从全球经济发展看明清商帮兴衰》，《中国经济史研究》2009 年第 4 期，第 102—110 页。
④ 穆雯瑛主编《晋商史料研究》，山西人民出版社，2001，第 134 页。
⑤ 白文刚、胡文生：《寻找晋商》，光明日报出版社，2003，第 29 页。

额年均为 167.12 万两白银，① 假设这个数量占晋商全部盐业贸易额的 1/3，那么晋商全部盐业贸易额大约为 500 万两白银。因此，可以得出结论，茶叶贸易额要远远高于盐业贸易额，晋商主营商品向茶叶的转变与 18 世纪晋商的兴盛紧密相关。

晋商将巨额资本投资于票号，也与海外市场间接有关。票号诞生以前，山西商人异地采购的现银调动主要靠镖局运送，但是至道光年间，晋商转向茶叶贸易后，贸易额剧增，贸易的扩大致使镖局已难以承担巨大的现银需求，于是票号发展起来。

徽商靠山林资源起家，盐业、木业一直是其支柱产业，到清初，茶叶成为第一大支柱产业。清嘉庆年间，徽商成为浮梁茶垄断商，其时也成为中国第一大商帮。② 茶叶之所以这么重要，是因为清朝中后期外商进口产品中茶叶是第一大宗产品。在鸦片战争前茶叶出口占中国总出口的 50% 以上。③ 虽然传统看法认为盐业是徽商的第一大产业，但是从贸易利润总量来说，茶叶要远远高于盐业。据估算，万历年间徽州盐商垄断了盐业市场的 60%，年度利润总额为 50 万—60 万两白银。④ 如果假设人均食盐量不变，人口从明朝的 1.5 亿增长到 1800 年的 3 亿多，⑤ 并采取乐观的假设，即徽商仍然垄断 60% 的盐业市场，那么清朝徽商盐业利润总额为 100 万—120 万两白银。而当时由徽商垄断的中国南方出口茶叶额年均为 600 万两左右，⑥ 按照 30% 的利润率估算，年均利润量大约为 200 万两白银。因此，茶叶出口贸易是徽商走向鼎盛的关键因素。

其他商帮的兴盛同样开始于主营产品转向经营畅销海外市场的

---

① 王勇红、刘建生：《乾隆年间河东盐商经营贸易额的估算》，《盐业史研究》2005 年第 2 期，第 27—30 页。
② 张海鹏也认为盐业衰落后，茶叶是徽商最重要的经营行业。见张海鹏、张海瀛主编《中国十大商帮》，第 506 页。
③ 根据有关资料整理，见姚贤镐《中国近代对外贸易史资料》第一册，第 245 页。
④ 汪崇筼：《明代徽州盐商论述》，《盐业史研究》2001 年第 1 期，第 7—13 页。
⑤ 高王凌：《明清时期的中国人口》，《清史研究》1994 年第 3 期，第 27—32 页。
⑥ 徐涤新、吴承明：《中国资本主义发展史》第一卷，第 318—328 页。

商品。江右商帮经营商品范围比较广泛，从粮食、瓷器、药材到纸张等，但是真正达到顶峰的是依靠景德镇的瓷器，其中相当部分的瓷器被输入海外。1700年东印度公司在欧洲的港口一天就卸下146748件景德镇的瓷器，1729—1794年荷兰东印度公司运销景德镇的瓷器达到4300万件，1750—1755年瑞典从中国进口瓷器达1100万件。① 据《清续文献通考》卷三百八十六记载，景德镇瓷器有一半外销，外销量为中国外销瓷器的一半。② 山东商帮靠贩运粮食、烟草与干鲜果品起家，但其真正在国内商帮中产生影响却是靠将棉花、绸布和茶叶远销到东北亚与南亚一带获利。据山东《临清州志》载，清道光二十年（1840），山东临清哈达已远销到印度、尼泊尔、伊朗等国，当时是，"全坊机房七百等，染坊七八处，纺庄十余家，织工五千人"，年销售总值达百数十万元。③

四 海上商业主导权的丧失

海外贸易刺激中国商业兴盛并不表明中国商业与商人地位得到了提升。正如本章前言所说，上述变化仅仅是量的变化，还要看商业主导权掌握在谁的手中。

让我们从清朝贸易网络与主要贸易对象的分析开始。除了前面关于贸易网络中所论述的第一、第二区域之外，大部分与清朝有着贸易往来的国家位于第三区域，从贸易量上来说，最主要的贸易国家也位于第三区域（从丝、茶与瓷器出口来看）。但是，这个区域的国际贸易已经被西方商人控制，中国商人赴这个区域进行贸易的主动权已经掌握在西方商人的手中。

东南亚的吕宋、苏禄、爪哇、巴达维亚等地也是清朝贸易的主

---

① 刘昌兵：《海外瓷器贸易影响下的景德镇瓷业》，《海上陶瓷之路》2005年第3期，第66—74页。
② 刘锦藻：《清续文献通考》卷三百八十六，第6572页。
③ 张海鹏、张海瀛主编《中国十大商帮》，第180页。

要国家。只不过这些国家受到西方商人的控制。吕宋是西班牙的殖民地，巴达维亚受到荷兰的控制，与他们的贸易实际上就是与西方的贸易。虽然有一些东南亚地区还没有被西方人完全占领，但是中国商人却受到西方国家的禁止，不准赴之贸易。例如，早在1626年荷兰人就禁止中国商船到达巴达维亚以外的北大年、占卑、巴林旁、望加锡和帝汶等地贸易。1683年，荷兰人把巴达维亚附近的万丹置于控制之下，随即中国商船只能与荷兰人统治区进行贸易。

表4-3 清朝海上商业主导权变化

主要贸易地区	贸易区	商业主导权
朝鲜	第一区域	中国商人
琉球		
日本		葡萄牙、荷兰与中国商人竞争
安南	第二区域	荷兰、英国与法国等势力开始渗透
柬埔寨		
暹罗		
巴达维亚	第三区域	荷兰控制
三佛齐		
满剌加		
吕宋		
爪哇		
槟榔屿		英国控制
柔佛		
苏禄		西班牙控制
亚齐		先后由葡萄牙、荷兰控制

目前缺乏关于商业主导权对中国商人出海贸易影响的完整资料，但比较幸运的是，本书找到了关于西班牙与荷兰对中国赴吕宋和巴达维亚贸易船只影响的资料（见表4-4）。吕宋与巴达维亚是

中国商品出口的重要市场，故可作为当时中国商船赴南洋贸易的一个缩影。从 17 世纪末到 18 世纪中期，中国抵吕宋十年平均船只数量大部分都在 100 艘以上；在 18 世纪的最初 10 年里，数量增长到 204 艘，相比 1681—1690 年的 89 艘，数量增长非常快，之后又迅速下降。这是因为，西班牙开始需要中国商船运送商品和生活必需品，在殖民统治稳固之后，就将中国商船数量控制在 100 多艘，防止损害自己的商业利益。赴巴达维亚的中国船只数量要高于赴吕宋的数量，这是因为在 18 世纪，荷兰与中国的贸易要超过西班牙的缘故。1740 年之后，中国赴巴达维亚的船只数量下降很多，这主要是由于荷兰人在巴达维亚屠杀华侨、打击中国商人造成的。

表 4-4 中国赴吕宋和巴达维亚贸易船只数量统计

单位：艘

年代	吕宋	巴达维亚（十年平均数）
1681—1690	89	97
1691—1700	171	115
1701—1710	204	110
1711—1720	94	136
1721—1730	123	164
1731—1740	152	177
1741—1750	113	109
1751—1760	134	91
1761—1770		74
1771—1780		51
1781—1790		93
1791—1793		95

资料来源：Serafin D. Quiason, "The Sampan Trade, 1570-1770," in *The Chinese in the Philipine, 1570-1770* (Leonard Blusse, Strange Company), p. 123.

由于东南亚地区商业主导权由西方人占据，西方商人直接赴中国贸易商船的数量开始大幅增长。表4-5统计了到粤海关贸易的外国船只数量，1749年至1758年共有194艘，到了18世纪末已达785艘。即从开始的每年平均19.4艘，上升到每年78.5艘。根据麦迪逊的数据，[①] 17世纪，欧洲七国（包括葡萄牙、荷兰、英国、法国和另外三国）年均赴亚洲贸易商船是32艘，到了18世纪增长了一倍，达67艘。

表4-5 外国商船到粤海关贸易数量表

单位：艘

年代	船只数量
1749—1758	194
1759—1768	204
1769—1778	304
1779—1788	504
1789—1798	515
1799—1808	785

资料来源：陈柏坚、黄启臣《广州外贸史》，广州出版社，1995，第309页。

---

① 麦迪逊：《世界经济千年史》，第55页。

第四节　中国商人遭到西方商人的竞争与打压

谈起西方世界的兴起，"让市场发挥作用"、"资本主义精神"和"先进的制度"等历来是被津津乐道的话题，而中国商人的不思进取、目光短浅则成为一种反面的映衬。本书并没有打算否认这些观点的正确性，也许在另外一些历史中确实是这样的。但是明清国际贸易的历史很直观地告诉我们，事实可能正好相反。在中国东南沿海的国际贸易中，遵守市场原则的正是中国商人，他们用公平竞争的办法将中国产品提供给世界市场；他们按照利润原则，受价格信号的指引，在没有政府支持的情况下纵横海上贸易上百年；他们没有满足于一时的财富，在国际贸易中从没有停止开拓的步伐，即使在遭到政府打压、西方殖民者掠夺的情况下，也没有放弃进取精神；正是由于中国商人的智慧与奋斗，所以在与西方商人的平等竞争中屡占上风。相反，在亚洲国际贸易的历史中，不遵守市场原则、违反自由竞争、实行原始的残酷的剥削制度的正是西方商人。他们用武力占据贸易据点，并趁机控制商路；他们采取一切措施排挤他国商人，在商船上配备了齐全的战争武器，抢夺、武力征讨与鸦片等是常用的手段；他们丝毫不顾市场比较优势，建立起强制性经济，将东南亚强制纳入有利于本国经济的分工体系。

亚洲贸易的历史表明，西方商人到亚洲来似乎根本就不是贸易的，西方商人是以抢劫者的姿态出现的，他们是仗剑经营。首先，西方商人展开了对香料的抢夺，并依靠武力控制了东南亚贸易海域；其次，展开对中国贸易机会的争夺。在东南亚贸易区域被他们控制之后，他们很容易地击败了中国海商；在国力强大之后，他们又将仗剑经营的方式推行到中国国内，造成以商帮为代表的内陆商人的衰败。在打败中国商人之后，他们又依靠从中国窃取的手工业技术，提升本国产品的竞争力，再度用本国产品占据中国国内市场。

一 西方商人对亚洲市场的控制

在亚洲，本来存在着以中国商人为核心建立起来的和平贸易关系，中国手工业品流入东南亚，东南亚的香料等土特产流入中国。这个过程是在平等互利的基础上进行的，但是从葡萄牙开始，直到后来居上的英国，完全打破了这种和平贸易方式。他们依靠的不是本国商品的竞争力，而是军事暴力与贸易垄断，他们垄断殖民地贸易，强行将殖民地纳入其经济体系，对经济实行强制，排挤他国商人。西方商人用仗剑经营的方式代替了亚洲的和平贸易。

从经济贸易的角度来看，西方商人加入亚洲贸易圈，并开始在亚洲贸易中实现盈利存在着一个过程。这个过程一方面取决于亚洲贸易圈的经济特征，另一方面取决于欧洲市场对亚洲产品的反应。在17世纪中期以前，欧洲国家在亚洲贸易的主要利益仍然是对香料贸易的控制，中国的手工业商品还未在欧洲市场广开销路，但是亚洲本身存在的贸易网络，为欧洲人创造了获取利润的机会，例如大量葡萄牙商人从事中日之间的转口贸易获取利润。在这个时期，争夺香料群岛和对贸易商路的控制是欧洲国家最大的利益，各国为此不惜投入大量军事、财力。第二阶段是17世纪中期以后，随着中国产品逐渐深入到欧洲寻常百姓家，茶叶、瓷器等大量销往欧洲，而香料的价格逐渐下降，于是争取与中国直接贸易便是第二阶段最大的特征。

第一阶段：控制香料市场

由于葡萄牙人先到亚洲，所以在香料贸易中占了先机。葡萄牙人对香料贸易的争夺是从占据马六甲开始的。马六甲对西方商人来说具有极为重要的商业地位。马六甲是香料贸易最为重要的集散地，东南亚各地的香料首先被运到马六甲，然后再被贩卖到其他地方。马六甲还是东西方贸易的枢纽，位于太平洋和大西洋交通要道上，商船将亚洲产品运往西方都需要在马六甲停留和补给。

1511 年，葡萄牙侵占了马六甲。军事占领之后，立即修筑堡垒，巩固军事统治。很快在马六甲的葡萄牙人就发现，马六甲香料供应如此之多，以致价格非常低，如果他们不对贸易进行控制，根本不能维持香料的价格。因此，葡王任命马六甲最高统治者，并配备舰队司令以便控制马六甲海峡。葡萄牙人组织了所谓的"无敌舰队"，在马六甲附近海面拦截船只，强迫商船将货物运到马六甲。对于一些香料商人，则征收高额的关税。

仅仅控制马六甲还不能完全保证控制香料贸易，因为还有许多香料群岛，一些商人仍然能够从那里运走香料。所以葡萄牙人加快了殖民势力的扩张，1512 年侵占马鲁古群岛，之后又相继征服了特尔纳特、蒂多雷等盛产丁香的小岛。

随后来到亚洲的是西班牙人。西班牙人也是为了香料而来的，但是他们发现自己比葡萄牙人晚来了一步，马六甲已被葡萄牙占据，而香料群岛也已纳入葡萄牙控制范围之内。由于西班牙和葡萄牙签订过划分世界的条约，这使得西班牙一时难以有所作为。

在这种情况下，西班牙将目光投向了菲律宾群岛。菲律宾在香料群岛的北面，在此建立据点可以吸引商人前来进行贸易；另外，菲律宾靠近中国和日本，可以趁机寻找贸易机会。1571 年西班牙人占领了马尼拉，之后，米沙鄢群岛、民都洛群岛和吕宋群岛的大部分陆续被征服。到了 16 世纪末，除了棉兰岛和苏禄岛，菲律宾的大部分地区都已沦为西班牙的控制区。

初看起来，西班牙在菲律宾的贸易扩张并没有多大前途，因为菲律宾既没有多少有价值的土特产，也不产贵重金属，而且经济非常落后。然而西班牙很快就掌握了打开亚洲贸易的武器，那就是美洲的白银，这使得西班牙人一跃成为中西商品交流的主要中间人。西班牙一方面鼓励他国商人到菲律宾贸易，另一方面派出大帆船将美洲白银运到马尼拉，利用白银购买亚洲商品，再运到美洲和欧洲。很快，马尼拉就成为中国、日本、暹罗和香料群岛等地商人集中贸易的港口。此间发展起来的著名的马尼拉大帆船贸易繁荣了几个世纪，马尼拉大帆船贸易的一端是美洲白银，一端是中国商品。通过这条贸易航线，中国的丝绸、瓷器等商品大量流向世界，而美洲白银则流入中国。

荷兰人在亚洲的生意是通过打破葡萄牙的商业垄断和军事威胁而建立起来的。为了便于开拓亚洲的贸易，荷兰国会出面组建东印度公司。1602年，国会将六个商业贸易公司合并为荷兰东印度公司，并赋予该公司享有从好望角至麦哲伦海峡之间的贸易垄断权，荷兰政府还从军事上为东印度公司提供保护。这为开拓亚洲贸易奠定了基础。

荷兰采取了两线作战的办法，一方面派出军舰夺取香料贸易的集散地马六甲，另一方面对香料群岛发动战争。1602年荷兰军舰封锁马六甲，拦截葡萄牙的船只。1606年，荷兰利用柔佛与葡萄牙的矛盾，与柔佛结盟，共同攻击葡萄牙。葡萄牙仍然占据着马六甲，但是已经失去了海上贸易的控制权。到1641年，荷兰人终于占领了马六甲。对香料群岛的战争也取得了不少成果。1602年，在武力威胁下，荷兰获得了班达群岛香料收购的特权。不久占领了安汶岛，获得了通向摩鹿加群岛的军事据点。1609年，荷兰人将摩鹿加群岛的葡萄牙人驱赶出去，从而建立起在香料群岛的统治权。1619年，荷印总督在爪哇岛上建立起巴达维亚城作为荷兰在东印度的首府，从此，巴达维亚成为荷兰人向亚洲其他国家侵略的基地。

通过一系列的战争，荷兰终于从葡萄牙手中夺得香料贸易的垄断权。为了控制统治区的经济，荷兰实行了与葡萄牙一样的强制性经济措施。例如，在马六甲设立专门的舰队，以便攻击他国商船；在安汶岛强制推行丁香种植，在班达岛上种植豆蔻，其他岛上的丁香树和豆蔻树一律砍光。收获的丁香、豆蔻必须以极低的价格卖给荷兰东印度公司。

在这一阶段，英国的海上势力较弱，虽然垂涎于亚洲贸易的利润，但是由于无法与其他国家抗衡，所以贸易状况并不尽如人意。1602年，英国东印度公司的一只远征队在万丹设立了一个商站。1604年，第二支远征队驶往摩鹿加群岛，本想在安汶等地设立商站，却被荷兰人赶走。到17世纪中期以前，英国唯一的成就就是在北大年、万丹等地设立了商站。而且在西班牙、荷兰的排挤下，英国人没有从贸易上获得多少好处。

弗兰克曾说，西方商人用美洲白银购买了一张亚洲贸易列车上的三等车票，这仅仅是问题的一个方面。第一阶段的贸易扩张表明，西方商人不仅购买了中国产品，而且控制了东南亚海上贸易要道。东南亚历来是中国民间商人赴海贸易的重要地点，马六甲、巴达维亚等地原已移居了大量华人从事贸易，前几节中都论述了华人形成的贸易网络。然而除了越南、柬埔寨等地，马来半岛、印度尼西亚群岛和菲律宾群岛环绕的海域已经被西方商人控制。中国商人欲经过这片海域进行贸易，必须取得西方国家的同意，海上商业主导权已经转移到西方商人的手中。

第二阶段：控制与中国的直接贸易

第一阶段是香料贸易的世纪，到了17世纪中期以后，大量中国的茶叶、瓷器和丝绸等手工业品取代香料成为亚洲输往欧洲最为重要的商品。由于香料重要性的下降，对香料岛的争夺转而演变为将经济控制区域逐渐向北移动，除了东南亚的岛屿，亚洲大陆沿海国家也成为欧洲国家角逐的目标。谁控制区域越广，就意味着谁将中国产品运往欧洲的运输路线越能得到保障。因此，各国在原有东南亚殖民据点的基础上，不断将殖民地控制权争夺战推向中国沿海。

葡萄牙在东南亚控制的领域已经被其他国家瓜分殆尽，但是葡萄牙幸运地在中国南部沿海获得了澳门的居住权，这一据点成为葡萄牙人将中国产品运往其他地区的唯一通道。

因为澳门在对中国贸易方面具有非常重要的地位，所以各国先后都企图用武力强征澳门。早在明末，葡萄牙就以澳门为据点，从事中国、日本、果阿和欧洲之间的贸易。荷兰人到达中国沿海之后，多次派战舰到广州和澳门，要求通商贸易，均遭到葡萄牙人的拒绝和驱赶。之后，荷兰人多次派军队在澳门登陆，在葡萄牙人的斡旋下，中国出兵支援澳门，屡屡击败荷兰人的进攻。后起的英国对澳门也是虎视眈眈，在通商要求被拒绝的情况下，乾隆七年（1742）、乾隆三十年（1765）和乾隆四十一年（1776）三次派出海军军舰企图打开澳门的贸易大门，但都未成功。

虽然葡人据拥澳门，独占与中国贸易之利，但是问题是如何顺利地将中国产品运到欧洲。因为只有掌握了制海权才能掌握国际贸易的命脉，葡萄牙在亚洲这样一个孤立的据点并不能保证其能够在世界其他地区顺利开展贸易。相反后起的英国依靠对全球海域的控制，使得其在这一阶段成为中国最大的贸易对象。

英国将制海权的控制与贸易的开展紧密联系在一起。1672年，英国的一本书中曾这样写道，"如果没有强大的海军，我们将成为邻居的猎物；而如果没有贸易，我们也将成为邻居的猎物"①。1756—1763年的"七年战争"之后，英国确立了在印度的殖民统治，并成为海上霸主。英国以印度为基地向东南亚发动了一系列侵

---

① Nicholas Tracy, *Attack on Martime Trade* (London, 1991), p. 41.

略战争。此后,英国不断扩大在亚洲的势力范围,最终成为中国最大的贸易国。

1786年,英国强迫吉打苏丹签订不平等条约,将槟榔屿划归英国人所有。之后英国人逐步攻占马来半岛各邦。1795年,英国击败荷兰占据马六甲(之后又归还荷兰)。1819年,英国殖民者莱佛士抵达新加坡,占领了新加坡,1826年将新加坡、马六甲和槟榔屿合并为"海峡殖民地",从此控制了亚洲与欧洲之间的贸易要道。海峡殖民地的建立保证了英国在亚洲贸易的畅通无阻。

英国在亚洲一些殖民地实行新的统治方式,即间接管理的方式。所谓间接管理,就是在殖民地建立自治政府,管理自己内部的事务,英国殖民当局对其干预较少。1895年,英国殖民者强迫霹雳、雪兰莪、森美兰和彭亨的苏丹签订了关于成立马来联邦的条约,在马来联邦中建立了"间接管理"的统治方式。之后,英国对吉兰丹、丁加奴、柔佛、吉打和玻璃市五个土邦苏丹国组成的马来亚属邦,也实行了"间接管理"的统治方式。相比于马来联邦,英国对马来亚属邦的控制更为直接和严格,海峡殖民地直接派遣马来亚属邦顾问,这个顾问拥有马来亚属邦的实权。马来亚属邦各个行政区的行政权力仍然由海峡殖民地总督直接控制。通过间接管理的方式,英国人吸引了大批商人来到其殖民地进行贸易,同时牢牢控制了马来半岛的重要港口。正是由于这样一个大的制海权的取得,英国一跃成为中国最大的贸易出口国。

二 中国海上贸易发展受阻

1. 中国商人势力增长缓慢

随着西方国家在亚洲贸易圈中角逐与建立统治区,原有的亚洲贸易格局已经被打破,许多东南亚国家纳入欧洲国家的控制之下。印度尼西亚被荷兰人占据,马来西亚半岛被英国人占据,而菲律宾群岛则被西班牙人占据。而在柬埔寨、越南等地也有西方人建立的贸易据点，中国南部出海的重要港口澳门则被葡萄牙人占据。

西方人在东南亚并非简单地控制贸易，而是建立起殖民地经济。所谓殖民地经济主要包括几方面的含义，第一，建立起殖民政权，牢牢将殖民地的一切纳入自己的控制之下。第二，依靠殖民政权强制性地将东南亚经济改造为有利于西方国家商业贸易的经济。任何一个殖民者首先是在当地建立起一套殖民政权。例如，西班牙在殖民地建立起总督制度，同时采取当地人民统治当地人民的方式，这一模式被其他殖民政权所效仿。其次是建立一个强大的军事力量，为殖民政权和海上贸易扩张保驾护航。第三，将殖民地经济强制性地纳入西方经济结构中。按照原有的看法，英国、荷兰等新兴的殖民国家在亚洲贸易中与传统殖民国家是不同的，但是从对殖民地经济改造来看，他们本质上没有区别。葡萄牙占据香料群岛后，强制要求当地香料必须专供葡萄牙。荷兰人相比葡萄牙人有过之而无不及，除了垄断香料贸易之外，还实行强迫供应制，强迫供应制要求统治区的人民按照收获量缴纳贡赋，同时规定供应区域种植物产的种类与数量。如马打兰、万丹、勃良安和井里汶就被迫供应大米、胡椒、蔗糖、木材及牲畜。18世纪后，又强迫爪哇农民种植咖啡。英国在马来亚站稳脚跟之后，就颁布土地法，剥夺马来亚人民的土地权，这一措施实际上是为掠夺马来亚的锡矿和橡胶做准备，当马来亚人失去土地权之后，这些资源与矿产的开采就受到英国的支配。

西方国家在亚洲建立起了一个截然不同于传统亚洲贸易的商业方式。这种方式以军事暴力为基础，以殖民地政权为后盾，以获取最大利润为动机。虽然滨下武志先生认为西方人来到亚洲，首先要面临的是已经存在的朝贡贸易圈，这个朝贡贸易圈仍然发挥作用的唯一基础是中国手工业品仍然具有很大的竞争力，西方社会需要中国产品，但是西方商人却无法提供中国需要的商品，除了白银。如果说朝贡贸易圈仍然在发挥作用，这种作用是以中国在商业上的绝对优势为基础的。但是这种优势却并没有转化为中国商人的竞争力，事实情况反而是中国商人在南亚贸易圈中的影响力不断下降。这是因为西方采取的是仗剑经营的方式，而清政府却不能为中国商人提供保护，造成中国商人贸易不断从南海退缩。

由于得不到中国政府的保护，在面对西方仗剑经营的形势下，中国商人在国际市场中的优势逐渐丧失。为了打败中国商人，垄断从印度尼西亚到中国的香料贸易，荷兰殖民当局对巴达维亚的中国商人进行了大屠杀，即历史上的"红溪事件"。在"红溪事件"爆发前的1731—1740年，平均每年有17.7艘中国帆船到达巴达维亚，由中国海商运往巴达维亚的年均茶叶贸易值为149023荷兰盾，比荷兰东印度公司从广州直接购买的年均茶叶价值135335荷兰盾略高。[1] "红溪事件"后，1741—1750年，平均每年从中国到达巴达维亚的中国商船数量已从原来的17.7艘下降为10.9艘，待到1771—1780年时，更是下降为年均5.1艘，[2] 而且这些船只主要以运送苦力为主，运送中国产品出口已不占主导地位。[3] 就茶叶贸易而言，"红溪事件"后，荷兰人夺走了中国海商原来市场份额的89%。[4] 清朝与吕宋的贸易也因西班牙的控制而衰落，1701—1715年，有264艘中国船只抵达马尼拉，年均17.6艘。而到了1764—1777年，只有135艘到达，年均9.6艘，数量下降了近一半。随着英国在18世纪打败了西班牙、荷兰等国，对亚洲海上贸易权的控制转移到英国手中，中国的帆船贸易再度受到英国的控制。

由于西方商人的打压，虽然中国出口数量在增加，但是中国商

---

[1] Glamann, Kristof, *Dutch-Asiatic Trade, 1620 – 1740* (Hague: Maritinus Nijhoff, 1981), p. 220.

[2] Leonard Blusse, *Strange Company: Chinese Settlers, Me sizo Women and the Dutch in VOC Batavia* (Leiden, 1986), p. 123.

[3] Leonard Blusse, *Strange Company: Chinese Settlers, Me sizo Women and the Dutch in VOC Batavia* (Leiden, 1986), p. 146.

[4] 张丽、骆昭东：《从全球经济发展看明清商帮兴衰》，《中国经济史研究》2009年第4期，第102—110页。

人的实力却并没有多大增长。根据相关估算，1588—1830年，中国与东南亚直接贸易的船数仅增长了2.3倍。如果再将船只吨位考虑在内，那么1830年的货运量勉强为明末的一倍。① 与中国商人贸易势力增长较缓对比鲜明的是，西方商人在东方贸易势力的迅速扩张。1730年，共有8艘西方船只到广州贸易，总吨位为2595吨；到了1833年，则有189艘船只到达，总吨位为97693吨，② 在103年间，船数增长了23倍，吨位增长了37倍。1684年英国船只到中国的总吨位为655吨，1833年则增长到49826.9吨，增长了75倍。

由于中国商人势力增长较缓慢，中国出口市场增长额的一大半都被欧洲商人夺走了。1550—1645年，年均流入中国的白银为393万两，③ 这个数量大致代表了明末中国年均出口数额。到了1830年，中国茶叶从南部沿海出口数量大约为5000万磅，④ 按每担茶叶价格25.6两计算，⑤ 价值约为960万两，⑥ 此时各国进口中国茶叶几乎都在其进口值的90%以上，⑦ 那么可以保守地估计当时中国南部沿海年出口贸易额大约为1000万两。这个数量是明末出口贸易额的2.5倍，然而中国船只的货运量勉强增长了一倍，这意味着贸易增长额中的一大半都被外国人占据了。

2. 中国茶叶失去世界市场

茶叶是中国在17世纪中期以后最大宗的出口商品，直到19世纪中期以前，茶叶仍是中国最为畅销的产品。但是中国商品行销世界，中国商人却失去了世界市场。

---

① 韦红：《16—19世纪前期中西国家政权在东南亚海上贸易中的作用》，《中南民族学院学报》1990年第6期，第81—86页。
② 马士：《东印度公司对华贸易纪事》，第1635—1834页。
③ 庄国土：《16—18世纪白银流入中国数量估算》，《中国钱币》1995年第3期，第3—10页。
④ 马士：《中华帝国对外关系史》第一卷，张汇文译，商务印书馆，1963，第413页。
⑤ 马士：《中华帝国对外关系史》第一卷，第293页。
⑥ 1担＝133.3磅。见马士《东印度公司对华贸易编年史》卷二，第777页。
⑦ K. N. Chaudhuri, *The Trading World of Asia and the English East India Company, 1600-1760* (Cambridge: Cambridge University Press), p. 538.

最初中国海商将中国茶叶运到东南亚，以供欧洲市场需要，太平洋市场受到中国商人把持。随着西方商人在亚洲建立起殖民地，亚洲的海域已经受到西方商人的控制。中国商人出海贸易需要取得殖民政权的许可和向其纳税，中国商人在南洋海域的贸易进展完全取决于是否影响到西方商人的利润。随着西方在亚洲航运业的发展，西方商人直接到中国沿海购买茶叶，太平洋中国商人的身影渐少。但是西方商人对中国商人的剥夺不限于此，而是逐渐深入中国内地控制茶叶的生产与加工。这样，中国成为西方国家的茶叶加工厂。

中西之间的茶叶贸易首先开始于中荷之间。荷兰在巴达维亚建立起贸易据点之后，中荷之间的茶叶贸易兴盛起来。中国商人将茶叶运往巴达维亚，然后从荷兰人手中换取香料、胡椒和白银，从而赚取双倍利润。有文献记载，"原来这边中国的货物，拿到那边，一倍就有三倍价；换了那边货物，带到中国，也是如此。一往一回，竟有八九倍利息，所以人都拼死走这条路"[1]。在巨大的利润诱惑下，荷兰东印度公司决定开展与中国之间的直接贸易。从1727年开始，荷兰东印度公司便派出两艘船直接赴中国购茶。直接贸易的开展给荷兰带来巨大的利润。据统计，1729—1734年，荷兰东印度公司共有9艘船抵达中国，运回总共1350000荷磅的茶叶，价值1743945荷兰盾，占全部货值的73.9%，获纯利2334459荷兰盾，利润率达134%。[2] 1740年，巴达维亚发生了"红溪惨案"，荷兰殖民者杀害了一万多名中国人。在前文已经指出，中国海商的贸易网络是以海外华侨为基础的，荷兰人对华侨的杀害对华商贸易网络来说是一个巨大的破坏。"红溪惨案"也因此成为中荷茶叶贸易的转

---

[1] 鲍乐史：《荷兰东印度公司时期中国对巴达维亚的贸易》，《南洋资料译丛》1984年第4期，第67—80页。
[2] De Hullu, "Over den Chinaschen handel der Oostindische Companie in de dertig jaar van de 18e eeuw," in *Bijdragen tot de Taal-, Land-en Volkenunde van Nederlandsch Indie*（BTLV），Vol, 73. pp. 42–43.

折点。自此荷兰东印度公司彻底代替了中国帆船商人这部分的茶叶贸易。

18世纪中期之后,英国对荷兰的霸主地位进行挑战。1780—1784年英荷战争使荷兰海上霸权遭到沉重打击,荷兰对华贸易在1781—1782年之间基本停顿,荷兰商船不断遭到英国战舰的劫掠,在广州的贸易陷入停顿。于是英国成为中国最大的茶叶出口国。1775—1776年,英国东印度公司茶叶输出量仅占输出总量的20.94%,欧洲大陆其他国家占79.06%。而到1790—1791年,它的输出量就提升到总输出量的90.7%,欧洲其他国家下降到仅为9.3%[①]。英国取得主导地位后,中外之间的茶叶贸易进入行商垄断时期,中国商人已经很少直接将茶叶运出海外。

虽然中国商人从茶叶出口贸易中的获利已经大大减少,但是中国茶叶出口仍然从西方国家赚取了大量白银,而西方国家一时又没有具有足够竞争力的商品以扭转这种贸易逆差的状态,于是西方商人进一步剥夺了中国商人的利润链来减少进口成本,同时开始扶持本国茶叶生产。

从19世纪中期开始,西方商人通过资本与市场两条途径,将中国商人与茶农的利润剥夺殆尽。西方商人通过买办将款项送到乡下采购茶叶。内地采购普遍实行"预约订购制","买办和茶商都可以从洋行取得资金上的帮助并利用洋行的设备,洋行相应的具有购买茶叶的优先权"[②]。内地采购机制配以贩卖鸦片和资金借贷来盘剥中国茶叶贸易的利润。西方商人预付的茶叶款项既可以是现金也可以是鸦片,随着大量鸦片走私进入中国,许多西方商人用鸦片支付,这样就减少了白银的支出。由于中间商购买茶叶需要大量资金,西方商人便将资金贷给这些中间商,待这些商人收购茶叶之

---

① 格林堡:《鸦片战争前中英通商史》,商务印书馆,1961,第87—89页。
② 陶德臣、魏旭东:《外国列强对中国茶叶的早期资本输出与后果》,《农业考古》1995年第4期,第221—225页。

后，再将茶叶卖给外商。借贷资本是要获取利息的，同时出口茶叶也能获取高额利润，通过这两种手段，西方商人将贸易的全部利润纳入自己的腰包。

由于茶叶出口前还要经过制茶这一程序，所以西方商人也在中国直接设立茶厂制茶。不过设立茶厂最多的是俄国而不是英国等西欧国家。由于俄国与中国贸易晚于西欧国家，所以企图通过开办茶厂这样更加直接的方式来发展贸易。当时茶叶贸易的集散地汉口成为俄国集中设置茶厂的地方。1863年第一批俄国商人进入汉口，第二年汉口就设立了9家茶厂。这些茶厂直接前往茶叶产区收购茶叶，然后在茶厂将其制成茶砖。在汉口市场打开局面之后，俄商逐渐将经济势力向九江、宁州和福州进行扩散。这样，随着俄商经济势力的逐渐渗透，茶叶生产和运输的各环节逐渐被西方商人所控制，这其中的利润也被外商所占有。

但是，上述措施仅仅是部分减少了西方向中国输出白银的数量，西方国家最终目的是将中国变为其出口市场，因此，完全打败中国产品才是最终的途径。18世纪，英国首先在其殖民地锡兰和印度秘密试种茶叶，成功后采取了欺骗的广告技术，吹嘘印度茶叶"为地球之美品"，贬低中国绿茶的营养价值，声称绿茶含有鞣酸会损坏肠胃等。他们甚至把中国的高档红茶祁红拼合印度、锡兰的高档茶，以提高印度、锡兰茶叶的品位，或者直接把华茶的标签换为印度和锡兰茶出售，因而逐渐改变了英国民众对中国茶的态度。1838年印度首次向英国出口茶叶，虽然只有很少的350磅，但之后依靠低成本优势不断侵占中国茶叶市场。到1889年，在英国市场上华茶数量仅占印度与锡兰茶总和的60%。之后华茶出口持续下降，到1893年，华茶在英国市场上已经难觅踪影。[①]

[①] 赵亚楠：《近代西方海外扩张与华茶生产贸易的兴衰》，硕士学位论文，南开大学经济研究所，第41页。

3. 瓷器的世界市场丧失

中国瓷器市场的丧失也经历了同样的历程。在发展起与中国直接贸易之后，西方商人开始培植本国瓷器业，中国的瓷器市场逐渐丧失。中国瓷器传统出口市场主要是欧洲和日本，随着美国贸易的发展，也有相当部分瓷器出口到美国。但是随着日本瓷器和欧洲瓷器制造业的发展，中国失去了这些市场。

欧洲王室与政府出于对瓷器贸易利润的垂涎，很早就开始支持瓷器的生产，在欧洲瓷器技术没有重大突破的情况下，西欧的传教士充当了技术间谍，1712年9月1日，法国传教士佩雷（Pere），窃取了景德镇制瓷的原料和制作过程，从而将景德镇的制瓷技术传到西方。1721年，他再次受命于法国教会赴景德镇调查，将许多特殊的制瓷技术传到欧洲，① 从此欧洲的制瓷业突破了技术制约。到了18世纪后期欧洲瓷器业逐渐形成了自己的特色和艺术性。例如德国麦森的硬质彩绘瓷器、法国的软质彩绘瓷器，以及英国的骨质瓷器。这些瓷器质量可比中国瓷器，但是价格却要便宜许多，于是中国瓷器在欧洲市场遭到排挤。当时英国与荷兰东印度公司都做出减少华瓷购买数量的决定。一个例子可以说明这个情况。按照原来的惯例，当外国船只从中国进口产品的时候，往往会购买瓷器作为压仓货物。但是18世纪后期，英国东印度公司下令，当能够购买铜的时候尽量不要购买瓷器作为压仓物。1801年东印度公司完全停止进口中国瓷器。1792年广州总共输出价值7490524两货物，而其中瓷器44230两，只占0.59%。②

美国本是中国瓷器出口的重要市场，但是这个市场也逐渐被欧洲瓷器所占领。1796年美国商人运去的瓷器占运载货物量的15%，1818年这一比例增加到24%。③ 然而到了19世纪中期，中美之间

---

① 转引自颜石麟《殷弘绪和景德镇瓷器》，《景德镇陶瓷》1986年第4期，第63页。
② 马士：《东印度公司对华贸易编年史》卷二，第520—523页。
③ 陈雨前：《中国陶瓷文化》，中国建筑工业出版社，2004，第198页。

的瓷器贸易急速衰落。在1833—1834年的贸易季度里，从广州返航的美国43艘商船中只有4—5艘装运瓷器，总数不过1322箱，大部分商船已经不再购买华瓷。① 这是因为，欧洲瓷器已经占领了美国市场。

日本是中国在亚洲最大的瓷器出口国之一，但是随着日本制瓷技术的发展，这个市场也失去了。日本人从南宋就开始学习中国制瓷技术，但是一直无法与中国抗衡。明治维新之后，日本转而向西欧学习近代制瓷技术，到20世纪初期，瓷器业发展起来，其利用欧洲战争之机，趁机抢夺欧洲瓷器市场。

随着欧洲、美国和日本市场的衰落，中国瓷器在世界市场上销声匿迹，唯有部分粗瓷出口，但是利润十分微薄。1872年，中国开始进口瓷器，到了1886年瓷器进口量已超过40万两白银。② 中国逐渐成为瓷器进口国，而欧洲则成为瓷器出口国。

三 内陆商帮遭到西方商人打压

从明朝中期开始，在长途贸易中兴起了一批商帮。这些商帮通过商品的长途运输将中国各区域的经济联系起来，从而形成了市场间的分工。③ 海外贸易白银流入无疑是商帮兴盛的必要条件之一，因为白银解决了长途贸易的结算问题。徽商、晋商等就是因为贩运茶叶、瓷器等海外畅销产品而走向辉煌的，但是在西方商人的竞争下，这些缺乏保护的中国商人在贸易中逐渐走向衰败。

1. 徽商难挡西方商人的仗剑经营

一般认为徽商衰落是因为清朝实行票盐法，造成徽商盐业衰落。这种看法是基于传统观点而得出的，即盐业是徽商最大的产

---

① Jean. Mudge, *Chinese Export Porcelain for the American Trade*, 1785–1835 (Newark: University of Delaware, 1981), p.125.
② 靳海彬：《中国近代海关瓷器进出口贸易研究（1868—1936）》，硕士学位论文，河北师范大学历史系，2006，第12—14页。
③ 唐文基：《16—18世纪中国商业革命》，社会科学文献出版社，2008，第12页。

业。但是这种看法并没有研究数据支持，而仅仅是因为古文资料中这样的一句话，"徽郡商业，盐、茶、木、质铺四者为大宗"①。这些研究可能大大低估了茶叶的重要性。从资金投入总量来说，盐业确实是徽商第一大产业，而从利润量来说，茶叶的重要性要远远高于盐业的重要性。鸦片战争前，徽州盐业年均利润总额为100万—120万两，而茶叶出口的年均利润总额约为200万两。自17世纪茶叶开始大规模出口欧洲以来，②徽商便是中国茶叶出口的一支主力军。茶叶出口的丰厚贸易利润是徽商资金积累的主要来源，并维持了徽商自康熙年间到道光年间近一百多年的繁荣。③

徽商的衰落正是因为其茶叶贸易遭到外商的竞争，开始于茶叶利润链不断被外商剥夺。中国茶商贸易的完整利润链为：茶叶产地—县镇市场—港口—巴达维亚。④ 其中，从港口到巴达维亚的利润主要由沿海商帮获得，但是从1740年"红溪事件"开始，荷兰商人彻底取代沿海商帮，完全占有了从中国港口到巴达维亚的茶叶贸易利润。而1840年鸦片战争之后，以英国为代表的外商通过买办建立起内地采购机制，直接到内地市镇进口茶叶，徽商对从市镇到港口的茶叶贸易利润的垄断被打破。19世纪末，外商直接在内地设厂采茶、收茶和制茶。而且印度、锡兰和爪哇等茶叶产地逐渐发展起来，由于殖民者在这些地方实行了类似种植园的方式经营，茶叶成本要远远低于中国内地茶叶的生产成本。光绪十四年（1888），两江总督曾国荃奏称：由于印度、日本产茶日旺，而且销价较低，

---

① 陈去病《五石脂》。但在《歙县志》卷一中将徽商的茶叶贸易排在典当之后，"邑中商业盐典茶木为最著，在昔盐业尤兴盛焉"。也有研究认为明朝茶叶是徽商第三大产业，之后于鼎盛期逐渐跃居第一位，见章传政、柯耀《徽商经营茶叶述略》，《茶叶通报》2008年第30期，第80页。
② 茶叶最早由葡萄牙人运到欧洲，后被荷兰人在欧洲大力推广，到18世纪时已成为中国出口货物中的第一大宗出口商品，在鸦片战争前，茶叶出口占中国总出口额的50%以上。参见姚贤镐《中国近代对外贸易史资料》第一册，第245页。
③ 张海鹏、王廷元：《徽商研究》，安徽人民出版社，1995，第12页。
④ 赵亚楠：《近代西方海外扩张与华茶生产贸易的兴衰》，硕士学位论文，南开大学经济研究所，第11页。

因此外商多争购洋茶，以至中商"连年折阅"。光绪十一年（1885）、十二年（1886），皖南茶商亏本自三四成至五六成不等，商业已难维持。十三年亏损尤甚，统计亏银将近百万两。结果是皖南茶商"营运俱穷、空乏莫补"。① 在茶叶贸易衰落之后，徽商再也没有资金来源以支持大规模的长途贩运，其他如典当、木、丝、米等也就相继衰落了，徽州商帮的影响越来越小。

2. 晋商不敌俄商打压

晋商的衰败同样是因为外商的竞争，尤其是因为晋商茶叶贸易遭到俄罗斯商人的竞争和票号遭到外国银行的竞争。

茶叶对晋商来说是最为大宗的一项贸易。1689年中俄签订《尼布楚条约》后，中俄茶叶贸易大幅增长，直至道光十七年至十九年间（1837—1839），每年由山西输往俄国的茶叶已高达700多万斤。1843年，仅运到恰克图的茶叶价值就为500万—600万两白银，如果再考虑到输入蒙古与在南方出口的茶叶量，晋商当年出口茶叶贸易额已超过500万两白银，而当时晋商年均盐业贸易额仅为500万两左右。

然而好景不长，随着俄国商人直接从事对华茶叶贸易，晋商的经营走向衰落。俄罗斯商人通过不平等条约取得了在天津比全国低1/3税率的特别通商权，深入中国内地攫取物产和推销其产品。俄商采用水陆并进的方式降低运输成本，大大节省了费用。俄商的贩运路线是：将茶叶用船从汉口沿江而下运至上海，再海运至天津，然后走陆路经恰克图贩运到欧洲。这之后，俄商贩茶业务扶摇直上，从同治四年（1865）的1647888磅，到同治六年（1867）猛增至8659501磅。同治七年（1868），② 恰克图的山西商号已由原来的120家下降到4家。同时俄商先后在汉口、九江、福州等地建立砖茶厂，使用蒸汽机代替手压机，所制砖茶成本低、质量高、产量

---

① 张海鹏、张海瀛主编《中国十大商帮》，第506页。
② 郭蕴深：《中俄茶叶贸易史》，黑龙江教育出版社，2006，第148、149页。

大。据统计，20世纪初期汉口俄商砖茶年产就达40万—50万担，其价值近乎为北方出口茶叶的一半还多，而19世纪俄国茶叶需求仅为30万担左右，① 可见俄商几乎垄断了全部茶叶的出口。之后晋商转移到俄罗斯境内开设茶店，但是第一次世界大战爆发以及俄国十月革命中没收商人资产，在俄罗斯的晋商完全被打垮。

  在茶叶受到俄商打击的情况下，晋商的票号也因受到外国竞争而纷纷倒闭。在丝织品、瓷器和茶叶普遍受到外商竞争的情况下，中商纷纷倒闭，商业危机影响到金融领域，从而造成了晋商票号的衰落。有观点认为票号是为清政府服务的，清政府的倒台使其失去了存在的基础，这是票号倒闭的根本原因。但是按照黄鉴晖的数据，公款汇兑只占票号总汇兑额的4%左右，其余主要是针对工商业的。② 20世纪初，北京的挤兑危机使得山西票号纷纷倒闭，造成晋商彻底的失败。据对当时山西主要的14家票号账务的统计，除了大德川票号贷款比存款仅多一万两外，其他票号收回贷款支付存款是绰绰有余的。③ 这说明是由于国内商业的不景气，造成贷款无法收回致使票号倒闭，晋商票号衰败与国内商业受到外商排挤密切相关。

3. 其他商帮受到打击

  沿海的宁波、广东和福建商帮本来大都从事中国茶叶、瓷器与丝织品的出口贸易，但是在19世纪中后期纷纷转行。这是因为在19世纪外商对陶瓷技术的掌握、纺织业的机械化以及印度、锡兰与爪哇等地茶叶对中国茶叶的替代，造成国内商品成本的相对提高，沿海商帮贩运出去的商品没有了竞争力，所以只好转到可以避免竞争的行业。还有部分沿海商帮受利润诱惑反过来充当外商的买办，推销外商产品，打压中国商品。《定海县志》载，"冲任各洋行之

---

  ① 郭蕴深：《中俄茶叶贸易史》，第150页。
  ② 黄鉴晖：《山西票号史》，山西经济出版社，2002，第531页。
  ③ 张海鹏、张海瀛主编《中国十大商帮》，第51页。

买办所谓康百度者,当以邑人为首屈一指"①。如宁波商帮叶海生任英商信汇洋行买办,田宁良任德商受礼司洋行买办并成为中国最大的五金供应商。而据史料记载,许多福建商帮在鸦片战争之后,原有的经营行业衰落,部分商人开始经营鸦片,还有一些打着商人的旗号,行海盗之实,走向了社会经济的反面。

在外商机器工业的竞争下,其他商帮几经挣扎,但仍逃不脱衰落的命运。山东商帮企图将资本转移到现代机器工业中,大量投资于现代纺织业,但是终究无法与有国家支持的日本纺织业抗衡。而乾隆末年,学习景德镇制瓷技艺、专事出口的日本制瓷业已在国际市场上占据重要份额。学成景德镇生产硬质瓷技艺不久的欧洲工厂借助机械化获得大发展,欧洲诸国东印度公司大量的瓷器订货到乾隆末年已经停止。江右商帮瓷器垄断贸易也衰落了,到光绪年间外销瓷器量下降到产量的 1/4 还不到。② 其他如龙游、陕西商帮等转向经营珠宝、书纸业等,以避免和外商直接竞争,但是被充当外商买办的宁波、广东商帮取代。③

---

① 缪燧:《定海县志》卷五。
② 刘锦藻:《清续文献通考》卷三百八十六,第 6572 页。
③ 张丽、骆昭东:《从全球经济发展看明清商帮兴衰》,《中国经济史研究》2009 年第 4 期,第 102—110 页。

跋

关于明清贸易政策的研究文献很多,依据研究重点的不同,本书将这些成果分为四大部分,首先是关于贸易政策封闭性的讨论,其次是关于贸易政策产生原因的研究,再次是贸易政策演变过程的分析,最后是关于贸易政策历史影响的研究。

一 对外贸易政策的封闭性与开放性

经济学理论认为,贸易政策要尽力创造一个自由开放的国际贸易环境。从亚当·斯密的绝对优势理论,到李嘉图的比较优势论乃至当代的国际贸易理论,大都相信自由贸易才是一国走上繁荣富强之路的秘诀。受上述理论影响,许多研究开始讨论明清政府的贸易政策是否封闭了国家,① 并形成了"开关—闭关"的研究模式。②

对明朝贸易政策的研究大都从海禁与朝贡这两个方面入手。一些研究认为,明朝虽然也有开海的时候,但大部分时间都实行了海禁政策,所以封闭是明朝对外政策最为主要的特征(田培栋,1983;王守稼,1986;邓瑞本,1988);还有观点从否认朝贡体系

---

① 张维华的《明代海外贸易简论》开创了新中国建立以来贸易政策研究的基础。见张维华《明代海外贸易简论》,上海人民出版社,1956。
② 陈尚胜:《"闭关"或"开放"类型分析的局限性》,《文史哲》2002 年第 6 期,第 159—166 页。

开放性的角度论证明朝贸易政策的封闭性（田培栋，1983；李金明，1988）。1994年，陈尚胜在一篇文章中对开放与封闭进行了严格定义，将"开"看做对外国人来明的基本政策；而"放"则是对国内商民出国贸易的基本态度。①

由于清朝海禁政策实行的时间较短，朝贡贸易较为寥落，所以相关研究主要从清政府对中外商人限制的角度论述贸易政策的闭关性。一些研究认为无论是对外国商人还是对本国商人的限制，都证明清朝贸易政策具有封闭性（戴逸，1979；徐明德，1995；范金明，2006）。对此，许多观点并不完全同意，认为对中国商人的限制确实属于闭关性质，但是对外商的限制与管理有助于维护国家主权，不应属于闭关内容（胡思庸，1979；汪敬虞，1983；饶怀民和周新国，1990）。针对这种反驳，有观点认为虽然对外商的管理维护了国家主权，但主要还是为了"怀柔遐方，加惠四夷"，所以不存在开放的可能性（张光灿，1985；吴建雍，1989）。更有观点认为，关键不在于具体的政策，而在于政府是否有开放的实质性倾向，从这一点来说清朝是闭关的（陈尚胜，1999）。还有观点直接怀疑上述研究评判标准的合理性，闭关政策应该是禁止洋人传教，限制通商不应成为主要考虑对象（王先明，1993）。

与上述观点不同，许多研究并不认为明清贸易政策封闭了国家。翁惠明首先撰文全面否定了闭关论②。一些文章强调明清时期统治者采取了积极的外交政策，封闭国家的结论与事实并不相符（王永曾，1984；陈学文，1986；蒋作舟和陈申如，1987；万明，2004）。还有研究从郑和下西洋之后中外交流的盛况反驳封闭论（朱非亚和王绪前，1990；卢苇，1990）。更多的研究是从民间贸易十分繁荣的事实对明清闭关的结论进行证伪（黄启臣，1986；廖声

---

① 陈尚胜：《试论明成祖的对外政策》，《安徽史学》1994年第1期。
② 翁惠明：《论明代前期中国与南洋外交的演变》，见中外关系史学会编《中外关系论丛》第三辑，海洋出版社，1987。

丰，2007；尚畅，2007）。另外一些研究对明清贸易政策重新定性，采用了"有限开海"（夏秀瑞，1988）和"严格开放"（李想和杨维波，2008）等词。

就在不同观点相互争论的同时，学术界对"闭关""开关"话语权进行了反思。早在1986年严中平先生就认为"闭关自守"是西方殖民者为了打开中国市场对清朝政府进行的诟病。[①] 之后，相继有学者也认为这类词语是西方列强为了扩大中国市场，将之强加于明清政府的（郭蕴静，1982；陈尚胜，2002）。

上述反思是从这个词语的历史性起源进行的，"闭关"类词语对学术研究影响之深还有其理论性原因。这要追溯到费正清的"冲击—反应"模式，费正清是在研究中国朝贡体系时提出这一模式的。该模式认为，中国传统文明充斥着顽固的惰性，缺乏内在的动力突破传统的桎梏，西方的"冲击"是进行变革的原动力。[②] 由此得出的推论自然是中国应该实行"开关"的政策以迎接西方"冲击"，"闭关锁国"应该为中国落后负历史责任。这种模式逐渐成了相关研究的理论基础，认为清朝应该"开放"成为潜在的结论前提。

本书并不否认开放有利于发展，但是开放并非是发展的充分条件，尤其是在明清时期具体的历史环境下，客观的条件往往决定了开放的有效性。明清时代，西方国家开始登上亚洲贸易列车，这些国家采取了仗剑经商的方式，武装拓展贸易、垄断市场、排挤他国商人是其常用的方法。反观明清中国，政府并不保护商人，商人即使遭到西方国家的抢劫或屠杀也引不起政府的任何重视。在这种条件下，如果单纯开放，只会将中国商人置于更大的风险当中。所

[①] 严中平：《科学研究方法十讲——中国近代经济史专业硕士研究生参考讲义》，人民出版社，1986。

[②] John King Fairbank, *The Chinese World Order: Traditional China's Foreign Relation* (Cambridge: Harvard University Press), 1986, p.259.

以，如使用"开放"或"封闭"这样的词语来形容贸易政策的倾向，不如重新回到当时的历史环境下，具体讨论明清贸易政策的成败。

二 对外贸易政策的变迁

许多研究看到了不能简单地用一个词语对明清贸易政策进行全面总结，因为贸易政策经历了一个演变的过程，不同阶段有不同的特征。有观点认为明初没有实行海禁（吴振华，1988；魏华仙，2000），海禁政策只是后来才实行的，在明朝永乐时期以及隆庆开海时期，海外贸易十分活跃（孙海峰，2003；李未醉和李魁海，2004）。也有观点认为明朝贸易制度在各个阶段各有特点，可以用"怀夷"与"抑商"形容不同时期的特征（陈尚胜，1997；李庆新，2007）。

一些文献专门针对清朝贸易政策演变进行了分析，从本书所找到的已发表文献来看，只有一项研究成果认为清朝整个阶段都实行了闭关政策（李刚，1994），其他的观点大都认为清朝开海到乾隆一口通商之间的时期实行了全面开放的政策，在这之前和之后都是闭关的（王永曾，1984；陈东林与李丹慧，1987；王超，2001；李永福，2003）。甚至有研究认为清朝不仅实行了开放的政策，而且积极主动地寻求与其他国家的经济往来（谢必震和黄国盛，1992）。

还有研究对整个明清贸易政策进行了全面的考察。万明（2000）考察了从明至清鸦片战争前的贸易政策演变，并将明清进行对比，认为明朝比清朝更加开放。史志宏（2004）考察了明及清前期保守主义海外贸易政策的演变历程，也认为清代比明代的贸易政策更加封闭和保守。高淑娟（2004）则将明清贸易政策与日本的对外贸易政策进行比较。这部分研究避免了对明清贸易政策进行概念化的概括，深入到了不同时期不同政策特征的分析，并注意到了西方商人造成中国贸易环境的变化（史志宏，2004），以及创新性地将明与清（史志宏，2004；万明，2004）以及明清与日本进行比较（高淑娟，2004）。

上述观点中，有一部分研究仍然深受"开关—闭关"模式影响，在对具体的贸易政策进行分析时没有摆脱开关与闭关类词语。这是因为这些研究忽略了不同阶段中国面临不同的贸易发展环境，以及中外之间的经济联系与相互影响。明前期和中期，当明政府构筑朝贡贸易体系时，在政府主导下，西方开始了大航海时代的贸易征程，世界范围内的贸易扩张由此开始。明后期，葡萄牙、西班牙已经将仗剑经商的方式运用到亚洲贸易中。此时明政府的贸易政策根本没有考虑到这种贸易形势对中国商人可能造成的影响。就在中国商人遭到西班牙的屠杀，出海船只大幅度减少的情况下，明政府却没有采取任何保护措施。清朝开海后，中西贸易大规模发展，但西方商人对东南亚贸易口岸与商路的占据已经威胁到中国商人的出海经营，没有政府保护的中国商人屡遭西方商人的排挤与打压。考虑到这种贸易环境，已经不能简单地用"开关""闭关"形容不同阶段的贸易政策特征。

三 对外贸易政策产生的原因

许多观点从传统社会内部特征出发，寻找明清贸易政策出台的原因，史志宏①的一项研究可作为上述不同观点的归纳，即对外贸易政策产生原因包括四个方面：重农抑商政策在海外贸易中的延续；传统文化中的华夷观具有封闭性；小农经济自给自足，对外需求依赖有限；政治上维护统治安全。

第一，传统社会历来主张重农抑商，对商业贸易采取压制措施，对外贸易政策是这种措施在海外的延伸（胡思庸，1979；戴逸，1979；刘成，1987）。在这种政策影响下，明清政府都不鼓励

---

① 史志宏：《明及清前期保守主义的海外贸易政策形成的原因及历史后果》，《中国经济史研究》2004年第4期，第34—42页。

对外贸易。相比之下，西方在重商主义的支持下，政府积极支持海外贸易扩张（史志宏，2004）。

第二，无论是朝贡制度还是对中外贸易的限制，最终是为了怀柔远人，在中国与海外国家关系中树立天朝上国的权威。传统儒家强调天下秩序应该是以"仁"为精神、以"礼"为架构，当这种关系延伸到国际秩序中来时，就形成了以天子为核心的、伦理等级式的华夷秩序。明清统治者继承了这种理念，企图通过朝贡制度，以及对贸易的限制来达到怀柔远人（侯厚文，1927；田培栋，1993；孙光圻，1987），树立天朝上国权威的目的（吴建雍，1989；向玉成，1996；陈尚胜，1994）。

第三，将贸易政策的原因归结于小农经济。传统社会的小农经济具有自给自足的特点，大部分经济需求都在本国内部就能得到解决，对海外贸易需求较少，缺乏扩展贸易的经济动力（黄鸿钊，1986；饶怀民和周新国，1990；苏松明，1990；魏华仙，2000）。

第四，从明清贸易政策出台所面对的具体政治经济环境中寻找原因。如许多观点认为虽然明朝有一些闭关性质的措施，但主要是为了打击海盗等不稳定势力，有助于政权的巩固（沈渭滨和夏林根，1979；陈尚胜，1987；吴振华，1988）。还有研究看到了明朝中后期，西方殖民者已经来到中国沿海，明朝的限制性措施主要是为了应对西方殖民者（翁惠明，1987；蒋作舟和陈申如，1987）。对于清朝的研究文献，同样关注到了这两个因素。清初面对妨害国家统一的郑成功，统治者不得不采取措施实行海禁与迁海（陈柯云，1980；郭蕴静，1982；夏秀瑞，1988；王超，2001；尚畅，2007）。而随着中西贸易的开展，西方殖民者企图打开中国市场，这威胁到了中国的主权与沿海的安全，所以清朝不得不采取措施予以防范（郭蕴静，1982；夏秀瑞，1988；陈东林和李丹慧，1987；朱雍，1988；王超，2001；尚畅，2007）。总之，这些观点强调明清政府面对沿海的特殊政治形势，所采取的一些对外政策是当时条件下最好的选择。

综上所述,一些文献寻找贸易政策出台的背景,发现每个政策出台都有其合理的原因,即维护政治稳定与国家安全,从实施的效果看,明清政府也达到了巩固政权维护稳定的目的,所以对外政策是积极的;另外一些研究不将闭关锁国看作政治性事件,而是从根源上寻找原因(传统社会的封闭性、重农抑商、小农经济的自给自足),以此来质疑开放政策的虚伪性。可以看出,相关研究陷入这样一种分歧:究竟应该是肯定还是否定明清政府出于政治局势需要而做出的选择。

分歧的根本原因在于政治与经济的标准难以统一。持否定态度的观点实际上仍然在强调民间贸易的重要性,其潜台词在于朝廷必须允许私人贸易发展,市场的力量代表了历史发展的动力,而政府禁锢了市场力量的发挥。对于"开放论"来说,明朝贸易政策的选择是出于政治稳定的考虑,其对私人贸易的控制反而维护了和平环境。这种考虑也不无道理,因为如果没有政治的稳定,没有和平的环境,市场也无法正常发挥作用。如果承认双方评判原则都是正确的话,这样一来对明清贸易政策的研究就陷入一种相互冲突的境地,根本无法得出结论。

四 对外贸易政策的历史影响

明清贸易政策究竟对历史发展产生了何种影响,学者们有着不同的三种看法。第一类观点认为明朝海禁禁锢了私人贸易(晁中辰,1987;黄国强,1988),造成中国失去了海外贸易发展的时机(何多奇,1988;韦红,1990)。明清贸易政策压制了商业发展(张国刚,2003),中外贸易发展受阻(吴建雍,1989;陈栋有,1999),造成沿海经济的凋零(冷东,1999)。史志宏(2004)的研究则将明清贸易政策的影响放在中国近代落后于世界这个大的背景下进行考察,认为保守性贸易政策是中国错失发展良机、失去大国领先地位的重要原因。

与上述观点不同，第二类观点认为明朝的贸易政策促进了中外交流，避免了政治孤立（翁惠明，1987），尤其是明朝的下西洋政策，促进了中外积极的交流（朱非亚和王绪前，1990；卢苇，1990），有利于社会稳定，符合国家长远根本利益（蒋作舟和陈申如，1987）。这引起了一些观点的质疑，虽然中外交流加强，但这种交流主要是政治性的（孙光圻，1987；李金明，1988；晁中辰，1989；魏华仙，2000），民间贸易仍然受到限制，所以不能以此反驳贸易政策的消极性。这实质上认为民间贸易才是推动历史发展的力量，所以更加强调市场的作用。

针对中外交流主要是政治性的观点，第三类观点通过清朝私人贸易的盛况来反证清朝贸易政策的积极作用。这些观点认为清朝贸易政策客观上没有阻碍贸易，私人贸易发展十分迅速（陈柯云，1980；郭蕴静，1982），具体表现在贸易港口的扩大和贸易国的增多，商船的数量不断增加，进出口商品数量繁多，商品流通量值的增加（黄启臣，1986；谢必震和黄国盛，1992）和海关税收持续增长（廖声丰，2007）。在这种贸易发展的背景下，清朝贸易政策甚至促进了全球化（尚畅，2007）。

上述观点分歧包含了两个方面的内容。首先，判断贸易政策的影响究竟是从政治角度还是从经济（私人贸易发展）角度进行。一类观点认为中外交流活跃而频繁，但是另一类观点认为这种交流以政治性为主，私人贸易仍然受到压制，所以历史影响是消极的；其次，该如何看待清朝私人贸易发展空前的情况。一类观点认为私人贸易发展状况表明贸易政策是积极有效的，但反驳方认为历史影响不是绝对的，确实存在私人贸易发展空前的状况，这只能表明清朝限制性贸易政策效果不佳（陈尚胜，1994）。

判断贸易政策无须将政治和经济分开来看，关键在于国家与商人的利益是否一致。在西方国家的贸易世界中，政治对经济的干预也无处不在。从贸易探索、市场开拓到扶持本国商人，无不体现出政府的作用。但中西政府对贸易的干预存在很大的不同，西方国家与商人利益是紧密联系在一起的，而明清政府与商人之间的利益互相分离。所以西方政府对经济的干预最终转化为商人市场扩大、贸易地位提升和国家财富增加。然而明清政府忽视商人利益，不保护商人，所以从表面看来对外政策维护了国家长治久安，但这种稳定没有转化为国家强大。

从全球经济中中国商业和商人地位的变化来看，私人贸易的盛况也不足以成为判断贸易政策成败的关键。虽然从数量的角度来看，明后期海外白银大量流入中国，清朝进出口贸易也出现了大幅增长，但问题是中国海上商业主导权却在逐步丧失。原本主导亚洲贸易圈的是中国商人，各个航线上都是中国商船在经营。但西方商人到来之后，东南亚的香料产地、重要的贸易港口和贸易航线都受到西方商人的控制，海上贸易中中国商船渐少。这种贸易主导权的变化表明不能单纯地因为贸易量扩张而乐观，明清政府不保护商人为这种贸易盛况埋下了危机的伏笔。

参考文献

一 历史文献

《明实录》,上海古籍出版社,1983。

陈子龙:《明经世文编》,明崇祯平露堂刻本,中国基本古籍库。

张廷玉:《明史》,中华书局,1974。

谷应泰:《明史纪事本末》,中华书局,1977。

刘惟谦:《大明律》,日本景明洪武刊本,中国基本古籍库。

王圻:《续文献通考》,文海出版社,1977。

张燮:《东西洋考》,中华书局,2000。

顾炎武:《天下郡国利病书》,中国基本古籍库。

胡宗宪:《筹海图编》,清文渊阁四库全书本,中国基本古籍库。

《清实录》,中华书局,1985—1987。

赵尔巽:《清史稿》,中华书局,1998。

中研院历史语言研究所编《明清史料》,中华书局,1987。

梁廷枏:《粤海关志》,广东人民出版社,2002。

《清朝文献通考》,清文渊阁四库全书本,中国基本古籍库。

王之春:《国朝柔远记》,广文书局,1978。

刘锦藻:《清续文献通考》,民国景十通本,中国基本古籍库。

印光任、张汝霖:《澳门记略》,清乾隆西阪草堂刻本,中国基本古籍库。

姚贤镐：《中国近代对外贸易史资料》第一册，中华书局，1962。

马士：《中华帝国对外关系史》，张汇文译，商务印书馆，1963。

马士：《东印度公司对华贸易编年史》，中山大学出版社，1991。

二 学术著作

梁嘉彬：《广东十三行考》，广东人民出版社，1999。

张维华：《明清之际中西关系简史》，齐鲁书社，1987。

陈尚胜：《"怀夷"与"抑商"：明代海洋力量兴衰研究》，山东人民出版社，1997。

高淑娟：《中日对外经济政策比较史纲》，清华大学出版社，2003。

高淑娟：《近代化起点论：中日两国封建社会末期对外经济政策比较》，中国社会科学出版社，2004。

万明：《中国融入世界的步履：明与清前期海外政策比较研究》，社会科学文献出版社，2000。

王尔敏：《五口通商变局》，广西师范大学出版社，2006。

李庆新：《明代海外贸易制度》，社会科学文献出版社，2007。

李云泉：《朝贡制度史论：中国古代对外关系体制研究》，新华出版社，2004。

张乃和：《贸易、文化与世界区域化：近代早期中国与世界的互动与比较》，吉林人民出版社，2007。

伯克：《文明的冲突：战争与欧洲国家体制的形成》，王晋新译，三联书店，2006。

陈曦文：《英国16世纪经济改革及政策研究》，首都师范大学出版社，1995。

张亚东：《重商帝国：1689—1783年的英帝国研究》，中国社会科学出版社，2004。

夏继果：《伊丽莎白一世时期英国外交政策研究》，商务印书馆，1999。

王加丰：《扩张体制与世界市场的开辟》，北京大学出版社，1999。

高岱、郑家馨：《殖民主义史》（总论卷），北京大学出版社，2003。

李景全、田士一：《日不落之梦：17—18世纪荷、法、英的殖民角逐》，时事出版社，1989。

姚楠、陈佳荣、丘进：《七海扬帆》，中华书局，1990。

杨希育：《中国帆船与海外贸易》，厦门大学出版社，1991。

何芳川：《太平洋贸易网500年》，河南人民出版社，1998。

王赓武：《南海贸易与南洋华人》，中华书局香港有限公司，1988。

陈东有：《走向海洋贸易带——近代世界市场互动中的中国东南商人行为》，江西高校出版社，1998。

田汝康：《17—18世纪中叶中国帆船在东南亚洲》，上海人民出版社，1957。

何芳川：《澳门与葡萄牙大帆船：葡萄牙与近代早期太平洋贸易网的形成》，北京大学出版社，1996。

田汝康：《中国帆船贸易与对外关系史论集》，浙江人民出版社，1987。

张天泽：《中葡早期通商史》，姚楠译，中华书局香港有限公司，1988。

松浦章：《清代帆船东南亚航运与中国海商海盗研究》，上海辞书出版社，2009。

陈国栋：《东亚海域一千年》，山东画报出版社，2006。

陈柏坚、黄启臣：《广州外贸史》，广州出版社，1995。

李金明：《明代海外贸易史》，社会科学文献出版社，1990。

杨国桢：《清明中国沿海社会与海外移民》，高等教育出版社，1997。

李金明：《厦门海外交通》，鹭江出版社，1996。

庄国土：《华侨华人与中国的关系》，广东高等教育出版社，2001。

傅衣凌：《明清时代商人及商业资本》，中华书局，2007。

李长傅：《中国殖民史》，上海书店，1990。

戴裔煊：《明代嘉隆间的倭寇海盗与中国资本主义的萌芽》，中国社会科学出版社，1982。

朱杰勤：《东南亚华侨史》，中华书局，2008。

刘鉴唐编著《中英关系系年要录》第一卷，四川社会科学院出版社，1989。

黄庆华：《中葡关系史》，黄山书社，2006。

梁英明、梁志明：《东南亚近现代史》，昆仑出版社，2005。

弗兰克：《白银资本：重视经济全球化中的东方》，刘北成译，中央编译出版社，2008。

滨下武志：《近代中国的国际契机：朝贡贸易体系与近代亚洲经济圈》，朱荫贵、欧阳菲译，中国社会科学出版社，1999。

严中平：《科学研究方法十讲》，人民出版社，1986。

彭慕兰：《大分流》，史建云译，江苏人民出版社，2004。

王国斌：《转变的中国》，李伯重、连玲玲译，江苏人民出版社，1998。

何伟亚：《怀柔远人》，邓常春译，社会科学文献出版社，2002。

黄枝连：《天朝礼治体系研究》，中国人民大学出版社，1992。

费尔南·布罗代尔：《15至18世纪的物质文明、经济和资本主义》第三卷，施康强、顾良译，三联书店，1993。

费尔南·布罗代尔：《15至18世纪的物质文明、经济和资本主义》第二卷，顾良译，三联书店，1993。

三　研究论文

侯厚培：《五口通商以前我国国际贸易之概况》，《清华大学学报》1927 年第 1 期。

田培栋：《明前期海外贸易政策研究》，《首都师范大学学报》1983 年第 4 期。

王守稼：《明代海外贸易政策研究》，《史林》1986 年第 3 期。

邓瑞本：《论明代的市舶管理》，《海交史研究》1988 年第 1 期。

晁中辰：《论明代海禁政策的确立及其演变》，见中外关系史学会编《中外关系论丛》第三辑《中国历史上的开关与闭关政策》，1987。

何多奇：《早期世界市场与中国海外贸易》，《重庆师范大学学报》1988 年第 3 期。

卢苇：《论郑和下西洋与东西交往及东南亚地区的繁荣稳定》，《郑和研究》1990 年第 11 期。

陈尚胜：《明代海防与海外贸易——明朝闭关与开放问题的初步研究》，见中外关系史学会编《中外关系论丛》第三辑《中国历史上的开关与闭关政策》，1987。

黄鸿钊：《明代的海外贸易》，《中学历史教学》1986 年第 5 期。

刘成：《论明代的海禁政策》，《海交史研究》1987 年第 2 期。

陈学文：《试论明永乐时期的对外关系》，《海交史研究》1986 年第 2 期。

翁惠明：《论明代前期中国与南洋外交的演变》，见中外关系史学会编《中外关系论丛》第三辑《中国历史上的开关与闭关政策》，1987。

蒋作舟，陈申如：《评明、清两朝的"海禁"、"闭关"政策》，《历史教学问题》1987 年第 4 期。

吴振华：《杭州市舶司研究》，《海交史研究》1988年第1期。

朱亚非、王绪前：《从郑和下西洋看明朝对外政策》，《郑和研究》1990年第1期。

卢苇：《论郑和下西洋与东西交往及东南亚地区的繁荣稳定》，《郑和研究》1990年第11期。

孙光圻：《明永乐时期的"海外开放"》，中外关系史学会编《中外关系论丛》第三辑《中国历史上的开关与闭关政策》，1987。

李金明：《明代海外朝贡贸易实质初探》，《中国社会经济史》1988年第2期。

晁中辰：《论明代的朝贡贸易》，《山东社会科学》1989年第6期。

陈尚胜：《试论明成祖的对外政策》，《安徽史学》1994年第1期。

徐明德：《论十四世纪至十九世纪中国的闭关锁国政策》，《海交史研究》1995年第1期。

范金民：《明清海洋政策对民间海洋事业的阻碍》，《学术月刊》2006年第3期。

冷东：《明清海禁政策闽广地区的影响》，《人文杂志》1999年第3期。

陈栋有：《明清东南海商压抑心态初探》，《南昌大学学报》1999年第1期。

蒋作舟：《明代中葡两国的第一次正式交往》，《中国史研究》1997年第2期。

王冬青、潘如丹：《明朝海禁政策与近代西方国家的第一次对华军事冲突》，《军事历史研究》2004年第2期。

万明：《郑和下西洋与亚洲国际贸易网的建构》，《吉林大学社会科学学报》2004年第6期。

李金明：《论明初的海禁与朝贡贸易》，《福建论坛》2006年第

7 期。

尚畅：《从海禁到闭关锁国》，《湖北经济学院学报》2007 年第 10 期。

魏华仙：《也谈洪武年间的"海禁"与对外贸易》，《常德师范学院学报》2000 年第 2 期。

孙海峰：《略论明朝的海洋政策》，《河南大学学报》2003 年第 2 期。

李未醉、李魁海：《明代海禁政策及其对中暹经贸关系的影响》，《兰州学刊》2004 年第 5 期。

张国刚：《明清之际中欧贸易格局的演变》，《天津社会科学》2003 年第 6 期。

戴逸：《闭关政策的历史教训》，《人民日报》1979 年 3 月 13 日。

胡思庸：《清朝的闭关政策和蒙昧主义》，《吉林大学学报》1979 年第 2 期。

汪敬虞：《论清朝前期的禁海闭关》，《中国社会经济史研究》1983 年第 2 期。

张光灿：《论清朝前期的闭关政策》，《宁夏大学学报》1985 年第 2 期。

吴建雍：《清前期对外政策的性质及其对社会发展的影响》，《北京社会科学》1989 年第 1 期。

饶怀民、周新国：《清代的闭关政策述评》，《西南民族学院学报》1990 年第 5 期。

王先明：《论清代的"禁教"与"防夷"——"闭关主义"政策再认识》，《近代史研究》1993 年第 10 期。

陈柯云：《论清初的"海禁"》，《首都师范大学学报》1980 年第 1 期。

郭蕴静：《清代对外贸易政策的变化——兼谈清代是否闭关锁

国》,《天津社会科学》1982年第3期。

王永曾:《清代顺康雍时期对外政策论略》,《甘肃社会科学》1984年第5期。

黄启臣:《清代前期海外贸易的发展》,《历史研究》1986年第4期。

夏秀瑞:《清代前期的海外贸易政策》,《广东社会科学》1988年第2期。

谢必震、黄国盛:《论清代前期对外经济交往的阶段性特点》,《福建论坛》1992年第6期。

陈尚胜:《也论清前期的海外贸易——与黄启臣先生商榷》,《中国经济史研究》1993年第4期。

史志宏:《明及清前期保守主义的海外贸易政策》,《中国经济史研究》2004年第2期。

史志宏:《明及清前期保守主义的海外贸易政策形成的原因及历史后果》,《中国经济史研究》2004年第4期。

陈尚胜:《论清朝前期国际贸易政策中内外商待遇的不公平问题——对清朝对外政策具有排外性观点的质疑》,《文史哲》2009年第2期。

陈尚胜:《"闭关"或"开放"类型分析的局限性》,《文史哲》2002年第6期。

廖声丰:《乾隆实施"一口通商"政策的原因》,《江西财经大学学报》2007年第3期。

李想、杨维波:《清朝前期海外贸易政策的非"闭关性"》,《粤海风》2008年第1期。

饶怀民、周新国:《清代的闭关政策述评》,《西南民族学院学报》1990年第5期。

向玉成:《清代华夷观念的变化与闭关政策的形成》,《四川师大学报》1996年第1期。

沈渭滨、夏林根：《清代"闭关自守"有自卫意义吗》，《复旦学报》1979 年第 6 期。

郭蕴静：《清代对外贸易政策的变化——兼谈清代是否闭关锁国》，《天津社会科学》1982 年第 3 期。

陈东林、李丹慧：《乾隆限令广州一口通商政策及英商洪仁辉事件述论》，《历史档案》1987 年第 1 期。

夏秀瑞：《清代前期的海外贸易政策》，《广东社会科学》1988 年第 2 期。

朱雍：《洪仁辉事件与乾隆的限关政策》，《故宫博物院院刊》1988 年第 4 期。

王超：《清代海外贸易政策的演变》，《辽宁师范大学学报》2001 年第 1 期。

尚畅：《从海禁到闭关锁国》，《湖北经济学院学报》2007 年第 10 期。

李刚：《论鸦片战争前中西经济关系的发展阶段》，《西北大学学报》1994 年第 2 期。

王超：《清代海外贸易政策的演变》，《辽宁师范大学学报》2001 年第 1 期。

李永福：《鸦片战争前清政府对外政策的嬗变》，《南都学坛》2003 年第 6 期。

张丽：《"两次世界经济全球化"》，http://economy.guoxue.com/article.php/10483/1。

张丽、骆昭东：《从全球经济发展看明清商帮兴衰》，《中国经济史研究》2009 年第 4 期。

骆昭东：《15—18 世纪中西国际贸易体系之差异与"大分流"》，《湖北经济学院学报》2009 年第 6 期。

三 外文文献

B. H. Vlekke, *Nusantara*: *A History of the East Indian Archipelago*,

Cambridge, Mass: Harvard University Press, 1943.

C. R. Boxer, *South China in the Sixteenth Century*, London: Printed for the Hakluyt Society, 1953.

C. R. Boxer, *Fidalgos in the Far East, 1550 – 1770*, Oxford University Press, 1968.

Clare Le Corbeiller, *China Trade Porcelain: Patterns of Exchange*, New York: Metropolitan Museum of Art, 1974.

E. L. Jones, *The European Miracle*, Cambridge University Press, 1981.

E. H. Blair and J. A. Robertson, *The Philippine Island, 1493 – 1898*, Cleveland, 1903.

E. H. Pritchard, *Anglo-Chinese Relations during the Seventeenth and Eigh-teenth Centuries*, New York, 1970.

Eufronio M. Alip, *Ten Centuries of Philippine-Chinese Relations*, Manila, 1959.

Francisco Bethencourt, *Portuguese Oceanic Expansion 1400 – 1800*, Cambridge University Press, 2006.

Glamann, Kristof, *Dutch-Asiatic Trade, 1620 – 1740*, Hague: Maritinus Nijhoff, 1981.

G. V. Scammell, *The World Encompassed: The First European Maritime Empires, c. 800 – 1650*, London: Methuen, 1981.

Gen. J. P. Sanger, *Census of the Philipine Islands*, Washington, 1905.

John King Fairbank, *The Chinese World Order: Traditional China's Foreign Relation*, Cambridge: Harvard University Press, 1986.

John H. Elliott, *Imperial Spain 1469 – 1716*, Harmondsworth: Penguin, 1963.

J. C. Van Leur, *Indonesian Trade and Society: Essays in Asian So-*

cial and Economic History, The Hague: W. van Hoeve, 1955.

J. D. Tracyed, *The Rise of the Merchant Empire*, Cambridge: Cambridge University Press, 1990.

Herbert Heaton, *Economic History of Europe*, New York: Harper & Brothers, 1936.

K. N. Chaudhuri, *The Trading World of Asia and the English East India Company, 1600 – 1760*, Cambridge: Cambridge University Press, 1967.

Leonard Blusse, *Strange Company: Chinese Settlers, Mestizo Women and the Dutch in VOC Batavia*, Leiden, 1986.

M. A. P Meilink-Roeloyse, *Asian Trade and European Influence*, The Hague, 1962.

Mancall, Mark, *China at the Center: 300 Years of Foreign Policy*, New York, 1984.

Norman F. Cantor, *The Civilization of the Middle Ages*, New York, Haper Perennial, 1994.

Nicholas Tracy, *Attack on Martime Trade*, London, 1991.

Richard Cocks, *Diary, 1615 – 1622*, London: Hakluyt Society, 1883.

Serafin D. Quiazon, *The Sampan Trade, 1570 – 1770*, Fernando, 1966.

William S. Atwell, *International Bullion Flows and the Chinese Economy Circa: 1530 – 1650*, Past and Present, 1982.

索 引

安南 25~26, 34, 93~97, 139, 145, 174, 198~199, 204, 208

白银 12, 14~15, 17, 28, 40, 46, 52, 56, 73~74, 114, 116~118, 120~124, 126~127, 160, 170, 179~183, 190~191, 193, 204~206, 214~215, 218, 220~223, 225, 227, 238

比较 1~2, 5, 7, 16, 18~19, 21, 23, 34~35, 44, 49, 57, 96, 100, 103, 106, 114~116, 193, 195, 198, 201~202, 207~208, 211, 230, 233~234

比较优势理论 18

闭关 22, 55, 86, 116, 156, 176, 197, 205, 230~236

剥削 11~12, 50~51, 53, 211

财政 34~41, 68, 74, 105~106, 176, 179, 185

茶叶 46, 57, 110, 117~121, 133, 162, 196, 200~201, 203~207, 212, 215, 219~223, 225~228

朝贡体系 2, 23, 34, 39, 50, 52, 54~57, 63, 73, 75, 78, 83, 88, 93~95, 111, 136~137, 139, 171~172, 176, 230, 232

朝鲜 26, 29, 34, 93~97, 100, 172, 174, 197~198, 208

瓷器 57, 76, 110, 113, 117~119, 121, 161~162, 170, 175~176, 193, 196, 199~205, 207, 212, 214~215, 224~225, 228~229

大航海时代 1, 234

地中海贸易圈 3, 5~6, 107

东印度公司 15~16, 50, 52, 54, 79~84, 90~92, 102~106, 119~125, 129~135, 149~152, 155, 157~160, 166~168, 191~194, 200~201, 203~204, 207, 214~215, 219~222, 224, 229

革命 7, 102, 154~155, 196, 225, 228

贡道 24~27, 34, 37, 87, 95~96

国家暴力 2，19～20

海盗 16～17，24，29，33，56，67～68，71，74，91，138，186，189，229，235

海禁 21，27，29～30，32～34，42，50，71，86，90，92，97～99，100，107，136，140，142，147，158～159，171～172，177，186，196，204，230～231，233，235～236

海上贸易集团 186～187

胡惟庸事件 32

"华—夷" 2，22，110

"怀柔远人" 21～23，25，28，39，44，48，50，52，63，164～165，171

黄金 8～9，12，118，132，173

开关 22，55，116，176，230，232，234

"开关—闭关"模式 22，55，234

琉球 24，26～27，29，32，38，41，93～97，100～101，174，177，197～198，208

掠夺 8，11，16～17，49，51～54，56，82，104～105，123，154，157，166，189，192，211，218

马尔萨斯陷阱 19

贸易政策 1～2，4，8，13，19，21，44，47，49，53，55～57，59～60，63，83～86，92，102，106～110，135～140，142，146～148，151，153，163，169～170，230～238

贸易中心 3，7，9～10，13～14，18，20，53～54，67，198

美洲 3，10～12，16～17，19～20，40，51～52，54，103，123，173，179～182，190，205，214～215

明朝 21～34，36～41，44，54～57，60～68，70～75，77～79，81，83，85～86，93～96，100～111，121～122，136，153，158，171～174，176～179，181，183，186～187，190～191，206，225～226，230～231，233，235～237

尼德兰 13～15，49，104

奴隶 8～9，12～13，19，52，76，129，135，189

欧洲 1～7，10，12～16，18～22，44～47，49，51～52，54，62，67，74，77～78，80，87，103～107，110，118～119，121～123，129，133，151，174，180～182，185，190～191，193，198～199，201～202，207，210，212，214～207，220～222，224～227，229

欧洲贸易扩张 18，21，44

葡萄牙 7～11，13～16，18，47，49～52，54～56，60～70，72～83，86，90，102，104，123，128～134，140，151，180～183，185，195，208，210，212～216，218，226，234

清朝 22，57，60，85～90，92～100，102，106～111，113～119，121～122，125，127，136～144，146～148，153，155～156，158，163～164，167，196～202，204～208，219，225，231～235，237～238

日本 24，26～28，30，32，35，37，40，

56，74～75，77～78，80～81，91，93，101，130，144，172，179～183，185，187～188，191～192，197～199，204，208，213～214，216，224～226，229，233～234

商帮　156，188，196，203～207，212，219，225～229

商业垄断　2，157，214

赏赐　23，27～28，34～36，41，87～88，95～97，175～176

生态制约　19

十三行　109～111，157～165

十字军东征　4～5

市舶司　23～26，28，36～37，39，42，158

市场　4～6，8，13～15，18～22，32，34，37，39～41，44，46～47，49～54，56～57，74，78，80，86，102，104，106～107，110，116～118，121，123，125～126，128～129，132～133，136，139～145，153～154，156～158，166，168～172，176，179～180，182～184，190～192，194～196，200～203，205～206，209，211～213，219～226，229，232，235～238

丝绸　6，78，81，110，117，180，193，203，214～215

倭寇　24，29～30，35，68，186，189

西班牙　4，6～7，9，11～18，47，49～52，54，56，61，74～78，80，83，86，90，102，104～105，107，128～129，132，159，180～181，185，187，

190～191，194～195，208～209，213～215，217～219，234

西北欧　3，13，18，20

暹罗　24～26，30，41～42，76，93，95～97，101，130～131，150，174，177，185～186，188，191～192，197～199，204，208，214

象牙　8～9，97，118

亚洲贸易网络　171

伊比利亚半岛　3，7，11，13～14，18，53

夷国　22～23，25，27～28，33，50，53，65，95，97，136

英国　6～7，12～13，15～19，46～52，54，57，60，65，77～78，81～84，86，90～92，101～108，119～125，128～132，134～135，146，150～158，160，166～168，180～181，185，189，200～201，203～204，208，210，212，215～220，222，224，226

占城　24～26，101，196

仗剑经商　54～55，60，107～108，113，132，232，234

真腊　25～26，32，76，177

殖民地　5，8，11～13，15～19，45，49～53，75，77，80，82，89，103～104，107～108，110，117，123，131～132，135，156～157，166，193，208，212，216～218，221，223

中西贸易　1，44，47，53，90，102，108～110，113～114，116，120，136～

137，150，153，156~157，169~170， 135，172，174，177，197，207~208，
196，205，234~235 214，218，226，228

爪哇 15，25~26，122，128，130，133， 资源配置 19

253

索引

图书在版编目(CIP)数据

朝贡贸易与仗剑经商：全球经济视角下的明清外贸政策/骆昭东著．－－北京：社会科学文献出版社，2016.12（2024.3 重印）
（海上丝绸之路与中国海洋强国战略丛书）
ISBN 978－7－5201－0068－7

Ⅰ.①朝… Ⅱ.①骆… Ⅲ.①对外贸易政策－研究－中国－明清时代 Ⅳ.①F752.0

中国版本图书馆 CIP 数据核字（2016）第 300544 号

海上丝绸之路与中国海洋强国战略丛书
朝贡贸易与仗剑经商：全球经济视角下的明清外贸政策

著　　者 /	骆昭东
出 版 人 /	冀祥德
组稿编辑 /	陈凤玲
责任编辑 /	陈凤玲　黄　丹
责任印制 /	王京美

出　　版 / 社会科学文献出版社·经济与管理分社（010）59367226
　　　　　　地址：北京市北三环中路甲 29 号院华龙大厦　邮编：100029
　　　　　　网址：www.ssap.com.cn

发　　行 / 社会科学文献出版社（010）59367028

印　　装 / 唐山玺诚印务有限公司

规　　格 / 开　本：787mm×1092mm　1/16
　　　　　　印　张：17　字　数：225 千字

版　　次 / 2016 年 12 月第 1 版　2024 年 3 月第 3 次印刷

书　　号 / ISBN 978－7－5201－0068－7

定　　价 / 78.00 元

读者服务电话：4008918866

▲ 版权所有 翻印必究